高校辅导员工作理论与实践探究

颜显能◎著

线装书局

图书在版编目（CIP）数据

高校辅导员工作理论与实践探究 / 颜显能著. -- 北京：线装书局, 2024.2
ISBN 978-7-5120-5986-3

I. ①高... II. ①颜... III. ①高等学校－辅导员－工作－研究 IV. ①G645.1

中国国家版本馆CIP数据核字(2024)第054446号

高校辅导员工作理论与实践探究

GAOXIAO FUDAOYUAN GONGZUO LILUN YU SHIJIAN TANJIU

作　　者：	颜显能
责任编辑：	白　晨
出版发行：	线装书局

地　址：北京市丰台区方庄日月天地大厦 B 座 17 层（100078）
电　话：010-58077126（发行部）010-58076938（总编室）
网　址：www.zgxzsj.com

经　　销：	新华书店
印　　制：	三河市腾飞印务有限公司
开　　本：	787mm×1092mm　　1/16
印　　张：	14.75
字　　数：	330 千字
印　　次：	2025 年 1 月第 1 版第 1 次印刷

定　　价：68.00 元

前　言

　　大学生作为青年一代的佼佼者，是我国社会主义现代化事业发展的中坚力量。高校思想政治工作对于大学生成长成才保持正确的方向具有重要意义，因此党和国家一直给予高度重视。高校思想政治工作自中国特色社会主义步入新时代以来发生了一些变化，面临着新的机遇与挑战，需要高校思想政治工作队伍的积极应对。高校思想政治工作队伍中，辅导员与学生的联系最为密切，这使得辅导员成为思想政治教育工作的骨干力量。

　　辅导员是高等学校教师队伍和管理队伍的重要组成部分，是开展大学生思想政治教育的骨干力量，是高校学生日常思想政治教育和管理工作的组织者、实施者和指导者，是大学生的人生导师和健康成长的知心朋友。辅导员只有不断锤炼自己的党性修养，坚定理想信念，提高自己的工作业务能力，乐于服务奉献等，才能适应大学生成长成才的需要。因此，高等学校辅导员工作不仅是一份光荣的职业，也是一项崇高的事业，更是一份重大的责任。党和政府对高校辅导员队伍建设工作高度重视，对广大辅导员提出明确要求并寄予殷切的期望。

　　新时期，高校大学生的思想在许多新事物、新观念、新领域的冲击下，正在不断发生复杂多样的变化，高校辅导员工作随之也出现了许多新情况、新形势、新特点。新时期新形势下，如何做好高校辅导员工作，使辅导工作具有针对性、经常性、实效性、渗透性、以及主动性，形成全员、全程、全控的高校辅导员工作体系是当前摆在我们面前的新课题。

　　总之，新时期高等学校学生辅导员工作是一项富有战略性和艺术性的工作，既要放眼群体，又要聚焦个体，更要依势以策。作为高校辅导员，必须坚持正确的政治方向，做到爱国守法、爱岗敬业、为人师表、管理育人、与时俱进，方能走近学生，有效把握大学生管理工作的特征，找准工作的重点和难点，才能有效提高工作效率和水平。为此，新时期高等学校辅导员应不断提高自身的理论水平，积极实践，善于总结，始终坚持理论与实践的相互促进。

　　本书共包括七章。第一章介绍了辅导员制度的形成与意义。第二章介绍了高校辅导员的工作对象和工作任务。第三章介绍了高校辅导员工作开展的理论基础和基本原则。第四章介绍了高校辅导员教育工作的理论与实践，包括日常思想政治教育、学生心理健康教育、学生社会实践教育。第五章介绍了高校辅导员管理工作的理论与实践，包括学生日常生活管理、资助管理工作、危机事件管理。第六章介绍了高校辅导员队伍建设的理论与实践。第七章介绍了高校辅导员服务工作的理论与实践。

辅导员工作是高校管理育人中十分重要且不可或缺的一个环节，辅导员的工作能力、效率、水平直接影响高校整体管理水平。大学是学生个人走向社会的起点与基础，以科技发展为引领的经济发展最终还是要落实到人才的发展上。教育的最终目标是开启打学生的自我发展之路，是培养社会主义现代化建设合格的接班人和建设者。高校辅导员扮演着教育和管理学生的重要角色，只有在工作中准确定位，尽职尽责，切实关爱关注学生，与学生融入融合、亦师亦友，真正转变思想，做好榜样，才能在高等教育中发挥辅导员应有的作用。

编委会

黄胜勇　熊　斌　顾　瑛
余艾雯　陈　骁　于园园
王洪彪

内容简介

辅导员是高校教师队伍和管理队伍的重要组成部分，是高校开展大学生思想政治教育及各种活动的骨干力量，也是高校对学生进行日常政治思想教育和管理工作的组织者、实施者和指导者。在新的形势下，受全球一体化和信息技术的影响，当代大学生的价值观和人生观受到了一定的影响，辅导员的工作情况随之遇到了更大的挑战。高校辅导员在做好日常工作的同时应当努力成为学生的人生导师和健康成长的知心朋友。本书正是从这一点出发，结合社会实际情况，对高校辅导员如何开展工作，如何引导学生形成正确的价值观等方面进行全方位的阐述，以期对高校辅导员队伍给予些许帮助和提示。

目 录

第一章 辅导员制度的形成与意义 …………………………………… (1)
    第一节 高校辅导员制度的形成 …………………………………… (1)
    第二节 高校辅导员制度的意义 …………………………………… (8)

第二章 高校辅导员的工作对象和工作任务 ………………………… (11)
    第一节 高校辅导员的工作对象 …………………………………… (11)
    第二节 高校辅导员的工作任务 …………………………………… (31)

第三章 高校辅导员工作开展的理论基础和基本原则 ……………… (53)
    第一节 高校辅导员工作开展中的理论基础 ……………………… (53)
    第二节 高校辅导员工作的基本原则 ……………………………… (61)

第四章 高校辅导员教育工作的理论与实践 ………………………… (89)
    第一节 引路人·日常思想政治教育 ……………………………… (89)
    第二节 辅导师·学生心理健康教育 ……………………………… (107)
    第三节 带领者·学生社会实践教育 ……………………………… (125)

第五章 高校辅导员管理工作的理论与实践 ………………………… (136)
    第一节 良师益友·学生日常生活管理 …………………………… (136)
    第二节 排忧解难·学生资助管理工作 …………………………… (150)
    第三节 坚实后盾·学生危机事件管理 …………………………… (161)

第六章 高校辅导员队伍建设的理论与实践 ………………………… (174)
    第一节 格局建设·党团学组织的建设 …………………………… (174)
    第二节 方法建设·学生学风建设 ………………………………… (183)
    第三节 精神建设·高质校园文化建设 …………………………… (192)

第七章 高校辅导员服务工作的理论与实践 ………………………… (200)
    第一节 规划师·引导学生职业生涯规划 ………………………… (200)
    第二节 指导师·帮助学生找到就业出路 ………………………… (208)
    第三节 咨询师·促进学生创业发展 ……………………………… (214)

参考文献 ………………………………………………………………… (221)

第一章 辅导员制度的形成与意义

第一节 高校辅导员制度的形成

一、高校辅导员制度的萌芽时期

中国共产党在新民主主义革命时期所设立的政治指导员制度目的在于强化中国共产党在人民军队中所具有的绝对领导地位,并进一步推动人民军队战斗力的提升。而这一时期的政治指导员制度即是我国高校辅导员制度产生与制定的萌芽。

民主主义革命时期的政治指导员制度体现在军队政治指导员制度与军政大学政治指导员制度两个方面。从军队中的政治指导员制度来看,我国军队在民主革命时期所设置的军队指导员制度主要是因为受到前苏联红军军队设置的影响。在第一次国共合作期间,国共共同建立了黄埔军校,其中政治与军事并重是黄埔军校主要的政治方针,因此在黄埔军校中设置了管理政治教育事宜的政治部。在此期间,中国军队构建了党代表制度,其中所选举的党代表就是政治指导员,这是中国共产党在军队建设中第一次对政治辅导员制度作出探索。随后,中国共产党在第一次国共合作失败中吸取教训,并开始建立属于中国共产党领导的独立武装队伍。在这支队伍中,政治指导员制度开始普及与发展。1927年的三湾改编中提出在连级以上部队设置党代表,并负责在军队中开展思想政治教育工作,这项决议的通过是中国共产党及其军队开展思想政治教育工作的重要起点。这里的党代表与政治指导员具有相同的性质。1929年,红军党代表改称为政治委员,1931年,连队政治委员改称为政治指导员,这是中国共产党第一次明确政治指导员的名称。这一职位的设置,是中国共产党强化军队领导的有效措施,同时也为中国共产党在军队中开展广泛的思想政治教育奠定了基础。

中国共产党在军事大学中设置政治指导员制度是加强军队学员思想政治教育的一大重要措施。1933年，中国共产党创办中国工农红军大学，而后先后更名为抗日军政大学和中国人民抗日军事政治大学。学校的组织机构基本上是仿照部队编制的，对学生实行军事化管理，这种编制设置及管理模式也是为了当时革命战争的需要。其主要设有政治部、训练部和校务部，政治部是负责党的思想政治工作的部门，在大队一级机构配备政治委员，支队一级机构配备政治协调员，基层中队机构配备政治指导员。在对学员的日常管理上，政治指导员活跃在第一线，着力做好基层中队学员的思想、学习、健康和生活等工作。随着抗大的成立，大量的知识青年冲破重重阻力，奔赴抗大。他们中的一部分人受党的教育较少，因而也就难免带来一些资产阶级、小资产阶级的思想意识和散漫、怕苦怕累的生活作风。在此过程中，个别特务分子和投机分子趁机潜入，伺机作乱。政治指导员做了大量的艰苦细致的思想政治工作，把广大知识青年团结在党组织的周围，传播了马克思主义思想，挫败了个别坏分子的阴谋诡计。使得抗大的教学工作有序不紊的展开。抗大的政治指导员制度为日后的高校辅导员制度建立提供了宝贵的经验，产生了深远的影响。

二、高校辅导员制度的构建时期

1951年10月，教育部发出《关于加强对学校思想政治教育的领导》的指示，要求各类学校要加强思想政治工作。1952年10月，教育部发出《关于在高等学校有重点的试行政治工作制度的指示》，规定要在高等学校设立政治工作机构即政治辅导处，随时掌握教职工和学生的思想政治等情况。为加强对高等教育事业的领导，党抽调了部分经过革命战争锻炼、有一定文化基础的同志主持高等学校党委工作，开展学校的思想政治工作。当时的学生思想政治工作，是在党委领导、团委的具体指导下进行的。政治辅导处的工作人员实际上就是政治辅导员，他们是基层的思想政治工作者。至此，政治辅导员在高校中所具有的作用和地位得以明确。从解放前后的高校政治辅导员制度特点来看：第一，解放前实行的政治指导员制度，属于针对学生专门做思想政治工作的制度，其工作人员是经过生死考验的同志；第二，解放后诸多高校是由政治辅导处的工作人员、团委的干部来兼任政治辅导员的工作，政治辅导员制度不够完善和健全。

时任清华大学校长的蒋南翔同志所倡导的"双肩挑"学生政治辅导员，对高校辅导员制度进行了具有创造性、开拓性的实践。蒋南翔是"一·二九"运动的领导者之一，曾担任清华大学地下党党支部书记，有着丰富的革命和教育经验。蒋南翔同志于1953年初从政治上、业务上都很优秀的高年级学生中选出25人，延长一年学制担任政治辅导员，建立"双肩挑"政治辅导员制度。"双肩挑"即要求政治辅导员的业务学习成绩和思想政治工作水平都要非常出色，引导学生树立正确的人生观、世界观、价值观，能够用马克思列宁主义来指导实践工作。蒋南翔同志也反复强调政治辅导员必须又红又专，不能只专不红，只红不专，以红反专，以红代专。他亲自组织第一批学生政治辅导员同教师一起学习《矛盾论》和《实践论》，使他们具有较高的思想理论水平。同时，政治辅导员作为学生本身，品学兼优，也进一步促进了学风、班风的建设。从清华的政治辅导员队伍中走出了多名党和国家领导人。"双肩挑"政治辅导员制度开创了兼职辅导员模式，其指导思想对高校辅导员制度的发展有着极为重要的影响。在之后的几年里，全国一些高校陆续配备了一定数量的政治辅导员，基本上都采用"双肩挑"的形式，专职辅导员非常少，有关辅导员的各项规章制度也处在探索和建设之中。尽管如此，这样一个新生事物在新中国成立初期，已经凸显了她的勃勃生机。

1961年～1966年是辅导员制度发展的重要阶段。我国首次在文件中提出要在高等学校设置专职政治辅导员："为加强思想政治工作，在一、二年级设政治辅导员或者班主任，从专职的党政干部、政治理论课教师和其他青年教师中挑选有一定政治工作经验的人担任，同时要逐步培养和配备一批专职的政治辅导员。"同年，教育部对专职政治辅导员的编制、来源进行了明确，指出了平均每一百名学生至少配备一名政治工作干部，主要从高校毕业生中选留，在两三年内配齐。该规定对政治辅导员队伍的建设提供了可操作性的平台，其时限规定也加速推进了政治辅导员制度的建设。1965年，教育部以法规的形式对政治辅导员的地位、作用、工作职责及待遇等作了明确规定。由于新中国刚刚成立，中国共产党在当时也比较缺乏相关经验，各种政治运动也时而打断辅导员制度的建设，制度在建立初期受到"左的"思想影响，整体并不完善，定位不明确，范围模糊，但是高校辅导员制度的建立，对高校进行社会主义改造，稳定当时我国高校内的局势发挥了不可替代的作用。然而，这一时期的高校政治辅导员仍旧大多采用双肩挑的形式，政治辅导员队伍中的专职人员较少，并不利于政治辅导员队伍的长期发展。

三、高校辅导员制度的停滞时期

20世纪60年代"文化大革命"的爆发，打乱了我国社会主义建设各个领域的秩序。"文化大革命"开始于对意识形态领域的批判，而高校处于政治与意识形态的前沿，所以我国的高等教育首当其冲。1966年，全国高校响应中央号召，停课闹革命，高校内的正常教育教学秩序被打乱，随后红卫兵运动给高等学校带来惨重的灾难，打倒领导，打倒教师，现有高校中建立的制度都为"旧规章制度"，必须铲除。同年6月，包括高等教育部部长蒋南翔等教育部各级领导干部被批斗，教育部各项工作进入停顿状态，整个教育部陷入瘫痪。为了否定新中国成立以来十七年社会主义教育事业的成就,"四人帮"一伙还大肆批判《高教十六条》。1971年,"四人帮"进一步炮制反动的"两个估计",诬蔑十七年的教育工作执行的基本上是资产阶级性质的。

"两个估计"毁灭教育事业,使我国的教育制度、原则、方针惨遭破坏。高校的干部、教师受到极大的压制,全国高等学校停止按计划招生达6年之久。高等教育领域的相关制度遭到了严重破坏,刚刚建立不久的高校辅导员制度被认为是"修正主义教育路线",受到批判,高校辅导员被划归为"资产阶级分子",成为被批斗、打击的重点对象。整个"文革"期间,各高校内的教育秩序被"四人帮"肆意践踏,出现了大量违背教育规律,不符合人的发展,颠倒是非的离奇事件。由于我国高等教育领域内秩序的严重破坏,高校辅导员制度也遭到空前的破坏,高校辅导员制度的破坏也加重了高校内秩序的混乱。因此,"文革"十年是严重破坏高等教育的十年,是党的教育方针遭到疯狂践踏的十年,也是高校学生管理大混乱、大倒退的十年。这一时期是高校辅导员制度的停滞时期。

四、高校辅导员制度的恢复时期

受"文革"的影响,当时高校中的政治辅导员大多已经转岗,新任政治辅导员既要抓业务工作,又要进行思想政治工作,在实践中难以平衡,导致了对思想政治工作的松懈和不重视。同时,"文革"造成的学生思想遗留也较为严重,学生的思想状况与新时期的发展要求很不适应。因此,1980年4月29日教育部、共青团中央发出《关于加强高等学校学生思想政治工作的意见》,首次提出"高等学校的学生政治工作干部,既是党的政治工作队伍的一部分,又是师资队伍的一部分,担负着全面培养学生的重要任务"。从此我国高校辅导员由单一的政治干部身份开始向具有教师和干部双重身份转变。1982年1月19日至20日教育部在北京召开高等学校试行学生品德评定工作讨论会。建立品德评定制度,促进学生德、智、体全面发展,其中专门提出对学生进行品德考核工作应由政治辅导员主要负责。

改革开放政策实施的同时为我国思想政治教育工作的开展带来了一定的挑战。在改革开放背景下,包括大学生在内的社会群体所具有的思想都呈现出了多元化的特点,因此强化大学生思想政治教育工作俨然已经成为高校教育中需要重视的重要问题之一。也正是在这种迫切需求的要求下,教育部在1983年针对我国高校思想政治教育工作队伍人员紧缺的问题,决定通过在高校中设置思想政治教育专业也推动我国高校思想政治教育队伍质量与数量的共同发展。1986年5月,《关于加强高等学校思想政治工作的决定》指出要尽快配齐班级的政治辅导员或班主任、指导教师,"从高等学校长远建设出发,要培养和造就一批思想政治教育的专家、教授和理论家""一定要舍得将一些优秀教师、品学兼优的大学毕业生和研究生选拔到思想政治工作队伍中来"。1987年5月,《关于改进和加强高等学校思想政治工作的决定》指出将思想政治教育专职人员列入教师编,实行教师职务聘任制,建立一支少数专职、多数兼职、专兼结合的政治辅导员队伍。从1988年起,在高校中首次开展了思想政治教育教师职务评聘工作,并成为一项常规工作。这一举措既有利于思想政治工作者工作积极性的提高和作用的发挥,也有助于思想政治教育学科的发展。

这一时期的高校辅导员制度建设工作重点在于提升高校辅导员队伍的专业化程度与数量,其中一系列文件都改变了高校辅导员队伍结构以兼职为主的情况。但是辅导员制度建设上远远落后于现实局势发展的需要。

五、高校辅导员制度的强化时期

1989年,"政治风波"之后,邓小平指出:"十年最大的失误是教育,这里我主要是讲思想政治教育。"党中央认真总结改革开放以来我国社会主义现代化建设的经验教训,提出物质文明和精神文明"两手抓,两手都要硬",切实加强思想政治工作,高校辅导员制度建设也成为重中之重。当时,从高校辅导员制度建设的背景来看,我国仅仅已经进入了发展的时期,随着国际形势的变迁以及我国改革开放的深入,国际政治格局与经济格局产生了很大变化,多元化的文化思潮在高校中出现,复杂多变的高校辅导员的外部环境使高校辅导员制度的建设和思想政治教育工作的开展面临着很大的挑战。在此背景下,高校辅导员的专业化发展和数量仍旧是高校辅导员队伍建设中的重点工作内容,国家高度重视大学生思想政治工作和辅导员队伍建设,下发了一系列文件,做出了相关规定和部署。这一时期,有的高校从保送研究生中选取优秀学生,先到院系担任政治辅导员1至2年,再继续读研究生。一些高校从优秀青年教师、高年级本科生和研究生中选拔配备班主任。这些举措都对加强辅导员队伍建设起到了一定的作用。在这一时期,辅导员制度得到不断发展与完善。

1995年11月23日,由国家教育委员会颁布试行的《中国普通高等学校德育大纲》中指出,"辅导员和班主任是日常思想政治教育的直接组织者和协调者。要深入学生,搞好班集体、宿舍和年级的工作;组织开展形式多样、生动活泼的教育活动;有针对性地做好细致深入的个别思想工作;加强心理健康和心理素质方面的咨询与指导;要通过各种行之有效的方式,密切学校与学生家长的联系,争取家庭教育与学校教育的良好配合"。高校辅导员成为我国高校德育队伍的重要组成部分。1999年12月30日,教育部党组发布《关于高等学校贯彻〈中共中央关于改进思想政治教育工作的若干意见〉的通知》,分析了当时高校内外环境的变化,提出了新形势下加强和改进高校思想政治工作的基本方针,为新时期高校辅导员制度创新指明了方向。

六、高校辅导员制度的创新时期

21世纪以来，我国经济高速发展，国际地位与国际影响力不断提升，人民的生活水平也得到极大改善。我国高校也实行了一系列变革，其中弹性学制制度的实行、招生规模的扩大以及后勤管理的社会化成为了高校改革的主要特征。在此背景下，社会矛盾也在高校内部逐渐显现，许多环境因素对高校辅导员制度的进一步深化和创新产生着影响。

2000年7月，教育部党组发布《关于进一步加强高等学校学生思想政治工作队伍建设的若干意见》，《意见》指出"专职学生思想政治工作人员系学校专职从事和负责学生思想政治教育工作的人员。包括学校分管学生思想政治教育工作的党委副书记，学生工作部（处）从事学生思想政治教育工作的人员，院（系）党总支负责学生思想政治教育工作的副书记、团总支书记、学生政治辅导员等"，并且规定专职辅导员任期为4~5年，兼职辅导员任期为2~4年。强调"要建立必要的规章制度，切实保证各项培养工作的落实"。对于高校辅导员的选聘方法、岗前培训、日常培养、表彰奖励、考核管理提出了具体实施意见。《意见》的发布为新时期高校辅导员制度建设提出了指导性意见，指明了高校辅导员制度的发展方向。

2004年8月26日，中共中央、国务院发布了《关于进一步加强和改进大学生思想政治教育的意见》，指出"辅导员、班主任是大学生思想政治教育的骨干力量，辅导员按照党委的部署有针对性地开展思想政治教育活动，班主任负有在思想、学习和生活等方面指导学生的职责""院（系）的每个年级都要按适当比例配备一定数量的专职辅导员，每个班级都要配备一名兼职班主任"。值得注意的是，《意见》指出"辅导员、班主任是大学生思想政治教育的骨干力量"。在辅导员队伍建设方面，指出了要实施队伍人才培养工程，完善队伍激励和保障机制，解决好教师职务聘任问题。值得注意的是，《意见》中将传统的"政治辅导员"称谓改称为"辅导员"。这一辅导员称谓的改变是我国辅导员制度发展史上的一大突破，意味着辅导员工作不仅局限在政治工作和日常事务管理上，而是发展到了与学生健康成长相关的多个领域。

教育部于2005年1月13日发布了《关于加强高校辅导员班主任队伍建设的意见》，这是我国第一次出台专门针对高校辅导员制度建设的纲领性文件，文件指出"加强辅导员、班主任队伍建设，是加强和改进大学生思想政治教育和维护高校稳定的重要组成部分和长效机制"。文件中对于高校辅导员的选配配备、培养培训、政策保障提出了制定细则的具体意见，并且提出"要把专职辅导员队伍作为党政后备干部培养和选拔的重要来源，根据工作需要，向校内管理工作岗位输送或向地方组织部门推荐。高校选拔党政领导干部，要重视专职辅导员的经历。根据本人的条件和志向，也可向教学、科研工作岗位输送"。

2006年7月23日，教育部发布对高校辅导员制度建设有着历史意义的24号令，即《普通高校辅导员队伍建设规定》，是我国教育部第一次出台有关于高校辅导员的法规性文件，《规定》一共分六章、二十六条，指出"辅导员是高等学校教师队伍和管理队伍的重要组成部分，具有教师和干部的双重身份。辅导员是开展大学生思想政治教育的骨干力量，是高校学生日常思想政治教育和管理工作的组织者、实施者和指导者"。从高校辅导员的"要求与职责""配备与选配""培养与发展""管理与考核"等方面提出了具体的规定，使高校辅导员制度进一步健全和发展，也使新中国成立以来高校辅导员制度的发展上升到了一个新的阶段。7月30日，教育部又出台了《2006-2010年普通高等学校辅导员培训计划》，决定自2006年以后的高校专职辅导员必须有高校辅导员培训证书方能上岗，到2010年完成所有高校的辅导员轮训工作，选拔5000名高校辅导员攻读思想政治教育等专业的硕士学位，在全国范围内建立辅导员研修培训基地。2007年，教育部在复旦大学、北京师范大学、河北师范大学等21所学校建立了高校辅导员培训及研修基地，进一步加强高校辅导员队伍的专业化、职业化。2014年，第二十三次全国高等学校党的建设工作会议在北京召开。中共中央总书记、国家主席、中央军委主席习近平作出重要指示，他强调，高校肩负着学习研究宣传马克思主义、培养中国特色社会主义事业建设者和接班人的重大任务，加强党对高校的领导，加强和改进高校党的建设，是办好中国特色社会主义大学的根本保证。习近平指出，办好中国特色社会主义大学，要坚持立德树人，把培育和践行社会主义核心价值观融入教书育人全过程；强化思想引领，牢牢把握高校意识形态工作领导权；坚持和完善党委领导下的校长负责制，不断改革和完善高校体制机制；全面推进党的各项建设工作，有效发挥基层党组织战斗堡垒作用和共产党员先锋模范作用。各级党委和宣传思想部门、组织部门、教育部门要加强对高校党的建设工作的领导和指导，坚持党的教育方针，坚持社会主义办学方向，加强和改进思想政治工作，切实把党要管党、从严治党落到实处。

进入21世纪至今，我国国务院、教育部等对高校辅导员制度的完善给予了高度重视，并通过出台一系列相关文件来推动高校辅导员制度的发展。另外，如高校学生日常管理、贫困生资助、学生社会实践工作、高校校园文化建设等与高校辅导员息息相关的工作制度也得到了进一步的发展与完善，并为高校辅导员实践工作的开展提供了重要的理论支撑与依据。

第二节 高校辅导员制度的意义

高校辅导员制度的功能主要是针对高校学生的发展与高校建设而言，在高校辅导员制度得以完善的前提下，高校辅导员制度能够有效发挥出引导功能、激励功能、规范功能与保障功能。

在高校辅导员制度所具有的引导功能方面，我国高校辅导员制度是中国共产党为了加强对高校的领导，加强党的思想政治教育工作，在清华大学"双肩挑"辅导员制度基础上建立起来的。从建立后，高校辅导员制度就具有明确的方向指引功能。这种引导功能主要体现在以下几个方面：一是对学生意识形态的引导。马克思主义理论是高校辅导员制度构建与完善过程中重要的指导思想，同时高校辅导员制度的构建与完善目标在于为社会发展培养优秀人才，并将社会主义核心价值观内化成为高校大学生自身思想与品质，外化为高校大学生自身的行为标准。因此，在高校辅导员制度的完善与创新中，这一出发点是需要时刻保持的，而这也决定了我国高校辅导员制度在学生意识形态的引导方面发挥着重要作用；二是对辅导员自身的工作任务发挥着引导作用。从高校辅导员队伍所承担的职责与所需要完成的任务来看，高校辅导员需要明确要培养怎样的人以及怎样培养人，作为高校思想政治教育工作中的中坚力量，高校辅导员必须认识到自身需要做什么以及怎么做。而高校辅导员制度的构建与完善就是为高校辅导员队伍在工作实践中指明方向，明确自身任务，因此，只有高校辅导员能够做到遵循高校辅导员制度的指引，才能够确保大学生培养目标的实现；三是引导高校辅导员队伍的专业化发展。在高校辅导员队伍建设工作中，专业化发展是高校辅导员制度需要面临与解决的重要问题，因此职业化、专业化以及现代化是高校辅导员制度对高校辅导员队伍建设工作提出的重要要求。

高校辅导员制度具有激励功能。事实上，每一项制度的制定和施行都会产生一定的激励作用，高校辅导员制度也同样具备这一功能。首先，高校辅导员制度能够提供行动的预期。高校辅导员制度具有稳定性，通过规则已将相关的信息公开，人们可以通过制度所表达出的信息预测自己和他人的行为，判断自己和他人的行为是否符合高校辅导员制度所提倡与反对的标准。当自己或他人的行为符合高校辅导员制度所倡导的标准时，就会得到奖励或鼓励；反之，则会受到阻止甚至惩罚。因此，在高校辅导员制度的引导下，高校辅导员在开展实践工作之前能够大致了解实践工作所能够取得的结果。其次，高校辅导员制度能够实现利益的最大化。高校辅导员制度是在长期的大学生思想政治教育工作总结与抽象出来的，对于辅导员做什么、怎么做，在什么样的条件下做以及辅导员具有什么样的素质与能力才能做等问题进行了深入而具体的规定,从而形成了辅导员工作与发展的系列的、强制性的行为准则。这一系列的行为准则对于正在从事或即将从事此项工作的人而言,它规定人们行动的方向、改变人们的偏好、影响人们的选择,建立起彼此之间交往的准则,减少在重新确定规则之前的人力、物力、财力的浪费,实现交往主体之间利益的最大化。

高校辅导员制度具有规范功能。高校辅导员制度具有强制性的特征,其实质是对高校辅导员队伍行为与思想等多个方面所提出的准则。因此,高校辅导员制度能够对高校辅导员队伍工作的开展进行有效的规范与约束。首先,高校辅导员制度能够对高校辅导员队伍的行为进行规范。高校辅导员制度已经对高校辅导员队伍需要承担的责任与任务进行了明确,即已经规定高校辅导员工作者的工作范围和应当做什么以及怎么做。当高校辅导员的行为处在制度的要求内,则会得到认可,而如果高校辅导员的行为超出制度的要求,则会受到指责与惩罚;其次,高校辅导员制度能够依靠外部强制力进行执行。我国高校辅导员制度是为了规范辅导员的工作与发展,改变目前辅导员工作与发展中存在的问题。也就说,把辅导员的工作与发展纳入到一定的关系框架内,使之符合高校辅导员制度建立与发展的依据与原则,并按高校辅导员制度所规定的发展战略目标前进。然而,任何制度不会没有阻力便进入一定的关系框架内,它是一定程度外部强制力执行的结果。当高校辅导员制度颁布之后,相关部门会要求各高校按此规定执行,并且纳入对学校的考核指标体系之中。这里强调一点,如果对违反制度规定的主体没有惩罚或惩罚很小,那说明外部强制执行力存在问题,制度的规范功能将弱化。

高校辅导员制度具有保障功能。高校辅导员的工作与任务都指向培养高素质的人才,因此高校辅导员制度所具有的保障功能也是围绕高等人才的培养来展开的。高校辅导员制度的制定、完善能够确保高校工作的稳定开展。高校稳定是高校管理需要实现的重要目标。由于高校是我国教育系统以及我国社会系统中重要的组成部分,因此高校是否稳定也直接影响着我国社会的稳定以及我国教育的持续发展。在经济全球化与文化多元化背景下,大学生思想受到各类文化思潮的冲击,并且无论是在学习还是生活方面,大学生都面临着来自多方面的压力而容易出现心理失衡。而高校辅导员作为高校学生管理一线的同志,应当在落实高校辅导员制度的基础上对学生的思想、学业以及心理做出引导与疏通。"职业不职、专业不专,工作包干"是目前我国高校辅导员队伍建设面临的最大问题。高校辅导员制度通过对辅导员工作职责、工作准则以及发展的具体规定,将高校辅导员队伍"职业化、专业化、现代化"建设的目标以制度成文的形式固定下来并要求相关主体严格执行,从而实现有制可依、有制必依、最为重要的一点是,高校辅导员制度的制定与完善能够确保高校教育目标的实现。"德、智、体、美、劳"全面发展的高素质人才是高校教育的培养目标。围绕这一目标，高校辅导员制度在建设与发展中一直强调强化高校大学生的思想政治教育工作。在落实高校辅导员制度的过程中，高校辅导员不仅要通过课堂开展理论教育，同时需要将爱国主义教育、理想信念教育、公民道德教育等当做自身工作中的重要内容。尤其是《普通高等学校辅导员队伍建设规定》的颁布，更是深刻阐明了高校辅导员制度在坚持社会主义大学办学方向，实现社会主义人才培养目标上的保证作用。

综上所述，高校辅导员工作是开展好大学生思想政治工作最重要的一部分，同时也是一项育人的社会实践活动。列宁曾指出："没有革命的理论，就不会有革命的运动。"辅导员工作的开展，要遵循辅导员制度的规定。而辅导员制度的制定，要有科学的理论指导和学科依托，要准确把握辅导员工作的内在规律。从我国高校辅导员制度的构建与完善过程来看，中国共产党和政府无论是培养辅导员成为思想政治工作专门人才，还是加强辅导员工作科学研究，都显示出了在制度层面对辅导员工作学科的重视。总结经验得出结论：正是由于辅导员队伍在高校人才培养中的重要职责和作用，在辅导员制度建设中要注重对辅导员政治素质及业务能力的选拔与培养。

第二章 高校辅导员的工作对象和工作任务

第一节 高校辅导员的工作对象

辅导员担负着促进大学生成长的工作重任,是大学生的直接管理者,而辅导员要想做好大学生管理工作,就要全面了解大学生,既要了解大学生的发展特点,又要认识到大学生在辅导员工作中的作用,也只有了解这些特点,辅导员的工作开展才能更有针对性,这样不仅有利于大学生的身心健康,更有利于增加辅导员工作的实效性。

一、大学生的特点

大学生是辅导员的主要工作对象,大学生的发育特点,尤其是心理发育的特点,直接关系着辅导员工作开展的情况。

(一)大学生的生理发育特点

1.大学生神经系统发育特点

调节人体机能的重要机构就是神经系统,神经系统是一个人心理活动的物质基础,在人发育到青春期以后,大脑的发育结构已经基本上与成人的脑结构相似,脑的重量以及容积也已经很接近成人的水平,但在此阶段,大脑的发育还没有完全处于成熟期,只能说这一时期的脑功能处于不断完善时期。大学生处于青春期的个体,其脑细胞内部的结构在不断的分化,其功能也逐渐朝着精巧与复杂化发展。由于这个时期的神经细胞之间的联系不断增强,从而促使大脑兴奋度加强,因此大学生的思考能力、观察能力、分析能力不断加强,他们更容易接受新事物,同时也由于这个时期的神经系统发育特点,造成他们的情绪还不平稳,容易波动以及疲劳,这就造成大学生的自制能力相对较差。

2.大学生的心血管系统发育特点

人的心脏是人体血液循环的动力系统。人的心脏从出生到成年,都是不断变化的,每个时期的形状与机能都是不同的,而大学生的心脏形态以及心脏的机能与成人的水平相差无几,心室壁的肌肉不断增厚,心肌纤维更加富有弹力,血管也富有极强的弹性,心率与脉搏与少年时期相比也逐渐减慢,心脏每搏的输出量相对增加,其血压也基本趋于稳定。

3.大学生的呼吸系统发育特点

人进入青春期后,随着呼吸肌与胸廓的不断发育,肺小叶的结构也基本趋于完善,肺泡的容积相对增大,促使大学生的呼吸能力不断增强。大学阶段,个体呼吸频率相比青春期初期的频率更慢,呼吸的深度不断增加,这也是心肺功能不断增强的表现,而心肺功能的增强,可满足大学生身体发育所需要的营养,而且心血管系统的发育与心肺功能的增强,更进一步促使大学生能够从事一些激烈的活动,比如,体育活动,强度劳动。而且这一时期也可以承受比较繁重的学习任务。

4.大学生运动系统发育的特点

人体的骨骼与肌肉是人在运动过程中起主要作用的部分。人刚进入青春期后,其肌肉的特点是所含水分较多,而蛋白质的含量与无机盐的含量较少,表现为柔软松弛,并且肌肉的发育速度远远落后于骨骼的发育。青春期的人体肌肉呈现细长状,其力量与耐力相对都较差,因此在青春期初期的人群在运动时容易疲劳。而当人体的发育到了青春期的中期也就是大学时期,这时个体肌纤维明显增粗,肌肉的力量也处于不断加大的时期。而这个时期也是能量代谢的变化最大的时期,人体内的能量代谢水平不断升高,主要的表现就是能量较充足,机体更有力。大学生此时的精力更加充沛,因为这个时期他们正处于能量代谢的最佳阶段,这些生理能量是促使大学生学习和活动的基本动力,也是发展自身能力的基础条件。

5.大学生的性发育特点

人的性的发育特点主要表现为两个方面:一是人体性器官及生理机能的不断成熟,二是人的性意识与性心理逐渐成熟。人在进入青春期以后,人的生殖器官基本发育趋于成熟,这个时期的男子会出现遗精,而女子出现月经初潮。到了大学阶段,不论是人体的性器官以及机能性征,还是性心理都有很明显的发展。由于大学生性生理的成熟,促使大学生的性心理以及性意识也在不断发展。

(二) 大学生的生理特点对心理特点造成的影响

大学生的生理已经与成人基本一致,但是有些方面还不是很完善,例如,神经系统发育造成情绪的不平稳。而大学生身体特征不断成熟，给心理造成了一些影响。

1.大学生的年龄特点

我国的高校学生大多数处于青年的中期阶段，一般年龄处于18岁至24岁之间，在这个阶段，大学生的生理发育已接近完成，并且已经具备了成年人的体格以及生理功能，比如，心血管系统发育、呼吸系统发育、运动系统发育以及性发育都相对完善，但大学生的神经系统发育尚未成熟，这就造成大学生的心理发展还未处于稳定时期，然而大学生要独立面对生活、独立学习，要不断面对以及应对一些重要问题，促使其心理不断朝成熟的方向发展。

2.大学生的独立性增强

由于各项生理指标趋于成熟，大学生认为自己已经属于成年人，因此也希望别人把自己当成成年人来看。这个阶段他们有了更独立的意识，不愿意受其他人过多的干涉，他们希望获取更多人的尊重。特别是在公共场所，他们以成年人的姿态展示在大家面前。他们开始考虑自己的人生价值以及意义，并在思想上敢于创新，他们的这种独立的思考，希望得到更多的人理解和尊重。

3.生理变化带来性意识的发展

大学生处于青年的中期阶段，他们的生理发育已趋于成熟，因此性意识也在逐渐发展。大学生的年龄相近，且有很多与异性接触的机会，大学生性意识的发展会增加他们对恋爱的渴望。性意识的发展会带来比较强烈的按照性别不同来塑造个性以及形象的精神向往，每个大学生都会在心里产生一种愿望，即成为什么样的男子或女子。从另一方面来说，由于大学生性意识的发展，也会造成他们对异性的倾慕和追求，这是处于青春期的大学生都可能会遇到的问题。而这种渴望，会与大学生还不完全成熟的心理相矛盾，当他们自身无法处理这种矛盾时，就会产生种种的不安与烦恼。

4.精力充沛，充满活力

各种机能趋于成熟、肌肉与骨骼发育、肺活量增加等促使大学生爱蹦爱跳，总感觉有用不完的力气，同时由于神经系统的发育，大学生勇于面对新鲜事物，勇于创新，渴望充分发挥自身的才智和技能。但是，由于大学生心理尚未发展成熟，这就造成他们容易冲动，有可能面对问题无法勇往直前等。

（三）大学生的主要心理特点

1.思想上的变化特点

大学阶段，学生大脑发育已经趋于成熟，从而促使他们的思想认知能力得以提高。总体来说大学生思想认识的主流还是积极向上的，但是也存在一些消极方面。大学生的活动范围已经不再局限于自己的小圈子,他们更多地关注一些国家与社会上的大事件,并会根据相关的事件进行联想,甚至会用自己的实际行动来表达自己对国家的热爱。此外,由于大学生已经具备相当丰富的知识,他们有积极的人生观、价值观,并具备较高的素质以及社会责任感,他们追求学业与事业上的成功,鄙视虚度人生,他们尊重社会公德,勇于承担责任。但是,由于受社会一些不良风气影响,也有一部分学生可能在诚信方面存在着不足,例如,弄虚作假、投机取巧等,还有些同学受拜金主义等观念的影响,会变得只关注自身的利益,忽视了对社会应该尽到的责任。

2.自我意识发展但不成熟

随着生理特征的成熟,大学生从心理上已经把自己当成一个成人,他们的自我意识不断增强,而且表现出较为完整的独立性,他们对自己很有信心,非常注重自己的名誉。同时,大学生能够根据自己所学的专业以及特长,制定自身的奋斗目标,从而实现不断自我激励以及自我锻炼,这些表现都是大学生自我意识增强的表现。但是,由于大学生所学的知识、社会经验以及能力都还没有达到成人的水平,很多大学生不能很好地处理自我发展与社会发展之间的需要,也不能与现实相结合做好长期吃苦的准备,甚至又过高地估计自己,不愿意倾听不同的意见,当现实中遇到无法解决的问题时,又表现的过于自暴自弃,甚至可能作出不理智的事情。

3.情感丰富但是情绪容易波动

大学生充满青春朝气,情感丰富,但是情绪容易波动。尤其是大学生刚进入大学,他们独自来到人生地不熟的环境,极易产生各种的不适应。大学生对大学充满了希望与向往,当校园与他们的想象产生差距时,他们受到强烈的刺激,非常容易产生情绪的波动,他们有可能从高度的兴奋转变为冷漠,或者又从冷漠变得狂热,但是不论哪一种都是不利于大学生身心健康发展的。

(四)辅导员如何有针对性地开展工作

针对大学生心理发展的特点,辅导员要不断改革工作方法,从而促使大学生健康快乐地成长。首先,辅导员应该促使大学生不断提高各方面的能力,除了掌握科学文化知识,还应该通过开展各种社会实践活动,让大学生认识社会,增长社会经验,促使大学生树立正确的人生观、价值观以及世界观。其次,辅导员要做好学生评价工作。针对大学生自我意识发展不成熟的特点,辅导员要以民主的方式与大学生交往,并在交往过程中保护大学生脆弱的心灵,在实际的生活中不断提醒大学生的行为,防止产生不良后果。最后,大学生由于远离父母,在情感上没有依托,这时候辅导员要及时与大学生进行思想上的交流沟通,成为他们的知心好友，成为大学生温暖的情感依托。

总之，大学生的心理发展的水平还处于成熟与未成熟之间，辅导员不能因为大学生的不成熟采取谴责的方式教育学生，而是应不断研究大学生的心理发展规律及特点，制定科学合理的教育方法，从而促使大学生从不成熟走向成熟。

二、大学生对辅导员工作的制约

大学生是辅导员工作的主要对象。辅导员的工作主要是为了更好地为大学生服务。随着时代的发展，大学生的主体地位也日益凸显。但是，由于受传统观念的影响，辅导员在工作中统统处于强势地位，而大学生则是处于被动地位，这是不利于辅导员工作的开展的。只有充分认识到大学生在辅导员工作中的主体地位，并围绕大学生的成长开展相应的工作，才能增强辅导员工作的实效性。

（一）大学生的主体地位

1. 大学生在辅导员思政教育工作中的地位

（1）大学生是辅导员思想政治教育工作的主体

主体是用以说明人在社会实践活动与认识中运用的哲学范畴，主体相对于社会实践活动中的对象而言，它是实践活动与认识的承载者，可以由个人也可以由社会团体承载。马克思主义的观点是实践活动与认识中的主体是人，我们应该坚持这一观点。在高校辅导员的工作中，应该把大学生当做是辅导员工作的主体。尤其是在辅导员思想政治教育工作中，大学生应该是思想政治教育活动中的承担者，一切活动应该以大学生为主体。大学阶段属于高等教育阶段，大学生都已经具备了相应的知识水平与社会经验，在接受教育过程中，大学生有一定的自主性。比如，在接受思想政治教育的过程中，大学生会对一些教育信息有选择性的接受，并以此来约束自身的行为，从而达到思想政治教育的最终目的。也可以说在辅导员的指导教育中，大学生作为受教育的对象，是教育工作的承担着、接受者，是接受教育的主体。

（2）大学生是自我教育的主体

在辅导员思政教育的工作中，工作对象是有主观能动性的大学生。随着时代的发展，大学生越来越具有独特的思想与意识。他们不仅具备了自我意识，更具有了独特的价值尺度。大学生在自我教育时不断运用自身的能力确立明确的目标、自主选择接受教育的内容以及教育实践的行为，进而在这个过程中不断自我评价以及自我完善。也可以说，在辅导员的指导工作中，教育的目标、内容以及方法，已经不再是辅导员规定的，而是辅导员通过指引大学生思想意识，促使大学生认识到自身的需求，进而根据自身的需求进行自我教育。因此，可以说大学生是自我教育过程中的承担者，也在自我教育中占主体的地位。

2.大学生是辅导员工作的全程参与者

在高校的教育工作中，辅导员是高校教育的执行者，既然是执行者，那就需要有被执行的对象，教育工作才能开展下去。而大学生是高校教育的主体，也是指导员工作开展活动中的重要构成要素，在教育活动中占有举足轻重的作用，也可以说没有大学生，高校的教育工作就没有了开展的必要。在辅导员工作开展中，缺少了大学生的参与，会造成辅导员的工作无法继续开展下去，也可以说大学生是辅导员工作开展的动力与源泉，是辅导员工作的全程参与者。从教育环节来说可以分为三个方面，一是从辅导员工作的施教环节来说，大学生虽然是辅导员教育指导活动中的主体，但是大学生的思想道德水平现状与接受教育的能力，影响着辅导员在教育工作中对教育内容、目标以及方法的选取，大学生作为辅导员的工作对象所反馈的内容直接关系着辅导员的积极性；二是从辅导员工作环节中的受教情况来说，大学生是辅导员教育工作开展的受教主体，大学生的内在思想与外在行为，直接影响着辅导员工作开展的成效；三是从自我教育的环节来说，大学生根据自身的需求接受教育，辅导员的工作只是在思想上给予大学生正确的指导，起到在大学生自我教育过程中减少思想冲突与行为的影响，从而增加工作的成效。因此，大学生在辅导员指导教育工作中占主体地位。

3.大学生是辅导员思想政治教育工作的出发点与落脚点

（1）辅导员思想政治教育工作的出发点

辅导员思想政治教育工作的出发点是大学生的思想道德水平的现状与社会要求之间的矛盾。大学生的思想与行为是辅导员思想政治教育工作的重点，辅导员对大学生实施思想政治教育的根本目的就是为了提高大学生的思想政治水平，而辅导员对大学生思想政治教育工作的最终效果主要通过大学生最终的行为来体现。随着时代的发展，现实社会的发展与大学生的实际思想水平之间存在着矛盾，社会的发展需要大学生具有较高的思想道德水平，才能为社会主义的建设做出贡献，而大学生实际的思想水平无法达到这种水平，这就需要辅导员在工作中不断引导大学生的思想水平满足社会建设发展的需要，这也是辅导员工作的出发点，也可以说是辅导员工作的动力所在。辅导员在对大学生的指导教育工作中，首先要弄清大学生思想上的哪些优势是符合社会发展的，哪些因素又是社会发展所不需要的，然后采取有针对性的教学方法，促使大学生不断提高思想道德水平，促使大学生的社会发展需要。但是，在现实生活中，由于大学生受社会因素的影响思想往往会发生很大的变化，这就给辅导员工作的开展带来很大的困扰，这些困扰又成为辅导员工作中新的出发点以及动力，重新制定教育的方案与方法，从而培养大学生成为社会发展需要的优秀人才。

(2) 辅导员指导工作的落脚点

辅导员指导工作的落脚点是大学生思想道德品质的提升工作。辅导员作的主要任务是对大学生的思想政治教育，而思想政治教育培养与提升大学生的思想道德水平，大学生的思想道德水平的高与低是衡量辅导员工作能力大小的标准。人的意识虽然决定了人的行为，但是人的意识变化是看不见也摸不着的，无法准确衡量，行为是人的意识的外在表现，什么样的意识决定什么样的行为，可以从三个方面阐述思想与行为的关系，第一，思想道德水平的高低最终要落实到人的行为习惯当中，人的行为习惯可以说是思想道德水平的客观体现；第二，人的行为是人的思想水平的外在的表现，判断一个人的思想道德水平是高是低，不仅要听其言语，更要观察其行为举止；第三，培养良好的行为习惯，是思想政治教育的基本手段。思想政治教育对人们的思想、情感、意志以及信念等的培养与提升最终都变现为对人的行为习惯的培养上。

（二）工作对象对辅导员工作的制约

1.工作对象对辅导员实施思想政治教育的制约

(1) 工作对象对辅导员制定工作目标的影响

辅导员思想政治教育目标是根据社会的需要以及工作对象的发展需求而确定的。辅导员是教育目标的制定者与实施者，在教育目标的实施中起着主导地位，而辅导员工作的对象并不是工作目标的实施者，也不参与其中的制定过程，但是工作对象的思想水平现状以及发展的需求直接关系着辅导员工作目标的最终确立。辅导员是高校思想政治教育工作的执行者，对于其他的心理辅导工作、生活辅导、就业指导以及班集体的建设工作都有一定的参与，这些也为辅导员的思想政治工作起到了铺垫的作用。而辅导员的工作最直接的对象是大学生，也可以说大学生的思想水平现状直接关系着辅导员工作目标的最终确立。大学生的思想道德水平现状直接制约辅导员工作目标的确立。随着高校教育的普及，大学生来自全国各地，他们原来接受的教育方法以及受到社会环境因素的影响是不同的，因此他们在思想意识、政治觉悟以及道德修养等多方面存在着差距，而大学生的思想意识的多层次发展，直接决定了辅导员工作目标的多层次发展。

(2) 工作对象影响着辅导员对工作内容的选择

首先，辅导员工作的主要任务是大学生的思想政治教育工作，而其他一些工作的开展只起着辅助的作用，而大学生是辅导员思想政治教育中的主要对象，可以说大学生思想水平的现状以及发展直接制约着辅导员工作内容的选择。辅导员在选择教育内容时必须以大学生的实际状况为出发点。大学生的思想道德品质的多层次发展以及存在的差异，给辅导员的工作提出更高的挑战，辅导员要针对不同的大学生设置不同的教育内容，而且所选择的教育内容对于大学生的实际思想而言，既不能太超前，也不能太滞后，否则无法满足大学生接受思想政治教育的实际需求。另外，大学生的思想变化影响着辅导员所选择教育的内容不断变化。由于大学生受主观能动性的影响，思想道德意识不断变化，这就要求辅导员在思政教育的工作中不断调整与完善思想政治教育的内容，对大学生有针对性地进行思想政治教育。其次，大学生对思想政治教育的接受能力，直接制约着辅导员对教育内容的选择。接受能力又包括注意能力、记忆能力、思考能力、想象能力、观察力以及实践能力等，由于大学生的素质不同，受后天成长环境不同，比如，社会、家庭以及学校环境不同，造成不同的学生接受能力也各不相同。辅导员应该根据大学生的接受能力来安排难易程度不同的教育内容，对大学生有针对性地教育。对接受能力较强的大学生来说，他们主观能动性比较强，在接受信息方面不仅速度快，而且接受的信息量也比较大。辅导员可以给这样的大学生安排具有一定难度的教育内容，反之，对于接受能力较弱的大学生来说，他们的主观能动性比较差，他们接受信息的容量相对较小且较慢，辅导员就应该给这样的大学生提供比较简单的教育内容，从而增加辅导员工作的实效。最后，大学生的思想道德品质的发展规律影响着辅导员教育内容的选择。大学生的思想品德发展是遵循一定的规律发展的，而且不是一蹴而就的，需要一个长期的发展过程，并且这种发展规律的建立基础是大学生现有的思想品德素质。国内外心理学专家认为个体的思想品德的发展是有阶段、有规律的。

2.大学生制约着辅导员对教育方法的实际运用

方法是指人们为了达到某种自己预期的目标而运用的相关工具、技术以及手段与途径等。辅导员的工作方法是随着自身的实际情况以及大学生的具体情况而不断变化的。辅导员在其指导工作中虽然是选择方法的主体，但却要针对大学生的思想的具体特点、状况以及发展的规律而制定工作方法，只有这样辅导员的工作才能取得实效。首先，大学生思想的具体特点影响着辅导员教育方法的选择，由于大学生的个人经历、性别、兴趣爱好以及性格，再加上所处的学校环境、社会环境、家庭环境等的不同，造成大学生各自思想上的具体特点也不相同，辅导员在选择工作的方法时应该以大学生的这些特点作为依据。其次，大学生思想品德现状影响辅导员选择教育的方法。辅导员只有把握好大学生的思想品德现状才能选取比较合适的教育方法，才能做到事半功倍。现在的大学生由于成长的环境比较优越，很少吃苦，再加上大部分是独生子女，在家庭中是宠儿、是宝贝，再加上他们的社会经历比较少，这就造成大学生普遍存在责任意识比较弱，辨别能力比较低，自制力以及践行能力等也不是很高，辅导员在工作时，必须采取有针对性的教育方法，才能促使大学生的综合能力不断提高，进而提高思想道德水平。

最后，大学生思想品德的发展规律影响着辅导员在教育方法中的选择。大学生已经从逻辑思维能力转变为辩证思维能力，辅导员可以根据这一实际情况采取谈话、讨论以及社会调查等教育方法，选择更适合大学生思想道德水平的方法。另外，由于受客观环境因素的影响，处于同一阶段的大学生思想意识的发展阶段也可能会出现很大的差异，这也就需要辅导员针对不同的学生采取不同的教育方法。

3.大学生作为辅导员工作的对象直接影响着辅导员工作的积极性

辅导员的主要工作任务是做好大学生的思想政治指导工作，而对大学生的思想政治教育工作是大学生与辅导员互动的过程，缺少任何一方都会失去工作的意义。尤其是大学生各方面的综合能力直接关系着辅导员在工作中的积极性以及辅导员工作的成效，比如说大学生在综合素质、接受能力都比较高，这也就要求辅导员不断提升自身的综合素质以及工作的水平，从而满足大学生发展的需要。首先，大学生的综合素质制约着辅导员工作的积极性以及工作水平，大学生对知识的掌握情况直接关系着辅导员的积极性以及工作水平的提升，大学生知识掌握范围比较广，就会使他们的思想也会有一定的深度，这就给辅导员的工作提出了很大的挑战，辅导员作为学生的思政教师，如果水平不及学生就会有压力，这种压力也就促使辅导员更积极地加强自身素质的锻炼，更积极地研究思政教育工作，从而提升自身的综合素质水平以及思政工作的水平。大学生的思想品德也是影响辅导员工作积极性的一个方面，大学生尊重辅导员的工作，不管是在思想政治教育的课堂上还是在日常的学习生活中都能遵守校园纪律，从而为辅导员的工作提供了一个良好的环境，在良好的工作环境下，辅导员就可以有更多时间来提升自身的综合素质，从而提高辅导员工作的实效。其次，大学生的接受能力直接影响着辅导员工作的积极性。大学生具有较强的接受能力，他们就能比较快地掌握思想政治教育的核心内容，并能举一反三，运用到实际的生活以及学习中，这就给辅导员带来很强的成就感，从而更积极地投身到工作中。从另一方面来说，大学生具有较高的接受能力，也就给辅导员的综合素质水平提出了更高的要求，辅导员如果不具备较高的综合素质就无法胜任大学生的教育指导工作，为了能更好地适应辅导员的工作，辅导员会积极加强自身综合素质水平的提升。最后，大学生的反馈评价信息影响着辅导员工作的积极性，辅导员的直接工作对象是大学生，辅导员对大学生施加影响，大学生必然会产生反应，这种反应就属于对辅导员工作信息的反馈。大学生的日常行为以及在思政教育课堂上的种种表现等都会影响着辅导员的工作情绪与行为，比如说大学生能够积极地反馈一些信息，上课遵守纪律，积极配合辅导员的工作，这也就说明辅导员对大学生的教育工作起到了很好的效果，从而促使辅导员产生很强的成就感，进一步积极地投身到本职工作中，从而促使工作水平不断得到提高，反之，可能会造成辅导员对工作失去信心。

4.辅导员工作的对象直接制约着辅导员工作的效果

首先,大学生对知识的掌握情况直接制约着辅导员的工作效果,在辅导员的指导教育工作中,大学生原有的知识结构以及经验如果已经有较高的水平,就会促使他们的接受能力与理解能力较高,有助于辅导员开展工作,并能很快取得相应的成效,反之,如果高校大学生所掌握知识比较薄弱,那么他们的理解能力以及接受能力也就相应的比较差,这也就给辅导员的工作增加了难度,辅导员的工作就很难取得突破,辅导员工作的效果就不会很明显。其次,大学生的需求直接关系着辅导员工作的效果,一个人的需求是人们采取行动的内在驱动力,需求是人们在意识上的一种表现,而意识又决定了人的行为,在现实生活中人们的行为,比如,工作与学习,都是为了达到某种需求,没有需求就不会有任何的行为产生。在辅导员的指导教育工作中,辅导员的工作目标是为了让学生更好地得到思想政治教育,而作为大学生来说也是为了提升思想政治水平而接受教育。大学生对思想政治教育的需求,决定大学生是否能够积极参与辅导员的教育工作,大学生需求大,他们就会积极加入,辅导员就能更好的指导,就能取得更好的成效,反之,大学生的需求小,辅导员即便再努力,也只是对大学生强制灌输,造成辅导员工作的难度。最后,大学生的认识与行为决定着辅导员工作的效果。辅导员的工作效果可以从两个方面表现出来,即大学生对知识的掌握情况与大学生的日常行为。辅导员把思想政治教育理论知识传授给大学生,大学生通过自己的认知掌握知识,并通过思想意识把所学的知识转化成为外在的行为,这属于一个比较系统的过程,不论在过程中的哪个环节出现问题都会造成辅导员的工作丧失成效。大学生在接收到思想政治的理论知识但是在转化的过程中出现了问题,比如说,理解出现问题,那就造成大学生的认识出现偏差,从而造成在日常的行为中出现偏差,这就会给辅导员的工作带来很大的困扰,影响到辅导员工作的实效性。

5.大学生在自我教育中的作用

大学生是辅导员工作的主要对象,大学生除了受辅导员的指导学习以外,还有一个自我教育的过程,这个过程是大学生根据自身的情况自主确立教育的目标、选择自我教育的内容以及自主实践的行为,从而促使自我评价以及完善自我思想道德素质。大学生运用适当的自我教育的方法来调节思想与行为之间的冲突。大学生在自我教育的过程起主导作用。

首先,大学生要确立自我教育的目标,这个目标是由大学生自己制定的,但是这个目标的制定不是靠大学生的主观想象确定的,这个目标的确定可以从两个方面来分析,一是自我教育目标的确立必须符合社会发展的客观实际要求。大学生既是辅导员工作的对象,又是社会中的一分子,作为社会的基本因素,他们的发展离不开社会,也只有确立的自我教育目标与社会发展的要求相一致,才能体现出其目标的真实价值。二是大学生确立自我教育的目标要以自身的实际情况为基础，比方说自身的品德发展水平以及自身的需求为基础，大学生要正确认识到自己的发展需求以及思想水平的现状才能确立科学合理的自我教育目标。其次，大学生要自主选择教育的内容，教育目标是教育内容选择的基础，大学生依据自我目标选择适合的自我教育内容，并要求这些内容要符合社会实际发展的需要。再次，大学生自主教育方法。大学生通过比较分析选择适合自我发展的教育方法。由于受各种因素的影响，大学生在选择教育方法具有灵活的特性。大学生在自我教育时遇到了问题，可以通过及时调整教育的方法，从而促使自我教育的顺利有效进行。最后，大学生自我完善以及自我评价。大学生通过社会发展要求标准，对自我教育的行为以及行为产生的效果进行自我评价，并通过自我评价调整在自我教育过程中出现的问题，从而不断完善自身的思想道德水平，进而提升自身的思想境界。

（三）辅导员工作对大学生的影响

大学生是辅导员的主要工作对象，而大学生在辅导员指导教育工作中占主体地位，但是辅导员在对大学生的思想政治教育工作中，辅导员的自身及基础方法，对大学生也会造成很多的影响。比如，辅导员的教育观念、素质、人格魅力以及工作情况等都会对大学生产生影响。

1.辅导员对于大学生的影响

（1）辅导员的认识影响

辅导员是大学生在高校中的直接接触者，辅导员的教育观念直接影响着大学生的观念。受传统思想观念的影响，辅导员往往缺少平等的教育观念，在实际的工作中处于工作的主体地位，对于开展工作时更注重对大学生教育与管理，可以说大学生往往被动地接受辅导员提出的各项规定。同时，很多辅导员在本职工作中不太注重大学生的思想道德品质的形成与发展的规律，更不注重研究大学生的心理发展特点以及现实水平，往往在工作中选择传统的教育方法，一视同仁，甚至只是照着书本宣读的方法进行教育，从而导致辅导员的思想政治教育课并没有什么新意可言，这种教育可以说枯燥无味，不能引起大学生的兴趣，也正是由于这种观念会使大学生在思想上产生不良的因素，甚至可能使大学生产生逆反心理，不利于大学生的身心健康成长。辅导员可以说有多重的身份，辅导员是大学生的思想政治辅导老师，又是大学生的心理健康医生，还担当着班集体的建设工作，更是大学生的生活指导教师，辅导员的工作有很大压力，但是辅导员不能仅停留在消极的思想观念中，辅导员可以利用自身工作的特点，改善自我，冲破传统观念的束缚，努力做到平等对待每一位学生，把学生当成是自己工作的主体，充分利用工作中的多重身份，把有形的思想政治教育工作转变为无形，例如，在日常生活中引导大学生的思想等，从而促使大学生身心健康的发展。从另一方面来说，很多辅导员在对大学生的思想政治教育指导中，并没有对大学生在思政教育中发挥的作用引起重视，导致大学生在辅导员的工作中没有充分发挥作用。辅导员把大学生视为工作的客体，在工作目标、工作内容以及工作方法的选择中仅凭自身的主观认识决定，导致工作目标、方法与内容不能满足大学生思想政治发展的需要，也不能满足社会的需要，从而造成辅导员的工作丧失效果。

（2）辅导员的自身素质影响

辅导员在高校的教育工作中有多重的身份，是大学生的思想政治教育指导教师，是大学生的心理健康医生，是班级体建设的工作者，又是大学的就业指导者，还是大学生的生活辅导教师，可以说是一种综合的工作种类，这也就要求辅导员不仅需要具有丰富的文化涵养，更需要具有综合的、专业的知识理论基础以及专业技能。首先，辅导员工作要以马列主义毛泽东思想的理论知识为指导，更要以党的路线方针政策以及国家的法律法规为指导。其次，社会的日益发展，对于思想政治教育工作提出了更高的要求，辅导员需要掌握多种专业知识，比如，心理学、教育学、社会学以及管理学的理论知识，辅导员运用这些知识及时把握大学生的认识、情感以及个性发展等，进而更好地掌握大学生的思想以及行为的规律特征，才能更有针对性地选择教育方法、内容以及目标等。再次，随着网络以及数字信息的发展，新媒体等给人们生活带来更快捷方便的生活，辅导员在工作的开展中也必须要学会如何操作与运用这些现代化的工具，从而让新媒体工具为现代教育服务。由于数字信息技术是不断变化的，这就要求辅导员除了要掌握这些先进的技术知识外，还要对这些新知识及时更新换代，辅导员只有不断的储备知识并不断优化知识结构，才能胜任辅导员这一特殊职业的要求。另外，辅导员在积累知识的同时，也会使自身的综合素质不断提升，进而提高自身文化修养，促使人格魅力不断提升，成为大学生崇拜的对象，促使大学生积极配合辅导员的工作，提高辅导员工作的成效。

（3）辅导员的能力素质对大学生的影响

辅导员的能力素质就是辅导员把自身的知识运用于实际的工作中的一种能力，它主要包括观察能力、分析能力、组织能力、表达能力、说服教育能力等，观察能力与分析能力是指辅导员通过敏锐的感知察觉到社会现实的各种现象，以及通过观察大学生的一些行为，从而把握大学生的思想现状，并将所有的道德信息加以整理分析，进而从感性的认知升级到理性认知的能力。辅导员的组织能力是指辅导员通过适当的方法有效地组织大学生参与各种活动，从而更好地完成工作目标的能力，包括决策的能力、制订计划的能力以及组织活动的能力等。辅导员的表达能力是指辅导员通过自身的表达向大学生输出信息的一种能力，例如，语言表达能力、文字表达能力等。辅导员的创新能力是指在工作中有创新的精神，在工作中遇到新的问题能及时解决的能力，或者是在原有的基础上不断研究突破，从而创造出新的知识的能力。辅导员的说服教育能力是指辅导员能够以理服人从而达到工作的目标，比如，疏导转化的能力，以理服人的能力等。辅导员如果具有这些能力就能在工作中及时察觉大学生存在的问题，并能及时调整相应工作目标、方法以及内容，另外辅导员如果具备这些能力，在对大学生的指导工作中，也就能说服大学生更心悦诚服地接受教育。

（4）辅导员的人格魅力对大学生的影响

辅导员作为大学生的思想政治教育老师，言行举止都受到很高的关注，如果辅导员具有极高的人格魅力，那就等同于具备了一种无形的教育资产。辅导员所从事的思想政治教育的活动不同于其他的教学活动。思想政治教育工作是通过辅导员向大学生传递一种社会需求的思想观念，从而促使大学生树立正确的人生价值观念。在这个过程中，辅导员的人格形象在很大程度上影响着大学生。要想让大学生树立正确的价值观念，辅导员就要不断规范自己的言行举止。也可以说辅导员的一言一行都在潜移默化中影响着大学生思想品德的形成以及发展。而辅导员人格魅力的形成是在长期的实践工作中形成的。由于辅导员工作的特殊性都需要极强的综合能力素质，再加上长期工作经验的积累，辅导员的综合素质不断提高，进而形成较强的吸引力、感召力以及影响力。这就要求辅导员首先要具备崇高的思想品德，言行统一，进而吸引大学生积极地配合辅导员的工作。辅导员人格魅力的外在体现形式是辅导员的形象，辅导员要衣着得体整洁、举止端庄、言谈优雅，而且要有丰富的面部表情，从而展现教师独特的气度，感染大学生。师生之间坦诚相待，更进一步增加师生间的信任程度，有利于指导大学生树立正确的价值观念。

（5）辅导员工作状况对大学生的消极影响

辅导员的工作状况包括辅导员在工作中运用的工作方法以及工作的内容，另外还有外界对其工作效果的评价都对辅导大学生造成一定的影响。首先，从辅导员的工作内容来说，辅导的工作内容有很多，思想政治教育工作、心理辅导工作、生活辅导工作、班集体建设工作以及就业指导工作，虽然辅导员身兼数职，工作比较辛苦，但是从这些工作的本质来看其实都是为做好思想政治教育工作服务。但是很多辅导员并没有把多种工作内容有效结合，对于大学生的思想政治教育工作，很少与实际的生活学习相互联系，并对社会的一些热点问题等没有及时关注，不但不能做好对大学生的思想教育工作，其他各项工作也不能很好的完成，辅导员的工作与实际生活的联系少，也就缺乏生动性，不能引起学生的兴趣，不利于大学生树立正确的思想价值观,归根结底更不利于辅导员教师的工作。其次,从工作的方法来说,受传统观念的影响,很多辅导员在工作中一直处于强势的地位,对大学生的思想政治教育是采取强制灌输的方式,造成思政课堂教学的枯燥乏味,不能引起学生的兴趣。再次,很多辅导员在生活指导方面也采取比较强硬的管理方法,并不能深入了解每一个学生,成为学生的知心朋友。造成很多同学不愿意与辅导员过多接触。最后,从辅导员的工作效果评价来说,评价可以分为评价的主体、内容与方式三个方面。第一方面,辅导员的工作效果作为被评价的主体,往往忽视了大学生在评价中的主体地位,在评价中只是走个过场,搞个形式主义,并没有把大学生所反馈的评价建议当作改进自己工作方法以及内容的依据。第二方面,在学生的评价中,辅导员教师并没有把大学生放在平等地位上,也可以说大学生是被动的评价与反馈,造成很多大学生不能积极主动地参与其中。第三方面,在辅导员的工作评价中,一般只注重对辅导员的思想政治教育工作的评价,对于其他的工作内容等很少评价,而且在对思政教育工作的评价中也只是注重大学生思政效果的评价,基本没有对大学生思政教育过程的评价,这也就造成辅导员并不能完整地认识到大学生的优缺点,很难以此作为确立工作目标以及工作内容与方法的有效依据,更因为这种片面的评价打消了大学生的积极性。

2.外界环境对大学生的影响,给辅导员工作带来的不便

大学生的综合素质不是天生具备的,而是受各种因素的影响形成的,外界的环境对于大学生的综合素质的形成有很重要的意义。外界的环境又包括家庭环境、社会环境、学校环境以及网络虚拟环境这些对大学生的综合素质的形成产生很大的影响。

(1)家庭环境对大学生的影响

父母是学生的第一任教师,父母对学生来说具有特殊的感染力与影响力。父母的思想、行为、言语等都在潜移默化中影响着大学生思想以及各种素质的形成与发展。首先,在日常的家庭生活中,父母或者其他的亲属作为大学生的家长,与学生有大量的接触与互动,随着家长自身行为的暗示以及孩子的模仿,就会造成孩子在无形中继承了家长的人生价值观。大学生的思想还不够成熟,不能理智地分析与解决问题,因此在这方面学生很依赖家长,父母为了孩子的健康成长也会尽心的指导。但是这种家庭的教育方式给大学生的思想也带来一些消极的影响,比如说,由于学生太过于依赖家长,辅导员在工作中不管如何辛苦的指导大学生,都不如家长的一句话管用,而有些家长可能存在各方面素质都不高的情况,这就给辅导员的工作带来很大的不便。其次,家庭的教育方法对大学生综合素质的形成与发展带来影响,每个家庭由于所受的教育程度以及经济情况等很多情况的不同,对孩子的教育方法也是不一样的,有的家庭可能是采取民主的教育方式,而

有些可能采取专制型的教育方式，这些教育的方法影响着大学生的独立性与思想规范性，仅从思想道德方面来看家庭教育采取民主的教育方式，那么大学生具备的责任感就比较强，思想道德素质水平也就会比较高，而大学生的综合素质也就会比较高，而采取专制教育方式的家庭中的学生，可能由于受到长期的思想与精神的压迫，这样的学生在思想上可能会有扭曲的现象，比如说，比较孤僻冷漠，还有的胆小怕事、没有独立的思想等，这就给辅导员的工作开展带来很多的不便，在大学生中辅导员队伍的建设本身就不是很强大，再加之大学生出现的各种不同情况，要采取有针对的教育方式，无形中加重辅导员的工作量。大学生人数众多再加上受家庭教育方式不一样，都具有不同的性格特点，这就给辅导员的工作带来很大的压力。最后，家庭氛围对大学生的影响，家庭营造的氛围直接影响着大学生的人际交往能力、道德观念、审美能力等方面都有很大的影响，而一个家庭的氛围越民主，培养出的孩子就会有较高的综合素质水平，反之，家庭营造的是比较专制的氛围，那么学生培养出来的综合素质能力也就相对薄弱。从以上三方面充分说明了家庭环境对学生的影响是很巨大的，因此家长要培养出优秀的孩子就需要从自身做起，并要努力为孩子营造一个良好的家庭环境，促使大学生身心健康的成长。大学生综合素质能力的提高也能很大程度上促使辅导员更积极地投入到工作中去。

(2) 社会环境对大学生的影响

首先，社会环境会给大学生带来认知误区。我国社会主义经济建设极大地促进了经济的发展，在经济发展的过程中存在许多利益的冲突，比如，在经济体制改革的过程中新旧体制的交替，关系着人们的利益问题，如果出现利益的冲突、矛盾，就会造成人们的心态情绪不稳定，尤其是在价值取向问题上，会产生重大的影响，这些不良的思想以及情绪会造成大学生产生错误的认知，不利于大学生树立正确的人生价值观念。其次，社会风气会对大学生产生影响。社会风气是社会成员总体面貌的反应，社会风气广泛地渗透到社会中的各个方面，比如，社会经济、政治、文化等，在人们生活的各个方面制约着人们的行为与举止。社会风气对大学生影响是无形的，但又是非常巨大的。好的社会风气能让大学生受到良好的感染，促使大学生树立积极向上且乐观进取的人生态度，从而形成正确的人生观、价值观，而不好的社会风气就会使大学生感染不良的社会风气，会使大学生的思想偏离正确的轨道，甚至出现一些不道德的行为。再次，社会舆论会对大学生造成影响。社会舆论是指社会成员之间对某个社会现象或者是社会问题以及社会公众人物表达出的一种评价或者议论。大学生可以是社会舆论的对象，他们的一言一行受社会舆论的关注，从另一方面来说，社会舆论可以指导大学生的思想与行为，当大学生的言行符合社会的需求时，会得到社会公众的赞赏，这就促

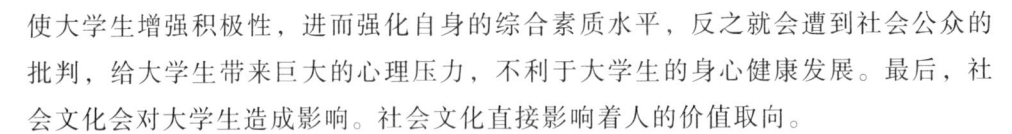

使大学生增强积极性,进而强化自身的综合素质水平,反之就会遭到社会公众的批判,给大学生带来巨大的心理压力,不利于大学生的身心健康发展。最后,社会文化会对大学生造成影响。社会文化直接影响着人的价值取向。

(3) 学校环境对大学生的影响

大学生的思想品德、个性特征以及知识文化素质主要是在学校中形成并且得到发展。高校的环境对大学生的引导既有思想道德引导,又有行为的指导,不仅促使学生学习专业的技能,更对大学生进行情感培养。高校环境的影响更有利于大学生综合能力的培养。首先,高校是大学生学习与生活的重要场所,高校内的教学设备、活动场所、宿舍以及食堂等都属于是高校的物质环境,这些物质环境会给大学生带来无形的影响。良好的校园环境可以在无形中引起大学生在思想上以及审美观念上的变化。高校内优良的环境为大学生综合能力的提升提供了良好的物质与精神上的支持。例如,随着现在数字信息技术的普遍应用,教师在课堂中一般都会播放一些图文并茂的影像资料,从而提高学生的学习兴趣。其次,校园无形的文化环境对大学生的影响是非常大的。校园文化环境的建设与辅导员的工作也有着很大的关联,辅导员有对班集体文化建设的职责,而班集体文化是校园文化的重要组成部分。

(4) 网络环境对大学生的影响

虚拟的网络环境为辅导员的工作带来了很多便利,比如,在对大学生的思想政治课堂教育中,辅导员可以充分利用一些网络载体,在辅导员的生活指导中辅导员也可以利用网络与学生的交流,同时还可以利用网络与其他高校的教师进行学术交流。网络传播速度快捷,传播信息的内容海量,在网络环境中人与人的对话都处于平等地位,辅导员可以利用这一载体,与大学生建立平等的互动模式。网络中人们都可以使用匿名,大学生才能够利用网络这一载体来提出自己的建议,从而给辅导员的工作提供很好的参考依据。虽然网络有很多有利的方面,也给人们带来很大的便利,但是网络的虚拟环境也带来了很多负面的影响,首先,一些西方国家的不良文化可以利用网络渗透到我国,影响着人们的思想意识,从而造成人们的意识朝着多元化的方向发展,而大学生的思想意识还没有成熟,没有很好的分辨能力,容易被一些不良信息所误导,进而造成人生的价值观偏离轨道,不利于大学生的身心健康发展。其次,网络中的垃圾信息也给大学生的身心健康发展带来很大的消极影响。在虚拟的网络环境中,人们的交往可以使用匿名甚至是虚拟的身份,很多不法人士利用这一特性,针对大学生社会经验还不丰富等特性,用花言巧语以及各种诱惑手段诱骗大学生,比如,一些传销组织,充分利用大学生的不成熟,给出很多诱惑条件引诱大学生,给大学生"洗脑",造成大学生的人生观价值观扭曲。最后,由于网络的传输信息量很大,一些暴力信息、封建迷信信息以及色情信息等充斥着整个网络，虽然公安机关尽了最大努力清理网络，但是由于网络的虚拟性，仍有很多漏网之鱼，而这些不良信息影响着大学生的思想道德以及生活与学习，不利于大学生的身心健康成长。

（四）辅导员转变工作思路促使大学生发挥作用

1.辅导员要转变工作的思路，从而调动大学生的积极性

（1）辅导员要树立现代教育的理念

辅导员要从传统的教育观念中脱离出来，树立以人为本的理念，首先，辅导员要正确认识大学生的思想现状，并根据实际情况确立工作的目标、工作方法以及工作内容，从而增强辅导员工作的实效性。大学生在不同的时期思想状况也是不同的，辅导员要充分利用大学生各个时期不同的发展特点，从而调动大学生学习的积极性，为辅导员的工作打下坚实的基础；其次，辅导员要不断地满足大学生的合理需求，大学生在高校生活中会有各种各样的需求，而大学生接受教育也是受需求的驱动，辅导员把自己的意愿强制灌输给大学生，而不去理会大学生的需求，大学生的需求得不到满足就不会主动积极参与到辅导员的思政教育的指导工作中。因此，辅导员要积极地了解大学生的需求并不断的满足大学生合理需求，从而提高大学生参与的积极性。最后，辅导员要平等地对待大学生，要正确意识到大学生在自己工作中的重要地位以及作用，尤其是在思想政治教育的指导工作中，大学生不是被动地接受思想政治教育知识，而是自主能动地接受知识。工作中不管遇到任何问题，辅导员都应该通过与大学生民主协商的方式来解决，反之，如果辅导员在工作中不能平等对待大学生就会引起大学生的不满，甚至是反感，不利于提高大学生的积极性。

（2）辅导员要提高自身的素质以及能力

辅导员要不断提高自身的素质，尤其是政治素质。辅导员主要的工作任务是对大学生进行思想政治教育工作，这是一项综合性很强的政治工作，这就要求辅导员具备较高的政治素质水平，也就是辅导员要具备丰富的理论知识、坚定的政治立场、鲜明的政治观点、明确的政治态度以及较高的政治思想水平。首先，从理论上来说，辅导员要不断学习马克思主义理论，提高自身的政治素质，坚定为共产主义事业努力奋斗的信念；从实践的活动来说，辅导员要忠诚于党，促使自身的政治觉悟不断提升，不管遇到任何政治风波以及突发的状况都要有一颗清醒的头脑，坚定自身的立场并要在各种考验面前临危不惧，经受住各种诱惑与风险。辅导员的政治素质不仅体现在工作中，更体现在生活中，辅导员以身作则会起到榜样模范的作用。大学生在辅导员的熏陶下，会对辅导员产生仰慕之心，促使大学生乐于参与到辅导员的工作中去，进而增加辅导员工作的成效；其次，辅导员

要促使自身的知识素质不断地提升，以积极的心态投入到学习中去，并一直坚持下去。辅导员的知识素养是其工作能力以及工作水平的重要衡量标准，是关系着工作效果的重要因素。随着科技水平的发展以及社会经济的发展，教育者在教育资源的优势地位已经不在，大学生除了高校，还可以通过其他媒体获得一些先进的知识，比如说，报刊、杂志、互联网等。也可以说随着时代的发展，大学生在某些方面的知识技能以及思想的敏锐程度、创新性等方面都领先于辅导员。辅导员如果不努力适应时代的发展，不断地储备知识，就无法胜任教师的工作。辅导员要不断汲取工作方面的相关知识，从而提升自己的知识理论素养，并不断完善与优化自身的知识结构。另外，要不断丰富自身的文化底蕴，从而提升人格魅力，促使大学生积极主动地参与辅导员的工作，发挥出大学生在辅导员工作中的重要作用；最后，辅导员要不断提升自身的能力。辅导员的能力包括观察分析、组织、表达、创新以及说服教育的能力。可以从以下几个方面来提升辅导员的这种能力。首先，辅导员可以通过阅读大量的书籍以及通过网络获取知识，从而提高自身的能力。其次，辅导员可以通过参加培训或者是进修，从而提高自身的能力水平。再次，辅导员可以通过在工作的实践活动提升自身能力，不断在实践中发现问题，不断在实践中解决问题，积累丰富的经验，进而提升自身的能力。最后，辅导员要不断地向其他有经验的辅导员或者是其他优秀的辅导员学习，请教经验，从而提高自身工作的能力。辅导员的能力提高，就会增加辅导员在其自身的工作中的驾驭能力，就会增加辅导员在工作中的吸引力、感染力以及说服能力，进而增强辅导员工作的成效。

（3）辅导员借用工作优势充分调动大学生的积极性

首先，在辅导员的思想政治教育指导工作中，应改变观念、尊重大学生的主体地位，并选择有针对性的教育方法、教育的目标以及内容。辅导员在其工作目标、工作方法以及内容的选择上要充分考虑教育对象的思想现状，从而调动大学生参与的积极性。其次，在辅导员的工作环节中，辅导员的工作除了要对大学生的思想政治教育以外，还有多重的角色身份，辅导员可以充分利用这些角色工作的便利，变压力为动力，除了在课堂上对大学生进行必要的思想政治教育指导外，还可以在大学生平常的学习生活中无形中促使学生的综合素质得以提升，比如，辅导员可以组织一些班集体活动，从而指导学生把学到的思政理论知识运用到实践活动中，进而促使大学生认识到自身的不足，以正确的眼光看待现实生活的一些实际问题，增强大学生对道德的思考能力、判断能力、推理能力以及抉择的能力。最后，辅导员要完善工作中的反馈环节，这样可以充分调动大学生参与的积极性。真实的反馈评价信息是辅导员工作开展的必要保障。对于辅导员来说要想做好本职工作就要获得真实的反馈信息，在工作的整个过程都要进行。辅导员可以通过学校的工作报告，分析自己工作中的不足，还可以通过不定期对大学生的抽测以及观察大学生的日常行为等，分析现阶段的大学生的思想情况从而调整工作的方法以及内容，进而实现最终的目标。还可以通过与大学生谈心的方法及时了解大学生的心理变化，调动大学生参与辅导员工作的积极性，进而增加辅导员工作的成效。

2.大学生提高素质水平进而发挥参与辅导员工作的重要作用

（1）大学生要有主体意识

在辅导员的工作中，大学生是参与的主体，辅导员开展一切工作的前提都是为了大学生服务。大学生本身就要增强主体地位的意识，在参与辅导员的工作中要表现出自主的意识、积极参与的意识以及责任意识，从而促使辅导员的工作更好地能满足自身的需求。首先，大学生要增强自主的意识，要充分认识到辅导员工作的开展就是为自身的思想道德水平提高而服务的，并要认识到自己能够支配辅导员工作的过程，从而更坦诚地面对辅导员，敞开心扉提出自己的建议，从而身心愉悦地度过整个大学生活。其次，增强参与的意识，大学生要认识到自己是辅导员工作的全程参与者，大学生参与到辅导员开展的一些活动中，不仅可以充分发挥自己的创新性与主动性，还可以在这些活动中充分展示自身独特的魅力以及价值。最后，大学生要增强自身的责任意识，大学生是辅导员工作的全程参与者，又在辅导员的工作中占主体地位，大学生应该主动承担在辅导员工作中的责任，促使辅导员工作顺利开展。

（2）提高大学生的参与能力

首先，大学生要加强自我修养，提高自身的综合素质。其次，增强大学生的接受能力，大学生的接受能力是提高辅导员工作积极性的基础，大学生接受能力的大小直接关系着辅导员工作目标、工作方法以及教育内容的制定。最后，大学生要提高自我调控的能力。这就要求大学生要调整好思想意识与个人行为之间的关系，提高判断与选择的能力，并用持久的耐力与毅力去克服困难，努力做到言行统一。大学生要提高自己的调控能力，还要做到控制好自己的不良的情绪，增强自制的能力。比如说，在高校的生活学习中与其他同学产生矛盾，大学生要严格控制自己的不良情绪，避免产生冲突，可以找辅导员等老师诉说，及时化解自身心理的问题。

3.优化教育的环境，促使大学生在辅导员工作中发挥重要作用

（1）优化社会环境

首先，优化社会环境要先优化社会风气。目前，在社会中出现了各种的不良风气，比如，迷信活动、诈骗活动以及一些功利主义思想、腐化思想等，严重影响着大学生的思想，国家必须采取一些必要的手段优化社会风气，促使大学生身

心健康的发展。其次，优化社会舆论。正面的社会舆论可以起到积极促进的作用，社会要积极创造正面的社会舆论，减少负面舆论对大学生的影响。最后，优化社会文化，没落腐朽的社会文化会对大学生造成很大的影响，因此坚决抵制没落腐朽的社会文化。

（2）优化校园环境

首先，学校要加强资金投入，加强校园物质硬件建设，比如，引进先进的技术设备，建设多媒体教室、数字化的图书馆等。还可以加强校园的绿化环境建设以及人文景观的建设，为大学生提供良好的学习生活环境，促使大学生增加学习的积极性。其次，优化校园的文化环境，加强校园的文化环境必须从加强校风、学风以及师德建设等方面入手。高校的领导是高校发展的领导者，领导的作风影响着学校的发展。高校的领导干部在工作中要起到典范带头的作用。高校还应该加强学风建设。学风的建设要靠师生共同努力，教育者要严谨教风，大学生要勤奋好学，从而形成一种良好的学习气氛。教师要想获得学生的尊重，既要有才又要有德，师德对大学生的影响是很巨大的，因此教师要不断加强自身的文化修养，不断提升教学的能力，培养良好的职业道德素养，进而在无形中影响学生成为德才兼备的社会主义人才。

（3）优化家庭环境

家庭对大学生的影响是非常巨大的，家庭环境关系着孩子的一生。首先，要树立正确的家庭价值观。家庭价值观是大学生价值观形成的起点，关系着大学生整个社会价值观的形成，家长应树立正确的价值观，从而影响子女形成正确的价值观。其次，家庭要选择科学的教育方法。在家庭中父母要平等地与子女交流，鼓励子女通过自身的努力解决问题，并努力为孩子营造良好的学习环境。最后，为大学生创造良好的家庭氛围，家长对于子女来说，具有良好的示范作用，父母要时刻注意自己的言行并要为孩子创造平等、民主、和谐的家庭氛围，从而促使子女身心健康地成长。

（4）优化网络环境

随着网络的普及，网络对于大学生的影响日益加强，辅导员可以利用网络载体加强对学生的管理工作，例如，微博、微信、QQ等，从而提高大学生的积极性。

总之，随着经济的发展以及人们生活水平的提高，大学生的身心发展特点发生了很大的变化，大学生是辅导员工作的主要对象，辅导员是为大学生服务的，但是由于多种因素的影响，大学生并没有充分发挥其主体地位，这是不利于大学生健康成长的，更不利于辅导员各种工作的开展，面对现实的情况，只有不断强化大学生的主体意识，才能促使大学生认识到自身发展的重要性，从而积极主动地参与并配合辅导员的工作。

第二节 高校辅导员的工作任务

辅导员是高校教师与管理队伍中的重要组成部分，具有多重角色与身份。辅导员是大学生思想政治教育的主要力量，是思想政治教育的实施者，同时负责大学生的心理健康指导、就业工作指导、班集体的建设、日常生活的管理。但是，追究其工作的根本任务则主要有三个方面：其一，促进学生的发展，尤其是大学生思想上的发展；其二，维护高校的稳定，构建和谐校园；其三，辅导员不管是对大学生进行思想政治教育，还是对大学生的日常生活的指导，归根结底都是对大学生实施管理。

一、促进大学生的发展

高校发展的根本就是促使学生的发展，而高校为了更好地发展赋予辅导员很多的角色。辅导员是大学生的思政教育指导教师，是心理健康医生等，其工作的重心都是为了大学生更好的成长。

（一）辅导员的工作内容

1.思想政治教育指导工作

高校辅导员的工作包括对大学生的思想政治教育指导工作、大学生行为的规范化管理、学生班级建设、大学生的实践活动。辅导员对于大学生的思想政治教育指导工作是指辅导员运用各种方法以及载体，对大学生进行思想政治教育的指导活动。其基本内容主要是：马克思思想主义、毛泽东思想、邓小平理论和"三个代表"重要思想、爱国主义、党的路线方针政策、民主体制、世界观、人生观、价值观等理想信念，另外，还有思想品德、校风、班风、学风、劳动、卫生、审美、心理健康等教育。思想政治教育的基本要求是坚持科学、正确的观点，在思政教育的选材方面，要针对大学生思想发育的特点，在运用的方法与途径上，要做到教育的多样化以及趣味性，从而提高大学生参与思想政治指导的活动的积极性。

2.辅导员工作的其他内容

（1）学生班级建设

学生班级建设也是高校辅导员工作的基本任务。其主要内容是党团组织建设、班委会建设与学生社团建设、优化学风班风、学生干部管理队伍建设、精神文明建设以及班级工作制度建设等。学生班级建设要从基础抓起，并强化目的性与针对性，从而做到与时俱进，促使专业特点朝着精细化、创新化与深度化的方向发展。

（2）大学生行为的规范化管理

大学生行为的规范化管理主要内容是对大学生的作息制度的管理，以及请销假、教寝室卫生、上课等考勤等学生档案材料；学年小结、评优评先、奖贷勤补免等经费；大学生的文明行为要求、安全保卫、奖惩等管理。管理工作要做到一视同仁，从严要求，按章办事，要做到量化、数据化，耐心细致，严肃认真；要做到制度化、规范化，要从头做起，持之以恒。

（3）大学生的实践活动

大学生的实践活动，主要内容是党团活动以及文体活动，社团和第二课堂活动，师范生基本功等就业活动，创先进班级先进个人和争"三好"活动，社会调查活动等。开展大学生实践活动要努力做到面向多数，做到群众性和广泛性；多样性、趣味性和生动性；时代性、动态性和目的性。密切与所学专业结合，努力为学生成才和就业服务。

（二）促进学生的发展

辅导员最根本的任务就是促进高校学生的发展，而学生的发展体现在学生品德的发展、学生学业的发展、学生个性的发展以及学生能力的发展。

1.品德发展

大学生的品德发展不是一蹴而就的，而是一个逐渐发展的过程，还是一个知识长期更新的过程，高校阶段更注重对大学生品德的培养，从而培养大学生成为文明、理性以及成熟的社会人才。辅导员应抓住时机对学生加以正确的引导，促使大学生以正确的道德标准，指引自身的行为，进而形成良好的道德品质。

2.学业发展

学业的发展是大学生来高校学习的根本目的，也是大学生成才的基础。辅导员是大学生的思想政治导师，能给大学生提供思想政治方面的专业指导，对于其他专业的学习，辅导员也能起到辅助的作用，例如，辅导员通过开展班集体文化建设工作，为大学生提供良好的班风学风，另外，辅导员可以维持好良好的教学秩序，从而方便其他专业教师做好教学工作，从而促使大学生的学业的发展。

3.个性发展

高校的大学生处于青春期的中期阶段，也是个性形成的关键时期。辅导员要充分尊重不同大学生的个性及独立性的发展，并关注大学生之间的差异，尽量避免运用同种模式来限制大学生的自由发展。维护大学生的尊严，尊重学生，让大学生发挥自主性以及独立性，为大学生提供更适合个性发展的广阔平台，促使大学生的个性发展。

4.个人能力的发展

个人能力是大学生综合素质的集中体现，也是大学生发展的基础，大学生的能力包括学习能力、思考能力、表达能力、鉴赏观察能力、组织协调能力、创新能力、合作能力等，辅导员应该运用工作的便利为大学生提供更多的展现自身能力的平台，增加大学生锻炼的机会，促使学生能力不断提高。

（三）大学生发展中的问题

大学生的发展主要是思想品德的发展，思想品德的发展也是学业发展、个性发展、能力发展的先决条件，现实中大学生的思想道德发展水平直接制约着大学生各方面的发展。

1.社会责任感不强

我国改革开放以来，社会的价值观发生了很大的变化，大学生之间的竞争也发生了根本的变化，由原来的高考竞争转变成就业的竞争，这在一定程度上起到了对大学生的激励以及促进作用，但是在竞争中也出现了很多不利于大学生思想道德品质的问题，比如，有个别的大学生在个人简历上弄虚作假，并以优先找到工作为荣，这就造成很多学生为了找到工作，相继模仿造假个人简历，不仅形成了不良的社会风气，更造成大学生的责任意识低下，这样就会造成大学生走向社会以后，可能由于没有社会责任而被社会排斥。

2.大学生的思想发展偏离轨道

由于社会不良风气以及西方不良思想的影响，有些学生思想有偏离轨道的倾向，他们把个人的利益看得高于一切，人生理想及目标的规划上显得眼光比较短浅，只注重眼前的发展，不能把国家的远大理想与个人理想相结合，在个人与集体的发展中，更注重个人的发展，甚至带着功利的眼光看待问题。

3.大学生的政治觉悟较低

在目前的高校教育中，很多大学生没有认识到提高政治觉悟的重要性，也正因为政治觉悟不高造成大学生的综合能力不能很好的提高。随着时代的发展，社会赋予大学生更多的时代要求，大学生不仅要重视对专业知识的学习，更要重视思想上的进步。大多数学生的认识还是积极向上的，但是个别的大学生忽视了思想上的提高，主要表现为：对党的发展事业不关心，对国家的前途发展不关注，以至于只重视对专业的学习，而不重视思想上的进步。

4.大学生的明知故犯

大学生已经具备了相当丰富的文化知识，从小学开始就已经开始接触一些爱国主义的教育，但是在实际的生活中，大学生明明知道某些行为是与道德相违背的，但是仍然去实施，比如，像考试作弊、破坏公物等行为。总而言之，随着时代的发展，大学生的价值取向发生了变化，比如，物质利益观念过强等，导致大学生的集体观念以及道德观念相对较弱。

（四）大学生思想问题出现的原因

大学生消极的思想，究其原因主要受三个方面的影响，即社会、家庭以及学校。

1.大学生思想问题的社会原因

社会主义经济体制的改革给大学生带来的影响是多方面的，既有积极的因素，又有消极的因素。一方面，社会主义经济体制的改革有利于培养大学生创新观念、效益观念等，从而培养大学生成为社会主义现代化建设的主力军；另一方面，市场经济体制改革消极的影响也是存在的，社会经济体制的改革过程中，出现一些利益的纠纷，造成有些人为了获得更多的利益产生一些违法的行为，比如，腐败现象等，而这些直接关系着大学生思想的健康成长。此外，经济体制的改革给人们的生活水平带来很大的改变，人们在生活水平得到提高以后，思想也开始朝着多元化的方向发展，各种思想错综复杂朝着大学生涌来，大学生面对这些思想，出现了困惑，再加之得不到有效的指导，他们的思想与行为就会失去平衡。

2.高校思想政治教育还不完善

在高校扩招的新形势下，高校对大学生的思想政治教育尚不能适应现实的需求，辅导员面临很大的压力。首先，高校的思想政治教育存在形式主义，主要表现为，辅导员在对大学生的思想政治的教育中，尤其是课堂教育中，只是机械性的照本宣读，毫无生动可言，学生也只是坐在底下听，根本没有互动的过程，造成很多学生即便有问题，也不能很好的解决，甚至增加大学生的困惑程度。其次，辅导员的教学内容存在很大的问题，时代发展了，思政教育的内容还是旧内容，没有随着时代的发展而变化，这就造成大学生的价值观不能适应社会的发展。再次，高校对于辅导员队伍的建设不足，主要表现为高校没有对大学生的思想政治教育引起重视，辅导员队伍的人数严重不足，很多辅导员并非思想政治教育的相关专业或者相似专业毕业。高校对于辅导员的薪资待遇不高，辅导员没有良好的晋升空间，降低了辅导员的信心，而不能安心于本职工作，更不能在对大学生的思想政治教育的指导中给与足够的耐心。最后，辅导员的主要工作任务是对大学生的思想政治教育，归根结底是促使大学生思想上的健康成长。但是，辅导员在教育中更注重大学生日常管理方面的工作，或者是更注重对知识技能的学习，而对思想政治方面的工作不是很重视，从而造成大学生也不注重对思想政治的自我教育，不利于大学生树立正确的核心价值观。

3.大学生自身因素造成的思想政治水平薄弱

大学生还不够成熟，尤其是在自我教育、自我意识以及自我认知上更显薄弱，导致部分学生出现一些不恰当的行为。首先，大学生在意志力方面相当的脆弱，承受的能力低，遇到一些不顺心的事，甚至只是很微小的事，也会造成他们的思想道德行为出现不当。其次，有部分大学生对思想政治教育的要求不高，受传统教育的影响，很多同学认为思想政治教育是学校强加给大学生的，导致大学生对思想政治教育产生极其消极的态度。最后，学生的思想道德要求不高，受一些片面的社会舆论影响，导致大学生对自身的需求产生错误的理解，从而对社会上的一些行为感到困惑，从而降低对自身道德品质的要求，不利于大学生的健康成长。

（五）辅导员怎样完成促进大学生发展的工作任务

1.辅导员要明确自己在思政工作中的重要性

辅导员是高校育人的主要力量，对大学生的思想政治教育是主要工作，辅导员的主要工作任务就是促进大学生的发展，尤其是思想政治的发展，但是在实际工作中辅导员往往没有认清自身的角色，一直处于繁忙的工作中，而实效不大。辅导员要给自身的工作有一个明确的定位，那就是要促进大学生的发展，加强大学生思想政治教育，提高大学生思想水平的提高，做好日常的管理，为大学生营造一个良好的思政环境，从而促使大学生在思想道德水平的发展，为大学生的学业发展、个性化的发展以及个人能力的发展打下坚实的基础。

2.辅导员要提高自身的知识素养

首先，辅导员要注重提高自身的政治理论素养。辅导员作为大学生的思想政治教育指导教师，要求其必须具备较高的政治理论素养，以此来树立辅导员在思想政治教育工作中的威信。辅导员需更好地把握国家法律法规并具备较强的政治敏感度以及辨别力，对大学生的思想政治教育才能更具有针对性，从而更好地促进大学生的发展。其次，辅导员要注意提高自身的业务素质。辅导员要不断提高自身的组织协调能力，根据实际情况制定科学的教育方案，组织相关的人力、物力以及财力，投入到思想政治教育的工作中，调解学生之间以及师生之间的各种矛盾，从而促使大学生更积极地投入到思政教育活动中，促进大学生在思想方面的发展。辅导员要提高自身沟通的能力，注重与学生之间的交流，增进师生的感情，为更好地促进大学生的发展而服务。辅导员要不断提高工作的技巧，找准大学生思政教育的切入点，从而促使大学生思想政治水平更好的发展。最后，辅导员要善于运用自身的智慧来处理大学生思想上的问题，并充分尊重大学生，使大学生能够个性化发展。

3.辅导员要提高自身的责任感

辅导员作为思政教师，肩负着推动大学生发展的责任，这就要求辅导员要增强自身的责任感。首先，辅导员要热爱本职工作并具有强烈的事业心与责任感，尽职尽责地做好本职工作，促使大学生健康成长。其次，加强与学生家长的沟通，针对不同家长给予相应的指导从而与学生家长共同促进学生的发展。

4.有针对性地促进大学生发展

辅导员工作的重要任务就是促进大学生的发展，尤其是大学生思想上的发展，这要求辅导员在其工作的开展中必须具有针对性。首先，辅导员是思政教师，又是大学生的生活管理者，辅导员可以利用这两种身份，除了在课堂上对大学生进行思政教育外，把思政教育融入生活中，在无形中促使大学生的思想品德发展；其次，辅导员在实际工作的开展中，要尊重同学，注重大学生个性化的发展；最后，辅导员要善于利用自身工作的各种便利，多组织社会实践活动，为学生提供更多的展现自身能力的平台，增加锻炼的机会，促使学生能力的不断提高。

总之，促进学生发展是辅导员的主要工作任务，也是促进学校发展的前提条件。辅导员要树立以人为本的指导理念，以学生为主体，充分尊重学生的个性，培养学生自我教育的意识，并针对学生的实际情况实行有差异化的思政教育。也可以说辅导员的主要工作是对大学生进行思想政治教育，而思想政治教育工作的本质就是促进大学生思想水平的提高，这是辅导员工作的核心任务以及目标任务。

二、维护稳定，构建和谐校园

维护高校的稳定发展是辅导员重要的工作任务，随着经济全球化的发展，国际形势发生了巨大的变化，国际敌对势力以及国内外的一些不良因素对我国高校大学生的思想造成了很多不良影响。同时，在社会改革中，由于经济利益的分配不均又给大学生带来很多的负面影响，成为影响高校发展的不稳定因素。辅导员是大学生思想政治教育的指导教师，同时在高校的工作中担任多种角色，也可以说辅导员是高校思想政治教育相关活动的重要代表者与执行者，有维护高校稳定的责任。高校的稳定发展也会给辅导员各项工作的开展提供坚实的基础。

（一）影响高校稳定的因素

1.影响高校稳定的主要因素

随着经济的全球化发展以及科技的迅猛发展，中国逐渐步入世界的舞台，越来越受到世界的瞩目，在这一系列变化的影响下，我国经济得到了前所未有的发展，这也给我国高校的稳定带来很多隐患。

经济全球化的发展，给中国传统的民族观带来一定的影响，目前在中国的高校中，大学生的思想总得来说还是处于积极向上的状态，但是一些西方不良思想的侵袭,给大学生的思想发展带来很大的隐患。西方发达国家的不良思想不符合社会主义核心价值观,不符合我国国情,甚至有些不良思想严重干扰了我国的内政。西方不良思想很容易给大学生造成错觉,致使大学生错误地认为维护国家主权以及民族利益并不是重要的事情,追求个人利益才是正理。这种观点是非常错误的,维护国家主权与维护民族的利益是每个人应尽的义务与责任,"国家兴亡、匹夫有责",国在家才在。当然,在市场经济快速发展的今天,追求个人利益是必要的,但这必须在维护国家稳定以及民族利益的前提下实现。

(1) 全球化发展造成大学生民族国家意识淡化

经济的全球化发展以及网络的全球覆盖,逐步缩小了世界各国之间的空间距离,西方发达国家以及一些不法分子利用这种方式推销一些不利于我国发展的价值观念,试图以此分裂我国,干扰我国内政,在这种危机下,大多数的高校学生能抵制住诱惑不受其影响,对社会主义的建设充满了信心,坚持走社会主义发展道路,但是有小部分大学生无法抵制住外来思想潮流的入侵,对民族的利益没有给予很强的关注。这种想法是非常有害的,是西方国家利用大学生思想尚未成熟的特性分裂我国政治主权的思想。

(2) 个人享乐主义造成大学生的社会责任感降低

西方国家的个人享乐主义对我国大学生的价值观造成很大的冲击,纵然有大多数大学生的人生价值观朝着社会主义的核心价值观靠拢,严格要求自己,把国家的利益看得高于一切,并乐于为国家和社会奉献自己的一切,而有些学生则没有这种艰苦奋斗、乐于奉献的精神,他们在价值取向上更注重对个人需求的追求,不思奉献,过多地追求物质利益,讲究穿名牌显阔气,这些大学生的思想意识以及人生价值观显然已经脱离了正常的轨道。

(3) 敌对势力的破坏与影响

当今世界发展的时代主题是"和平与发展",但是在国际上还有许多与和谐社会环境背道而驰的敌对主义思想,比如说,霸权主义、单边主义以及强权主义等,这些思想给国际的和谐发展带来很大影响。另外,一些敌对势力通常会利用国际或者中国国内的一些热点问题等对我国的内政加以干涉,进而制造一些不稳定的事端,并企图以此来分裂我国的主权并阻止我国的发展。另外,这些敌对势力通常运用互联网以及广播电台等宣传一些所谓的"民主"思想观念,煽动一些无辜群众闹事,这给我国的国家安全带来很大的隐患。高校大学生是我国社会主义建设主力军,是国家发展的希望,一些敌对的势力就把大学生作为主要的攻占对象,并将高校作为传播自身意识形态的主要场所,并利用网络等媒介从高校的各个方面不断渗透不良思想。

2.国内因素

(1) 社会转型带来的社会问题

目前，我国处于社会转型的新时期，社会结构、经济利益、生活方式以及社会主体之间都发生了翻天覆地的变化，尤其是我国加入世界贸易组织以后，社会结构、生活方式、经济利益的多元化发展，造成就业岗位以及方式的多元化发展，更造成社会分配方式也朝着多元化的方向发展。随着我国与世界的联系日渐紧密，国内外各种文化与思想相互碰撞，我国传统文化思想在社会转型期与新的思想内容相互融合、碰撞，给高等教育带来很多的困惑以及迷茫，从而在高校发展的过程中出现各种相互冲突的因素，给高校的稳定发展带来很大的隐患。

(2) 社会改革带来的问题

在社会改革过程中，尤其是产业结构的调整过程中，会产生很多的社会问题，而这些社会矛盾又给高校带来很多影响，直接关系着教师以及学生的心态与情绪，从而给高校的稳定发展带来很多危害。例如，在产业结构调整中，有些学生的家长下岗，造成学生的家庭贫困无法继续完成学业，或者有些同学家庭条件比较富裕，相对出手阔绰，这就给贫困的学生带来很大的压力，甚至造成很多同学攀附出手较为阔绰的同学。不良社会风气以及治安情况给教师以及学生都带来很大的隐患，这不仅引发各种矛盾，甚至可能出现伤亡情况，这些问题如果没有妥善解决，就会成为学校发展的不稳定因素。

(3) 民族与宗教问题带来的不稳定因素

在我国民族政策的指引下，我国的各民族团结友爱，和平共处，但是由于境外民族分裂势力的侵扰以及宗教极端势力的图谋不轨，使得我国出现了一些极端分子企图分裂我国民族团结的局面。民族的分裂势力为了达到目的，甚至采取利用思想尚不成熟的大学生的方式。分裂势力以贩卖或者是传播非法宗教书籍以及音像制品等方式侵蚀大学生的思想。更有甚者采取以传教等间接进行煽动的方式，吸引很多大学生追随，这给高校的稳定工作带来了很大的隐患，一旦不能及时发现，可能造成大学生出现违法犯罪的情况，甚至危及到大学生的生命安全，这也给高校的稳定带来了很多隐患。

3.高校内部出现的不稳定因素

(1) 高校供应造成的矛盾

随着社会经济的发展，人们生活水平的日益提高，我国的高等教育事业进入了快速发展的新时期。为了适应社会发展的需求，我国的高校开始实行扩招，尤其是硕士、博士的扩招，造成我国的高等教育逐渐从精英化的教育方式转化为大众化的教育方式。但是由于高校的扩招，造成高校的规模以及人数急剧增长，虽然高校已经尽力在扩大办学的规模，但是仍然不能满足实际需求，学生的整体人数与学校的基础设施的建设产生了强烈的冲突，高校内部的教学以及生活服务设施等都严重超负荷工作，进而激发出更多新的问题，比如：教师工作任务增重，工资的发放不能与教师的实际工作付出持平，从而影响教师的授课心情，导致教学质量水平下降；再比如：由于生活服务设施不能满足实际需求，造成学生食堂、图书馆、教室以及宿舍等拥挤混乱。如果不采取有效的措施，高校的稳定发展将受到很大的影响。

（2）高校改革与管理中的问题

为了适应高等教育的发展形势，促使高校教师培养出更多社会所需的优秀人才，高校内部采取了一些改革的措施，比如，人事制度的改革、分配制度的改革等。高校实行改革的最终目的是进行合理的资源配置，进而调动师生的积极性，但是有些高校在改革中，虽然实行的力度较大，但是改革的方式与方法又过于简单，涉及教职工切身利益的问题没有考虑周全，而且对于教职工的思想教育指导也没有跟上改革的步伐，造成有些教职工对改革产生很强烈的抵制情绪，甚至不愿意接受高校的改革措施，从而失去工作积极性。同时，我国改革开放以后，高校管理工作取得了一些进步，但是受传统计划经济体制思想的影响，很多高校教育观念以及方法没有得到及时调整。特别是在高校教职工队伍的建设中，专职教师以及科研人员的数量比例相对较少，而机关与后勤的人数比例较大，并不合理。高校教育与管理的目的是培养更多人才，但是这样的教职工队伍的配备，不能满足实际需要，长期如此，还可能影响到高校的办学效益。如果为了改变这种现状而大刀阔斧地改革，就会造成很多教职工转岗，这就会给教职工带来更大的思想波动，不利于高校的稳定发展。同时，在高校领导管理机构中，欠缺明确的职责划分，并且监督机制与奖励机制的建设也有待完善，很容易造成领导管理机构的管理或者服务不到位现象，甚至一些管理者从中投机取巧，引发了其他师生的不满，这样不利于高校的稳固发展。

（3）治安问题给高校带来的隐患

随着高校的发展，很多高校都由过去的封闭式办学转变为开放式办学，并由单一的教学机构转变为科研、生产以及商贸等多元化发展的机构。高校的人数众多，消费比较集中，高校周边聚集众多商家，在这种复杂的环境下，很难有良好的治安情况，违法犯罪的事情常有发生，再加上大学生理智上不成熟，自我调控能力不强，在这种情况下如果高校不能采取有效措施对其周边环境加以改善就有可能由治安问题转变成重大的社会问题，不仅影响到高校的稳定发展，更会影响社会的稳定。

4.网络的发展给高校稳定带来的负面影响

随着网络科技的发展以及普及，网络已经成为高校教师以及大学生获取信息的重要渠道，也为高校的信息化教育提供了基础条件。但是，随着网络的发展，各种消极腐朽不健康的思想在网络上蔓延，给人们造成很大影响，尤其是大学生，他们的思想发育尚不成熟，不能有效地分辨事物的真伪善恶，再加上西方一些不良思想以及敌对势力的文化渗透等，造成大学生的人生价值观朝着不正确的方向发展，这不仅不利于大学生的成长，更不利于社会主义的建设，在一定程度上会给高校的稳定发展带来危害。

（二）影响高校稳定的突出问题

1.高校毕业生的就业压力

（1）高校毕业生的就业现状

高校毕业生人数增多，而社会职位数量并没有明显变化，这就造成大学生就业困难的不断加剧，这给大学生造成很大的心理压力，还有可能由于就业的压力，产生心理恐惧，这不仅不利于学生自身的发展，同时也不利于高校的稳定发展。

（2）高校毕业生就业压力的原因分析

首先，大学生的就业市场尚不完善。随着就业制度的改革，高校毕业生就业由原来的包分配的制度，转变为用人单位与学生之间的双向选择机制，各种人力资源的就业机会越来越多，就业竞争更加激烈，而当前中国人力资源市场的就业机制仍然存在很多不完善的方面，主要表现为：大学生就业工作涉及到很多部门，就业工作主要由教育部门管理，但是大学生的户口却是公安机关部门管理，关于大学生的档案等又要送到人才市场管理，但是人才市场的管理工作，又是由人事部门以及劳动部门管理，各部门之间并没有过多的交集，再加上各地的就业优惠政策不同，造成毕业生不能公平的竞争，从而不利于大学生择业就业。其次，高校对于大学生的就业指导力度不够。高校的就业指导机制还不太完善，对大学生的就业指导仅限于大学毕业生，没有把就业指导贯穿于整个教学过程中去，并且就业指导过于形式化，不利于大学生的就业。再次，用人单位盲目选择高学历人才，用人单位没有从自身的实际情况出发，盲目的选择高学历人才，其后果不仅造成人力资源的浪费，更给用人单位带来较高的用人成本。最后，大学生的就业观念以及自身素质的问题。毕业生过高估计自身的能力，在择业中并没有明确的标准，对薪资以及待遇要求过高，更多地关注国企单位，对小企业不感兴趣，造成眼高手低的情况。此外，现在大学生的素质参差不齐，尤其是综合能力较差，例如，有的同学成绩好，但是适应能力差，而有些学生的各种能力都很好，但是成绩差，这就造成大学生的自身条件达不到用人单位的标准。

2.高校的自杀事件，严重影响高校的稳定

随着高校的发展以及社会压力的增加，大学生自杀的事件也逐渐增多，自杀的原因是由多种因素造成的，主要表现在以下几个方面。

(1) 诱发大学生自杀的社会因素

首先,受近年来市场激烈就业环境的影响,大学生的就业压力逐渐增大,很多大学生即将毕业却又无法就业,大学生心理无法承受,从而引发惨剧的发生。其次,是虚拟网络对大学生的影响。网络可以从一定程度上缓解大学生的压力又为大学生提供了多种角色转换的空间,但是有些大学生过度沉迷于网络,不能面对现实生活,从网络进入到现实就会产生恐惧感,从而造成自杀的冲动意识。最后,还有一些新闻媒体以及网络信息的诱导,成为大学生自杀的暗示。

(2) 诱发大学生自杀的高校因素

高校是大学生的主要生活场所,大学生进入高校以后,其周围的生活环境、学习环境等发生了很大的变化,与以往的学习方式相比,大学主要是靠大学生自主的学习。并且处于此阶段的大学生对于人际交往、恋爱都有很大程度的渴望。在大学生成长的过程中,其学业、恋爱以及人际交往中都会不断的出现各种问题,给大学生造成压力,从而引发自杀。首先,从学业方面来说,随着高校体制改革的不断深入,对大学生的素质要求也越来越高,这也给大学生造成一定的压力。同时,在高校扩招政策的影响下,很多学生虽然考上了大学,但是学业基础相对较差,再加上自身后天的不努力,担心挂科,因此长期处于一种焦虑的状态,心理调节能力又比较差,在得不到及时心理疏导的情况下,就会产生很严重的心理问题,甚至不堪心理压迫最终自杀。其次,大学生恋爱方面的问题,大学生的心智尚没有完全发育成熟,还没有形成正确的恋爱观,很多大学生恋爱的目的只是为了消磨大学生活的无聊时光,在恋爱中一旦出现问题,就会采取比较极端的手段去解决。最后,人际关系方面的问题,现在的大学生在人际交往方面能力相对缺乏,这使得大学生在心情不好时没有人帮助,更没有地方倾诉,容易产生被世界、家庭、社会、排斥的感觉,如果不能进行及时的心理干预就会极易发生自杀事件。

(3) 有待优化的诱发大学生自杀的家庭因素

首先,家庭教育方法以及教育环境都会给大学生带来心理上的影响,另外,父母可能有精神方面的疾病,而这种疾病可能会遗传给大学生。其次,家长对大学生教育的方法以及态度的不科学性与不合理性,也会使大学生心理产生巨大的压力,并在长期压力的作用下处于紧张、焦虑不安的情绪中,不利于大学生形成良好的性格。最后,有些家庭没有给大学生提供良好的家庭环境氛围,比如说,夫妻之间的关系比较恶劣,家庭气氛不温馨等,这些都会在无形中加重大学生的心理负担,如果不进行有效疏导,会使大学生因为心理负担加重而诱发自杀。另外,家庭的经济收入状况也对大学生的心理状况具有重要的影响,大学生每年的学费以及生活上的费用都会产生很多,但是有些家庭的经济收入根本无法满足大学生的这一消耗，能给大学生提供的生活费用十分有限，大学生的经济生活十分窘迫，这就给大学生造成很大的心理压力，当精神压力与经济压力增大而大学生又无力承担时，往往会选择结束生命来逃避压力。

(4) 诱发大学生自杀事件的学生自身因素

不管是社会因素、学校因素，还是家庭因素，都属于是外界因素，造成大学生自杀事件的最主要的决定性因素还是来自学生自身。大学生思想上存在的主要问题，有性格缺陷、较差的心理承受能力以及易受心理疾病的影响。首先，大学生的性格上存在着弱点。大学生的性格弱点主要表现为内向、悲观、偏激、孤僻、自卑等，当大学生遇到问题时，这些性格弱点会在一定程度上加大负面情绪对自身的影响，进而在心理上对大学生造成打击，甚至可能成为引发大学生自杀的诱因。其次，心理承受能力比较低。当代大学生相对老一辈的人来说生活的环境以及条件优越很多，很少大学生受到过生活的磨练，不具备吃苦耐劳、艰苦奋斗的精神，心理承受的能力比较差，甚至一些很小的问题，也会成为诱发的自杀重要因素，比方说，因为某些事情受到了委屈，因为犯了错误不能及时改正反而觉得自尊受挫等这些看似很小的事情都极有可能诱发大学生自杀事件的发生。最后，心理疾病的影响。现代的大学生或多或少都存在着一定程度的精神上的问题，而选择自杀的学生一般精神与心理上与其他同学相比存在着一定的差异性，甚至可能是精神或者心理上的疾病，这类学生想事情容易极端，任何事情都有可能成为这类大学生自杀的原因。

3.高校的群体突发事件对高校稳定的影响

(1) 高校的群体突发事件

所谓群体突发事件是指不可预见的突然出现并直接关系到学生、教师的生命财产安全的恶性事件，或者是对高校的发展以及声誉造成严重影响的危害事件，这类事件或者源于人为因素或是源于自然因素的影响，具有不可预见性以及不可抗拒性，并且危害严重、影响范围比较广泛。高校的群体突发事件所涉及到的人员比较多，情况比较复杂，解决起来具有一定的难度。如若解决不好，对高校的正常教学以及生活秩序都会产生很大的影响，更甚至可能会引发社会公众对高校的反感，使日常事件升级为社会政治问题，造成突发事件进一步加剧，不利于社会与高校的稳定发展。

(2) 高校群体突发事件的原因分析

首先，社会的原因。由于社会的转型，不仅拉大了家庭之间的贫富差距，更造成了很多的社会问题，比如说，下岗问题、干部与权重的关系不和等问题，这些不和谐的因素不断地影响着大学生的思想以及价值取向，随着时间的推移，学生会产生不满的情绪，一旦找到突破口，学生就会爆发出来，进而促使大学生成为群体事件的参与者。其次，大学生的心理与生理特点决定。大学生尚处于青年时期，虽然在心理以及生理方面都有了很大的发展，但是心理上还没有成熟，性格、自制力等都尚不稳定，很容易冲动，从而引发高校的群体性突发事件。

（三）辅导员为维护高校稳定所做的贡献

1.发挥后勤管理与服务的重要作用

高校良好的后勤管理与服务是保障高校稳定发展的基础，不仅直接关系着高校师生的利益，更是高校日常教学活动得以顺利开展的重要保障，而辅导员作为后勤工作的辅助执行者，就要充分发挥自身在后勤管理与服务当中的重要性。辅导员的工作任务是为了维护高校的稳定，并管理学生与服务学生，为了达到高校制定的教育目标的要求，首先辅导员要树立为教学、为学生服务的理念，变被动服务为主动服务，从而促进高校的改革与发展。其次是提高后勤管理与服务工作的质量，辅导员是学生的后勤管理者，辅导员只有不断优化学生的管理工作并提供优质的服务，为学生安心稳定的学习提供一个良好的外部环境，才能有效降低危害高校稳定事件的发生，进而促进高校的稳定发展。

2.辅导员要做好大学生的指导就业工作

解决学生就业问题是高校发展的根本，也是维护高校稳固发展的必要手段。如果高校的毕业生不能充分的择业就业，必定会影响大学生对高校学习的信心以及学习的积极性。更进一步说，高校没有解决好大学生的就业问题，就会影响社会公众对接受高等教育的追求，造成高校人数的减少，及便在一段时间内不会对高校有什么实质性的影响，但是从长久来看不利于学校的发展，而要做好大学毕业生的就业工作，首先，就必须做好大学生的就业指导工作。而辅导员教师有对大学生进行就业指导的职责。辅导员首先要促进对各项国家相关政策的落实工作。其次是加强对大学生的就业以及择业观念的指导，引导大学生树立远大的理想目标，转变就业的观念，促进大学生就业意向与国家、社会需求之间的联系，引导大学生多元化就业，比如，可以促使大学毕业生的就业意向往西部基层转移，或者鼓励大学生自行创业，从而实现自己的人生价值。再次，辅导员教师要加强人才市场的调研工作，并把市场的需求信息及时地反馈给在校的大学生，从而给大学生提供更多的就业选择。如可以创建网络就业信息服务体系，搭建高校、毕业生以及用人单位之间的沟通桥梁，制造毕业生与用人单位见面的机会，进而增加双向选择的机会。最后，辅导员要从大学生入学开始就要做好大学生的就业指导，从而使就业指导工作为大学生全程服务，还可以为大学生申请各种形式的职业资格培训机会，进而帮助大学生提升自身的职业素质技能水平，拓宽就业范围，促使大学生实践就业。另外，辅导员要加强对大学生关于正确就业观的宣传与指导，发挥舆论导向的作用，进而帮助大学生树立正确的就业价值观念，减少大学生因为就业而造成的心理压力，降低因就业不当而产生的危害事件的发生，更进一步维护高校的稳固发展。

3.加强大学生心理健康指导的工作力度

高校大学生自杀事件的发生，其主要原因是由于大学生出现了心理问题，却又由于自我调节能力的不足，且又找不到有效解决心理问题的方法而造成的，因此，高校对大学生进行心理健康指导是非常有必要的。而辅导员作为大学生思想政治教育的指导教师，又是心理健康工作者，辅导员要充分认识到对大学生进行心理健康指导对高校思想政治教育工作中的必要性。换而言之就是要求辅导员要把这两个工作充分的结合在一起，改变传统的思想政治教育弊端。在传统的思想政治教育工作中，一般只是对大学生进行政治理论教育、道德品质教育以及民主法治教育等，并且这些内容仅局限于课堂之上，对于大学生在实际生活中表现出来的心理问题不够重视，从而造成大学生在心理上产生各种问题，不利于大学生的成长，更不利于高校的稳固发展。辅导员在对大学生的心理健康指导工作中要注意以下几点：首先，辅导员要定期对大学生进行心理健康指导，或者向高校申请给大学生心理健康指导课程的机会，结合大学生心理发展规律特点，教给大学生如何适应心理压力变化的技巧。其次，在高校中辅导员教师一般还要担当大学生心理健康课程的教师，那么辅导员可以利用这一优势，把课程的设置内容为围绕大学生心理发展规律的特点开展，并可以把一些相关的内容与思想政治教育相结合，从而培养大学生适应各种压力的调控能力，促使大学生健康的成长。再次，加强对心理健康的宣传，并定期给学生发放一些关于心理卫生知识宣传资料，利用高校的心理教育宣传网站对大学生提供心理健康的指导。最后，辅导员要特别关注有家庭精神病史记录的同学，并建立健康档案加强指导力度，另外对性格偏激或者行为不正常的学生也要加强关注的力度，从而及时的发现与引导学生走出心理困境，进而减少高校危害事件的发生，促使高校持续稳固的发展。

4.辅导员要做好高校群体突发事件的预防工作

辅导员是大学生的思想政治教育的指导教师，又是大学生的生活管理者，出现高校群体突发事件，辅导员有着不可推卸的责任，为了减少高校群体突发事件的产生，高校辅导员可以根据国家制定的相关法律法规政策以及高校制定的规章政策，加强突发事件发生前的预防工作，通过多种形式对大学生进行法制教育、爱国教育以及心理健康指导教育，从而提高大学生的分辨能力、自控能力以及自我防范的能力，提高大学生的社会责任感以及法治意识，减少群体突发事件的发生几率，维护高校的稳固发展。

总之，维护高校的稳定发展是辅导员工作的本质与目标。高校的稳定发展不只是辅导员的工作任务,更是高校与社会的责任,高校要完善维护高校发展的预警机制的建设,为大学生营造良好的学习环境、生活环境以及网络环境,并不断完善校园以及校园周边的治安管理机制,并为高校的稳固发展提供坚实的后勤保障。构建和谐校园也是社会主义建设的必然要求,因此高校的和谐稳固发展,不仅是高校的责任更是国家与社会的责任,国家要不断推出各项政策,从而保证高校的持久稳固的发展。

三、学生管理任务

近几年来,在高校的招生规模不断扩大以及网络科技普及的影响下,高校的学生管理工作遇到很多新的问题。虽然国家与高校都对学生的管理工作给予高度的重视,也不断地探索各种方法来推动高校学生管理工作的优化,但是在学生的管理工作中,仍然存在很多的问题,这些问题给学生的管理工作带来了很大的难度。学生管理工作是辅导员工作重要的任务之一,但是传统的学生管理理念、制度以及手段等都已经不能适应时代的发展,辅导员要想做好学生管理的工作,就要运用新的方法与理念。

(一) 高校学生管理工作的现状

1. 高校学生管理工作的传统模式

我国高校传统管理模式是非常典型的行政管理模式,受计划经济的影响,在新中国成立以后,我国高校实现了高等教育免费以及学生工作统包统分,因此,高校的学生管理工作以高校的规章制度为指导,高校学生只能被动的接受,从而导致高校制定的各项规章政策很容易脱离学生的实际需求。

2. 高校学生管理传统模式具有的局限性

行政管理模式的特点是管理模式既要集中统一、又要有章可循,进而避免杂乱无章、各行其是的行为出现。在我国的教育发展中,这种管理模式曾经发挥过非常积极的意义,但是随着时代的发展,这一管理模式逐渐与时代发展需求和学生发展需求产生了一些不兼容的问题,这些问题主要体现在以下几个方面。

(1) 高校与学生之间的关系

高校与学生的关系为权利管理关系,可以说这是一种管理与服从的关系模式。大学生在这种关系中处于被动的地位,被动的接受管理与被动的接受知识。在计划经济的时代,国家是有计划的办学,大学生从进入高校的那一刻起,就要按照学校制订的学习计划被动的学习专业知识,基本不能按照自己的意愿以及需求开展自主学习,自主择业。当时的学生管理工作就是用校规校纪来约束大学生的行为,这种以管教为主的强制态度,虽然在一定程度上有效约束了大学生行为,但是最终导致大学生缺乏自我管理意识以及自我约束的能力。

（2）学生的管理工作以管理为主

在传统的学生管理工作中，高校更注重管理，在这种管理模式下，学生缺乏参与管理与自我管理的积极性。而外在的规范很容易成为大学生与管理者之间产生矛盾的导火线，进而影响高校教师与学生的关系，更进一步造成管理工作的开展面临很大困难。当然，高校的学生管理工作离不开管理，但是随着时代的发展，这种强制性的管理已经不能满足大学生的实际需求。目前，高校中虽然认为学生管理工作要对学生进行规范的管理，更要做好学生服务工作，而在实际工作中，往往还是强制管理占主体地位。

（3）传统的评价观念造成的影响

在传统的学生管理模式中，评价并没有发挥出应有的作用。高校一般都以大学生的平均分基准，并以学生的最终成绩划分等级，这种评价的结果往往是片面的，并且会给学生带来一个错误的认知，那就是考试成绩得分高的同学就是能力比较强的同学，成绩的分数高就能有好的前途以及发展机会，反之则不能。这种评价模式存在很多的不合理，如果长此以往下去，并不利于大学生个性特点的培养与发展。

（二）目前高校学生管理工作中出现的新问题

1.高校管理的变化

随着社会经济的发展以及高校的扩招，高等教育已经由精英教育步入大众教育阶段。随着教育改革的进一步深入，社会大环境的变化以及生源市场的变化，给现在高校学生管理工作带来很大的变化，这种变化尤其体现在管理制度与管理模式两个层面。

（1）高校扩招引起的变化

随着人们生活水平的提高以及高校教育的发展，上大学已经不再是难以实现的梦想，越来越多没有接受过高等教育的家长，把自己的希望全部寄托在自己孩子的身上，在此背景下，也有越来越多的家长把孩子送入高校，这给高校的教学容量带来更大的压力，同时也使高校学生管理工作面临更严峻的形式。高校落后的学生管理模式与学生管理中出现的问题出现了矛盾，传统的学生管理方式已经不能满足高校发展的需求。高校中的管理人员与高校扩招后的学生人数的比例出现了失衡，国家教育部要求在高校的管理中管理人员与学生人数的比例为1：200，但是在实际的情况中，高校辅导员与学生人数的比例达到1：400，甚至是更高。这就给辅导员的工作带来很大的压力，使辅导员没有更多的时间与精力与学生加强沟通，不利于学生管理工作的开展。另外，学生管理人员的素质参差不齐，在辅导员队伍中，很少是学习管理学或者心理学等专业的科班出身，在学生管理工作中，大部分辅导员对学生管理工作的规律、经验以及学生的思想动态等问题，很难有效的总结与整理，这就导致高校很难开展高效、规范、科学的学生管理工作。

（2）大学生自身情况引起的变化

由于高校的扩招，高校中学生的人数明显增多，在这一时期，学生的自身情况也发生了很大的变化。首先，从年龄来看，大学生的年龄一般在18到22岁之间，属于成年的早期阶段，这是一个徘徊在成熟与非成熟之间的特殊时期，也属于开始独立走向社会的准备阶段，这个时期的大学生已经具备了较强的自觉自律意识和独立意识。这对学生的管理工作提出了新的要求，辅导员不仅要做好学生的管理，还要充分发挥出学生的主观能动意识，从而实现学生的自我管理。其次，从知识结构来看，高校大学生从九年义务教育阶段到高中阶段经历了很长时间的学习，这让他们对文化基础知识的积累达到了一定的水平，并扩展了他们思想上的深度与广度。这就要求辅导员在学生的管理工作中，不仅要引导学生开展专业学习，还要激励学生参与娱乐活动，并要保证娱乐活动的丰富程度以及启迪作用。从大学生的阅历来看，虽然大学生已经处于成年阶段，但是由于大学生一直处于学习阶段，不管在高校还是在家庭里都备受关注，很少与外界联系，所以大学生并不具备丰富的社会阅历，这就要求辅导员在学生的管理中，除了要给予大学生家庭般的呵护，更要鼓励大学生参与实践活动，从而增加大学生的社会经验，为大学生踏入社会做好充分的准备。由于大学生的年龄、社会阅历以及知识结构产生变化，高校在对学生的管理活动中，要从注重管理以及行政管理的方式中脱离出来，并采取管理与服务并重的学生管理方式。

（3）高校学生主体地位发生变化产生的影响

我国教育改革以后，尤其是1997年以后，大学生的学费飙升到3000～6000元，甚至有些高校的学费达到万元的水平。同时，从1997年开始，高校毕业生由原来的统一分配工作改变为双向选择职业，高校也成为人力资源市场的一个重要部分。高等教育已经充分的与市场机制相互融合，大学生从高等教育的受益者转变为消费者，这种角色的转换也直接导致了高校与学生之间的关系发生了根本的转换，在此背景下，高校的管理模式以及理念也要作出相应的调整。

（4）网络科技的发展给学生管理工作带来的冲击

随着互联网科技的普及，当代大学生成了网络科技的直接受益者以及使用者，互联网不仅具有较大的信息传输量，同时具有更快捷的信息传递速度，这在很大程度上开阔了大学生的视野。但是由于学校的扩招，造成大学生的人数不断扩大，高校的教育资源相对的短缺，不能满足大学生的上网需求，很多高校大学生为了上网而跑去网吧，甚至是夜不归宿，这种现象虽然被大部分高校禁止，但是仍不能得到很好的改善。同时，西方的一些反动势力以及一些不良的思想也通过互联网对我国大学生进行西化，给大学生的人生价值观的形成造成很大的负面影响，这为辅导员学生管理工作加大了难度。另外，由于学校规模的扩大，高校的大学生来自五湖四海，各个学生的生活习俗习惯以及性格爱好等各不相同，再加上生活经历与教育经历的差异，很多大学生的思想也是不同的，这就造成很多大学生的人生观、价值观以及世界观的价值取向有了很大的差异，这在一定程度上加大了大学生思想政治教育的难度。传统的学生管理的模式、思想以及手段，已经不能满足实际的需求，这要求现阶段的学生管理工作要不断的革新。

2.目前高校管理中出现的问题

(1) 管理理念陈旧

首先，对大学生的管理工作忽视了理论知识的学习，学生管理者在数量上严重不足，管理者任务艰巨，很多管理工作者注重琐碎的日程事务，而忽略了对理论知识的研究与学习。面对时代发展为高校学生管理带来的新形势，很多管理者在学生的管理工作中不知道如何有效开展工作，很多辅导员也是凭经验开展学生管理工作，从思想上认为只要不出差错就没有问题，这导致了大学生管理工作出现了形式化问题。其次，管理理念相对滞后，学生管理工作受传统教育观念的影响，辅导员对于大学生的管理通常都采取事后管理的办法，而放松了对突发事件的预防工作，并在管理中强调自身的权威，用条例来约束学生的行为，缺乏与学生的沟通，导致大学生的主体意识、自我管理以及教育的意识缺失。

(2) 管理目标与实际情况偏离

目前，高校对学生的管理工作主要以实现学校目标为工作方向，而不是以满足学生的实际需求为出发点。并且管理手段也多以各种规章制度管住大学生为手段，并没有针对大学生的实际需求以及个性特点为依据来制定相应的目标。首先，学生管理工作者为了达到高校制定的目标，仅仅是采取保护学生的安全为工作重心，采取的管理方法相对比较简单，虽然起到了维持秩序的作用，但是这些简单的管理方法不是科学合理的，不能把大学生培养成社会事业的接班人。其次，学生管理的重心偏离实际的方向。现在的高校的管理工作中，学生管理工作包括两个方面，一是学生管理，二是服务学生。但是在实际的运用中，高校更注重管理，服务与管理并不能有效地融合。

(3) 管理的效率相对较低

首先，管理的内容比较单一，辅导员不仅要进行思想政治教育，又要完成班集体建设等常规的工作，另外还要担任许多其他的工作，比如说，大学的就业指导心理辅导等，在自己职能多元化发展背景下，辅导员忙于各种日常的工作，而不能为大学生提供全方位的服务。其次，管理的层次比较复杂，辅导员的工作层次比较复杂，辅导员不仅要直接受学生处的领导，还要受教务处、财务处、学工处、后勤以及各办公室的领导，这些部门都为辅导员施加一定压力，造成辅导员工作困难，并导致学生也难以得到有效的帮助。

（4）激励评价机制的不完善

辅导员的激励评价机制尚不完善，造成辅导员在工作中没有积极性。主要表现为，学生管理工作的职责不明确，辅导员的任务比较重，薪资却不能按绩效发放，造成辅导员不能积极的投入工作。另外，辅导员在学生的管理中，没有把学生的评价列入考评机制之中，造成辅导员对大学生的思想政治教育缺乏正确的指导，难以满足学生的需要。

（三）高校学生管理问题出现的原因分析

1. 学生与辅导员自身出现的问题

（1）大学生自身出现的问题

首先，大学生的认识比较片面，大学生虽然所具有的文化程度相对比较高，但是他们的思想尚未发育成熟，辨别能力比较差，再加上社会转型期间出现诸多问题，以及西方不良思想的侵入，造成大学生在思想认识上比较片面。其次，大学生的自制力比较差，大学生大部分是独生子女，生活相对优越，在个性的发展上也有着明显特点，他们主张人权，强调尊重个人隐私，但是在对待自己的道德观念上却持放任的态度，不能严格要求自己。总体来说就是自控的能力较差。再次，大学生的实践能力较弱，大学生思想敏锐，对新事物的接受能力比较高，对新知识以及新思想敢于提出自己的看法以及见解，由此可见，大学生的学习能力是非常强的。但是在实践能力方面，大学生却比较欠缺，一方面是由于大学生很少参加社会实践活动，缺乏参与实践活动的能力；另一方面，大学生一直在学校中学习，而学校并没有组织丰富的社会实践活动，从而在一定程度上导致了大学生参加社会实践的能力比较差。最后，大学生的社会责任感比较弱，现代大学生都比较注重自我，敢于挑战权威，这是大学生自主意识增强的表现。但是在大学生自主意识增强的同时，有些学生过于强调自主意识，一切都以自我为中心，进而忽视了团队的协作，淡化了集体意识，造成社会责任意识的薄弱，而这一情况不利于大学生的成长。另外，大学生心理上比较脆弱，高校的新环境与高中生活不同，大学生刚进入大学以后由于高校生活的丰富多彩，大学生去尝试各种体验，但是在这些体验过程中会出现各种问题。大学生由于承受能力比较弱，又没有经过及时的指导，造成大学生出现各种不适应的情况，比如说，堕落、沮丧，甚至是自杀。

(2) 辅导员自身原因

首先，辅导员没有明确的角色定位。辅导员在高校中扮演着多个角色，辅导员是大学生的思想政治上的教育者，又是班集体建设者；是就业指导者，又是大学生生活关心者，还是心理健康的辅导者，职业的性质要求辅导员要在各个角色之间进行不断的转换。在辅导员的工作中，辅导员的角色冲突时有发生，这也让辅导员对自己的职业产生困惑，从而造成辅导员本身未能明确自己的定位。其次，相对于其他专业的教师待遇而言，辅导员待遇是比较低的，辅导员的工作没有时间界限，但是在报酬方面辅导员却没有比其他的专业老师获得的酬劳多，这就造成辅导员很容易丢失对工作的积极性。再次，辅导员的教育成果难以显现。辅导员的工作周期长，工作的成果不能在短时间内显现出来，进而导致辅导员的工作满意度比较低，从而造成辅导员不能在工作中投入很大的热情。最后，辅导员的社会地位比较低，有人认为辅导员的工作可有可无，甚至是漠视辅导员的工作，这也给辅导员的工作造成一定的压力，有些辅导员受这种思想的影响，自己的工作信心下降，甚至对工作采取自暴自弃的态度。

（四）辅导员要转变学生管理思路

辅导员要转变学生管理思路就是要以大学生为中心，不断满足大学生的合理要求。在新的时代背景下，大学生对自身权利的维护越来越看重，这就要求辅导员根据时代发展转变思路，从原来的注重管理转变为教育、管理、服务以及发展为一体。辅导员要增加服务意识，把管理为主的学生管理活动，转变为以服务为主、管理为辅的工作思路，从而为高校大学生创造良好的环境。当然，辅导员在坚持以服务为主的基础上还要不断巩固管理地位，并在工作中协调好教育、管理、服务三种职责的关系。以服务为主，不是放弃管理，放弃了管理只注重服务，也不利于学生管理工作成效的提升。

1.关心学生与辅导员的发展

（1）关心学生的发展

首先，要确立学生培养目标。目标的确立要有针对性，针对大学生的发展特点，同时还要结合实际情况定制有先进性的目标。学生是管理的主体，在高校开展的各项工作中必须把学生的需求放在首位，要尊重学生的个人生活，尊重学生的专业选择等。其次，要全面推动学生的发展，高校的学生管理并不只是传授知识，同时也应该最大程度地促使学生获得发展，高校要通过各种管理手段让大学生认识到自己的潜能，了解自身的需求，并积极主动地投入到学习中去，从而促使学生的全面成长。最后，要建立平等的师生关系，学生管理是师生共同参与的活动，学生与教师之间是相互促进、相互影响的。建立和谐民主的师生关系，从而引导学生积极主动地参与到教育活动中来，促使学生的不断的成长。

（2）关心辅导员的发展

高校要关注辅导员在成长与发展中的各种需要，关注辅导员的理想信念以及情感，为他们提供自由发展的广阔空间，并为辅导员制造各种发展机会。高校要不断加强学生管理队伍建设并且要提高学生管理人员素质，提高管理人员的思想建设以及培养他们朝着专业化的方向发展。另外，高校要不断推出各种激励的政策，提高学生管理队伍的薪资待遇，为学生管理人员创造良好的工作环境，支持与鼓励学生管理工作人员对相关专业的理论课题做出研究，并鼓励学生管理人员继续深造，从而促使学生管理人员成为具备高素质的、稳定的、专业化强的工作队伍。

2.改进辅导员的学生管理方法

（1）辅导员要把学生管理工作当作自己毕生奋斗的事业

高校辅导员承担着对大学生在高校中生活、学习等各方面进行管理与引导的职责，辅导员是要做好本职工作，首先要把学生管理的工作当成自己终生的事业，要公平地对待每一个学生，不能把学生划分等级，要充分地尊重学生。把学生的管理工作当成事业看待，还应该以大学生为本，并针对每个大学生的差异有针对性地开展教育工作，从而促使每一个学生的优势都能够得到很好的发展与发挥。其次，辅导员要不断改革学生管理方法。辅导员是大学生的直接接触者，又是大学生成长的领导者，因此辅导员必须身体力行起到模范带头作用。辅导员要促使学生的社会觉悟提高，自己就要坚持明确的政治方向，总之辅导员要想使学生具备哪方面的素质，必须自己起到带头的作用。再次，辅导员要具备自制力，自制力也就是要具备自我控制的能力，例如，能控制自己的情感、行为等。学生总有犯错的时候，面对学生的错误，辅导员要把握教育的尺度，要控制自身的情绪不能表现得太过激烈，否则会严重挫伤大学生的自尊心，伤害师生的感情。最后，利用先进的科技，采取多样化的沟通方式，现在网络科技如此发达，辅导员可以充分地利用这一优势对自身工作做出创新与优化，可以利用QQ、微博、微信等与学生加强联系，从而了解学生的需求并拉近与大学生的距离，加强与大学生的联系，做学生的知心好友，及时了解大学生的思想情况，并有针对性地采取手段，促使大学生树立正确的人生价值观。

3.辅导员健全学生信息管理的系统

辅导员与其他的高校教师不同，他们的工作涉及到大学生在高校中生活的方方面面。但是，在高校建设中辅导员又是被忽视的一个环节，辅导员的办公环境相对较差，软件硬件的配备有限，这就要求高校要为了辅导员改善办公的环境，健全辅导员对学生管理的信息系统，进而降低辅导员的压力。在此方面，高校要健全档案信息管理功能、党员信息管理功能、评价管理功能、签到信息管理功能、成绩管理功能、学生活动信息管理的功能，综合测评管理体系、挂科管理功能以及通知管理功能等，从而减少辅导员工作压力，提高辅导员的工作效率。

4.提升学生的自我管理水平

（1）学生要及时改变观念

大学生要及时转变观念，发挥自我教育的作用。首先，学生要明确自身的主体地位。传统的管理理念已经不能适应新时代大学生的发展特点，而且传统的管理方法容易引起大学生的叛逆情绪，对于大学生的管理工作是非常不利的，因此要不断强化大学生的自主观念，充分满足大学生的各种需求。其次，辅导员要与大学生搞好关系，平等地对待大学生，进而提高大学生的自我教育的水平。

（2）提升学生干部的管理作用

首先，辅导员有必要放权给学生干部，从而把管理工作重心转移自学生的自主管理与自主教育，并引导学生干部树立为学生服务的意识，让学生干部成为辅导员与学生的联系的桥梁。辅导员要充分地信任学生干部，把一定的权限交给学生干部，从而促使学生干部积极努力地为学生管理服务。其次，健全学生干部管理制度。辅导员要通过一整套机制来对学生干部进行选拔，要科学合理地选拔出优秀的学生干部，并通过培训，以及激励与考核机制等促使学生干部成为学生管理中的主力军。

（3）培养学生的自我管理能力

要培养学生的自我管理能力，要鼓励学生积极地参加到学校的管理工作中来。辅导员可以引导学生参与到班级以及宿舍的规章制度的制定中，这样做的目的不仅可以以规章制度来约束大学生的行为，还可以使规章制度的约束效力得到学生的认可，从而自觉地遵守与维护，进而提高学生自我管理的能力，促使学生的主体意识不断提高。

总之，学生管理工作是辅导员工作中最为重要的任务，随着时代的发展，辅导员必须摒弃传统的管理观念，不断改革学生管理工作方法，把传统工作方式转变为以服务为主，教育与管理相结合的管理方法，从而提高大学生自我教育、自我管理、自我发展的能力。

第三章 高校辅导员工作开展的理论基础和基本原则

第一节 高校辅导员工作开展中的理论基础

一、思想指导的理论基础

大学生是社会主义建设的未来希望，而辅导员承担着对大学生进行思想政治教育的工作，这就要求高校辅导员能够以马克思主义理论为指导，把大学生培养成为推动社会主义发展的合格人才，进而保证社会主义事业的稳固发展。辅导员的工作的本质是靠人来维系的，是为促进人的全面的发展而服务的，对人的培养是辅导员工作的重要环节，这就要求辅导员要对人有充分的研究。而马克思主义理论就包含了这些内容，尤其是人的本质的理论可以作为辅导员工作指导的理论依据

（一）马克思主义中的人的本质理论

1.人的本质理论的主要内容

马克思主义认为："人的本质在其现实性上，它是一切社会关系的总和。"由此可见，马克思认为人的本质不是先天赋予的，而是通过后天实践生活形成的。既然人的本质在其现实性上是一切社会关系的总和，也就是说人始终与自己周围的世界是相互联系着的，人不是孤立存在的，而是随着社会关系变化而变化着，因此人的本质不是永恒不变的，是随着社会关系的改变而变化的。由于人的本质是由社会关系决定的，人们的社会关系不同，本质也就不同。其他思想家所宣扬的共同的人性或人的本质事实上是不存在的。也可以说，马克思主义哲学是先进的哲学理念，破除了以往思想家关于先天的、永恒不变的、普遍共同的人的本质

的观点，从劳动与人的社会关系来阐述，进而科学地揭示了人的本质。

2.人的本质理论为高校辅导员的工作开展提供了理论基础

马克思主义提出了人的本质理论，这一理论不仅为辅导员更好地认识自身以及工作对象提供了理论依据，更为辅导员工作的开展提供理论性的支持。

(1) 学生思想与实践之间的矛盾决定辅导员工作的重要性

人的思想活动与社会发展之间是协调统一的，但是在实际情况中，人的思想会受到多种不良因素的影响，如西方不良思想以及社会的一些不良思想所产生的影响，会让人的思想发展偏离社会主义核心价值观的方向，这也就使人的思想对社会的发展起到了制约作用。而出现这种情况的原因是人在社会实践中受外界因素以及自身因素的影响，而产生片面的认识，进而阻碍了思想的发展。大学生是社会主义建设的主力军与接班人，关系着社会的发展，当大学生的思想产生问题时，辅导员要根据实际情况对大学生进行思想政治教育，从而转变大学生的思想观念，促使大学生的思想与社会的发展达到统一，从而推动大学生树立正确的人生观与价值观，并确保这些观念与社会主义的核心价值观相统一，从而促进社会的稳固发展。

(2) 人的本质理论为辅导员工作提供了理论指导

人的本质是在其现实性上体现了一切社会关系的总和，这也就决定了人在社会的实践活动中必然会受到周围其他人以及环境的影响，从而改变自身的认识。大学生身处在高校的校园环境中，可以收到其他人的信息，不可避免地会受到教师、同学以及校园环境带来的影响，尤其是作为学生的直接接触者的辅导员，可以通过思想政治教育，对大学生的思想产生积极地影响，进而促使大学生的思想与社会主义核心价值观的趋向统一，并促使大学生的健康成长，由此可见，马克思主义理论中人的本质理论为高校辅导员的工作开展提供了理论指导。从另一个方面说，大学生是高校辅导员的工作对象，辅导员要更好地开展工作，就要对大学生做出必要的了解与充分的认识，从而把握好大学生的思想形成以及发展规律，进而促使辅导员的工作更具成效性。

(3) 人的本质理论为辅导员工作规律的掌握提供了指导

马克思主义中关于人的本质的理论不仅存在共性，也存在普遍性，人的本质上的共性决定了思想政治教育中需要具有普遍性。大学生思想的形成以及发展，不仅具有人的本质上的共性，又具有自身的特点特征。人的本质又具有个性，而个性又决定了思想政治教育的指导又具有特殊性，因此大学生的思想品德的形成以及发展具有本质的共同特点，又有个体的特殊特点，辅导员可以根据人的本质的规律性，掌握大学生的共同特性，在共性中不断发现大学生的个性特点，从而有针对地对大学生实施思想政治教育，并通过掌握工作的规律性，提高辅导员的工作效率。

（4）人的本质理论为辅导员提供工作动力

辅导员在人的本质关系中也属于是自然个体，也同样有自身的需要，这就要求高校必须满足辅导员的自身需求，提高他们的工作待遇，从而提高辅导员开展工作的积极性。人的需要是由双方面共同构成的，既有物质的需求，也有精神的需要，高校对辅导员提供精神鼓励的同时，不能忽略辅导员物质需求的满足，只有如此，才能够为辅导员工作的开展提供源源不断的动力，促使辅导员不断的自我完善以及自我发展。

（二）马克思主义全面发展理论

马克思主义全面发展理论是马克思主义理论中价值取向的最高目标，人的全面发展理论也是马克思主义理论中重要的组成部分，同时也是辅导员思想政治教育工作开展中的理论指导基础。

1.主要内容

马克思主义认为人是以全面发展的形式存在的，首先，人的发展包括体力与脑力的全面发展。人进行劳动是人的本质表现，劳动不仅能够使自然不断地被改造，同时也可以使人的思想意识产生不断地变化，这也就促使人产生了新的观念并推动着人与社会的和谐发展。同时，在人的劳动过程中，为了使某种劳动得到强化而需要进行不断的努力训练，在训练的过程中又促使社会分工有了明细的划分。而某种劳动是要求人的智育与体育相互结合，这不仅促使社会生产方法不断提升，而且更促进了人的全面发展。其次，人的全面发展也是人的社会关系的全面发展，人的社会关系不仅靠利益关系的维持，还表现为社会关系的其他方面，比如，政治、道德、文化等多个方面。人的社会关系的发展也能够推动人的全面发展。最后，人的全面发展是人本身发展需求的需要，人的需要分为生存、享受以及发展三个层次需要，发展的需要指的是实现人的个性特点充分的发挥，从而促使人从最本质的需求过渡到情感与兴趣需求。

2.全面发展理论在辅导员工作中的理论基础作用

人的全面发展理论为高校辅导员的工作提供了指导目标与方向，同时也对辅导员的工作提出了更高要求。首先，人的全面发展理论为辅导员的工作发展提供了目标与方向，马克思主义关于全面发展的目标包括了德、智、体、美、劳等多方面的协调发展，完整的人应该经历多阶段的发展，辅导员的工作重心是促使学生的全面发展。但是，为了实现推动学生全面发展的目标，辅导员自身也应该进行全面的发展，因此高校辅导员不仅要把学生的全面发展当成是自身工作的目标与方向，更要不断促使自身的发展，从而促使工作目标的实现。其次，全面发展为高校辅导员的工作指明了路径。高校辅导员的主要工作任务是培养全面发展的大学生，从而满足社会发展的需要。而大学生要成为社会主义发展需要的人才，辅导员就要对他们进行全面的教育指导，例如，科学文化知识、思想道德素质以及身体健康等多方面素质的培养，从而促使大学生得到全面的提升。

总之，大学生是我国社会主义建设事业的主要力量，是祖国与民族的希望和未来，辅导员要针对大学生做好思想政治教育工作，从而促使大学生树立正确的社会主义核心价值观，促使大学生成为德才兼备的人才，这对辅导员的工作提出了更高的要求。辅导员要以马克思主义思想理论为指导，不断总结学生思想发展规律，并有针对性地开展教育与引导工作，这不仅有利于促使自身工作效率不断提高，更能促使学生的全面发展，从而培养更多满足社会主义建设需要的人才，促进国家的发展。

二、科学知识理论基础

从辅导员的工作性质以及内容来看，辅导员工作属于一种综合性的工作种类，每个工作种类都需要以相应的科学理论知识为指导。但是，由于辅导员工作的特殊性，并没有综合且系统的辅导员理论知识体系作为支撑，所以当前辅导员的工作理论基础主要是借鉴其他学科的理论知识为依据。

（一）思想政治教育学

辅导员在高校中的主要工作任务是对大学生进行思想政治教育，因此借鉴思想政治教育学的理论以及研究的成果，能够为辅导员对大学生的思想政治教育提供指导。

1.借鉴思想政治教育的目的

思想政治教育学提出的目的可以为辅导员工作目的明确提供借鉴，明确思想政治教育的目的是开展思政工作的前提，为思政工作提供了明确的方向，也是思政工作双方的精神动力。以思想政治教育的目的为依据，也可以检验思政工作的效果，辅导员工作要充分地借鉴思想政治教育学的目的，辅导员在工作中要制定合理且科学的目标，并以此为行动的指导，坚持不懈、努力奋斗，最终实现目标。辅导员在工作的开展中，可以针对不同时期以及不同阶段或者不同对象制定不同的目标，从而更好地完成大学生思想政治教育任务，促使大学生思想政治素质水平不断提升，成为社会主义发展的人才。

2.借鉴思想政治教育学的过程

思想政治教育学的过程是思想政治教育者依据现实社会需求以及人们品德的形成规律，有目的、有计划以及有组织地开展思政教育活动，以此来对受教育者产生一定的影响，促使受教育者的思想品德满足社会发展需求的一个过程。思想政治教育活动的过程是由多种不同的要素共同构成的，并且是和各种矛盾相互叠加的错综复杂的过程。人的思想品德形成规律是在社会实践的过程中，由主、客体因素的相互作用与影响造成主体的思想产生变化以及发展的过程。辅导员可以充分借鉴这一规律并运用这一规律对大学生更有目的、有计划、有组织地施加影响，促使大学生思想政治品德朝着社会的需求发展。

3.借鉴思想政治教育学方法

辅导员可以在运用思想政治教育学的各种方法的基础上，加入自己的一些教育手段来形成新的教育方法体系，从而促使大学生树立正确的人生价值观，并增强自身工作的实效性。

（二）教育学

辅导员是身份特殊的教师，同时是大学生的思想政治导师，因此在辅导员的工作开展中也需要借鉴教育学知识，并与辅导员的社会实践工作有效地结合起来，从而促使辅导员的工作更具成效性。

1.教育学中的因材施教

因材施教在教育学中是非常重要的工作原则，因材施教要求教育者根据学生的特点，比如，个性、特长等之间的差异，对学生实施不同的教育内容、教育方法等，从而进行有层次性以及有针对性的教学。因材施教原则可以充分促使每个学生的主动性都得到发展，辅导员在开展自身工作中，可以充分借鉴因材施教的原则，针对大学生在不同的学习阶段的不同表现，有针对性地开展工作，从而促使每个大学生都能得到全面发展。

2.教育学中的生活教育理论

生活教育也就是生活与教育的有效结合，生活是教育的基础，教育只有通过生活才能发挥出蕴含的巨大能量。对大学生的教育不能仅通过抽象的教育，而是要通过生活的实践来对学生主体进行教育。同时，教育者要尊重学生特有的生活体验以及经历，只有在此基础上才能深化学生对生活的理解。在生活中对大学生进行教育具有独特的意义。辅导员是大学生的直接接触者，又承担着对大学生日常生活进行管理的职责。也可以说，在高校的环境中，只有辅导员才能走进学生的生活中。辅导员对于大学生来说，不仅是传授知识以及道德的培育者，更是大学生人生道路的引领者。辅导员可以充分利用自身工作优势，把自身的工作与学生高校生活融为一体，及时了解大学生的思想动态，并及时的帮助学生解决问题。另外，辅导员还可以针对大学生的需求开展一些社会实践活动，从而让大学生充分感受社会生活、体验社会生活，在生活中提高自身的素质。

3.教育学中的主体理论

教学活动是需要教师与学生共同参与的活动，教师与学生都是教育活动中的主体，缺少任何一方，教育活动就无法正常的开展下去。教师与学生是互相依存的关系，传统的教育中，教师是教学活动的主体，在课堂上具有权威性，但是随着时代的发展，学生的自我意识逐渐提高，教师如果继续按传统教育方法势必不利于学生的发展，但是如果在教育中过度夸大学生的主体地位，就会造成教师权威性削弱，也不利于学生的发展，因此辅导员在工作中要把握教育中师生的主体地位合理定位，从而增强辅导员工作实效性。

4.心理学知识的借鉴

心理学强调对人的认识、意志、情感等心理的变化过程以及能力性格等心理特征的变化规律做出把握。高校辅导员的主要工作任务是促使大学生思想政治品德的形成以及发展。另外，辅导员还有对大学生心理健康开展辅导的工作职责。因此，高校的辅导员应当把心理学的知识作为工作的借鉴内容，心理学知识可以帮助辅导员认识到大学生群体的心理变化以及发展规律，这些内容与高校的辅导员工作是息息相关的。辅导员掌握好大学生的心理变化以及发展规律，可以更好地开展工作，进而提高辅导员工作的实效性。

（三）心理学理论

1.动机理论

动机是指促使人从事某种活动的内在驱动力，促使人不断的朝着既定的目标努力。动机理论认为，人的需要产生动机，而动机会刺激相应的行为。人的需求能够引起人的心理变化，而心理变化会引发各种不同的需要与动机。人们产生了动机后会通过采取行动来满足自身的需求。当人的需求得到满足时，又会产生心理变化与产生新的需求，进而产生新的动机与行为。另外，动机理论还认为人的需求是多层次的，是复杂的，是从低层次到高层次转变的过程，这一过程又包含了对物质需求与精神需求等不同的需求。辅导员可以充分地借鉴动机理论，在工作中及时了解到大学生的需求，针对大学生的不同需求采取不同的教育方法，借以转化大学生的思想与行为。这要求辅导员在工作过程中，支持与鼓励大学生正确的需求，并为大学生需求的满足提供条件，尽量地促使大学生需求达到满足。而对于大学生不合理以及不切实际的需求，要及时地加以阻止并要坚决地限制，还要给予相应的批评教育，引导大学生摆正自己的心态，以平静的心态正确地看待问题。同时，对于大学生合理的需求，如果由于某些原因不能及时满足的需求，辅导员要对大学生进行必要的解释，还要引导学生定制合理的需求目标，促使大学生阶段性地实现需求目标。当个人需要与集体需要发生冲突时，辅导员要引导大学生正确的处理与协调，促使大学生认识到集体与个人利益的关系，并把集体利益放在个人利益之上。

2.态度转变理论

态度的转变既受社会环境的影响，又受心理变化的影响，在态度的转变中，起着主要作用的心理因素是认知、情感以及意志等。认知是指人们对待事物、事件产生的一种意识，它可以分为感受、直觉、推理等一些现象。情感是指对客观事物产生的感受，而意志是指主体自主明确目标并有意识的促使主观意识战胜心理上的矛盾。当人的认知、情感、意志发生变化时，人的态度也就会随之转变。关于态度的转变理论主要包括心理平衡理论、认知不协调的理论以及刺激学习等理论。辅导员可以分别借鉴这三种理论，首先，心理平衡论的借鉴要求辅导员可以在工作中与学生之间建立良好的信任关系，从而拉近学生与辅导员之间的距离，这样才能促使大学生从心里接受辅导员的教育；其次，对认知不协调理论的借鉴要求辅导员在工作中及时转变对大学生的态度，通过新的理论以及思想观念来引导学生调整自身的认知，从而促使大学生在态度上达到转变。最后，是对刺激学习理论的借鉴，辅导员在自身工作的开展过程中，要不断地强调与重复教育的内容与教育的信息，从而起到转变大学生态度的作用。

3.群体心理理论

群体心理是指众多个体的心理朝着共性方向发展。辅导员在实际工作中，既要重视大学生个体的心理变化与发展，又要重视大学生群体的心理特点，促使大学生的群体与个体心理有效地结合在一起，从而推动大学生群体以及个体的发展。辅导员要做的工作是，首先，要营造良好的群体心理影响环境，可以通过班集体的班风、学风建设等，促使学生群体环境影响个体的发展，并对学生的不同特点，有针对性地进行指导。其次，辅导员通过运用各种资源以及工作的便利条件营造健康的群体理论，从而促使个体的发展。最后，辅导员要营造群体凝聚力，要尊重与关心学生，加强沟通，进而促使师生关系和睦相处，并提升辅导员的工作效率。

（四）对管理知识的借鉴

高校辅导员与高校中其他教师不同，辅导员具有多重身份，辅导员既是高校大学生的教师，又是大学生的学生管理者，辅导员对大学生的日常管理需要运用管理学方面的一些知识，因此可以借鉴管理学中的方法与技巧，从而更好地开展大学生管理工作。

1.采取怀柔策略

管理学的理论知识多用于企业的管理当中，怀柔策略的实施主要是以人性化的方式管理员工，做到以人为本，用以激发员工的创造力，从而促进企业的稳定发展。辅导员可以把这种策略用在日常的管理工作中，进而激发大学生的创造力、主动性等，这在一定程度上能够提升对学生的管理效果。随着时代的发展，大学生的自主意识不断增强，大学生希望受到别人的尊重与理解，希望有更多的自主空间，同时大学生对高校的硬性规定比较敏感，而怀柔策略的实施正好能够满足大学生的这种需求。辅导员在工作中要对大学生日常的心理与行为变化规律做出研究，并通过激励、暗示等柔性措施为大学生营造一种和谐的成长与发展气氛，从而促使大学生自我教育、自我管理能力的不断提升，进而为大学生提供更广阔的学习与生活的空间，促使他们积极自主的学习，从而推动辅导员工作效率的提升。

2.管理系统知识

管理系统知识更注重管理过程中各个环节的相互关联，并从各个环节中发现系统的规律。辅导员工作也是一个系统，包括了多个环节，而各个环节之间也是相互影响相互制约的，辅导员要对各个环节进行科学的分析，从而促使学生管理达到最佳效果。辅导员要把工作的战略提高到全局发展高度，将为社会主义事业发展培育高素质人才为工作重心，并在学校、学生、学生家庭以及社会之间建立良好的互动关系，从而促使大学生的不断发展。

3.激励理论知识与管理者的素质理论知识

激励理论是通过满足人们的需求，刺激人们的积极性与主动性。辅导员可以充分地利用这一理论调动大学生的积极性。首先，对大学生既要有物质的激励，又要有精神的激励，从而对大学生产生持久的激励。其次，在激励的基础上，高校辅导员需要为大学生营造一个良好的竞争环境，在竞争的方式上可以采取多种方式，如优秀学生干部竞争、优秀学生竞争等，从而促使大学生自觉地参与到其中。另外，辅导员要运用多种激励方法，明确激励的目标，确保激励的公平公正性。在管理学的运用中，管理者的素质也起着很重要的作用。辅导员为了提高工作的实效性，要不断提升自身素质，增加辅导员在大学生中的影响力，提高工作的效率。

总之，高校辅导员工作的开展离不开科学的理论为指导。因此，高校辅导员要不断运用并借鉴思想政治教育学知识理论、教育学、心理学、管理知识等基础的理论知识。因此，辅导员是思想政治教育教师，是大学生的心理健康的辅导工作者，是就业指导工作者，是班集体的建设者，是生活的管理者，辅导员身兼数职，这也就决定辅导员需要更多种科学的知识理论基础提供指导，并把这些理论与实践活动有效结合，从而促使辅导员工作更具实效性。

第二节 高校辅导员工作的基本原则

一、以人为本原则

(一) 以人为本原则的基本内涵

"以人为本"不仅一种价值追求,同时也是一种思维方式,"以人为本"思想在现代社会的科学发展进程中发挥着重要的指导作用。中国的历史文化源远流长且具有丰厚底蕴,最初的"以人为本"思想是以人文精神的方式出现的,并以占据我国传统文化主导地位的儒家思想为代表。"以为本"最早可追溯到西周时期,周武王姬发就曾提出"民惟邦本,本固邦宁"的观点。同时,他还认为"惟天地,万物之母;惟人万物之灵"。这些观点彰显出了周武王对"民"的重视。之后,春秋战国时期著名的政治家管仲在《管子-霸业》中首次提到了"以人为本"的字眼:"夫霸王之所始也,以人为本,本治则国固,本乱则国危。"我国历史上伟大的政治家、教育家孟子也表述了"民为贵,社稷次之,君为轻"等观点。至此,"以民为本"形成了较为稳固、系统的思想体系,并在我国历史的发展过程中产生了深远的影响。除此之外,我国其他的思想学派,如道家、墨家等都对"以民为本"做出了不同的阐述,这让"以人为本"思想所蕴含的元素更加丰富。以上所归纳的这些看法或观点,从人的角度出发,明确了人在社会中的价值和地位,这些思想体现了历代思想家对民众的重视。诚然,中国传统"以民为本"思想是在封建专制统治的历史条件下提出的,"民"是相对"君"而言的,其本质是为了缓和统治和被统治阶级之间的矛盾,继而维护统治者的地位及权益,因此这些观点与思想带有浓烈的政治色彩,存在一定的局限性。但是,以进步的眼光来看,"以民为本"思想蕴含着丰富的文化内涵,关注了民众的社会地位及价值,对促进社会的发展具有积极的意义。在《中国文化概论》一书中,学者张岱年、方克立认为:"中国传统文化中以人为本的精神,激励人们尊重人的价值和尊严,努力在现实生活中去发现人、实现人的价值。"因此,即使在社会主义现代化建设的背景下,传统的民本思想仍是一笔可贵的精神财富,具有重要的借鉴意义。

真正意义的"以人为本"思想是中国共产党在对马克思主义思想做出延伸的基础上发展而来的,所以可以说这种思想是对传统"以民为本"思想的突破和超越。马克思主义是我国社会主义建设工作中重要的指导思想之一,虽然马克思的著作中并没有直接涉及到"以人为本"这个概念,但是马克思与恩格斯却对人的发展做出了深入研究,这对我们理解并实施"以人为本"思想具有重要的理论指导意义。马克思在《〈黑格尔法哲学批判〉导言》中说："人不是抽象的蛰居于是巨额之外的存在物，人就是人的世界，就是国家，社会。"他认为，人的本质是人的自然属性与社会属性的统一，人的共性与个性的统一。我国伟大的领导人毛泽东同志以这种思想观点为基础，提出了人"生动活泼地主动地得到发展"的思想，这思想代表着毛泽东同志关于人的全面发展的基本观点，肯定了人作为个体的独特性和多样性。另外，邓小平同志也就对"以人为本"思想做出了论述，他着重强调了我们要"尊重知识，尊重人才""我们不是没有人才，问题是能不能很好地把他们组织和使用起来，把他们的积极性调动起来，发挥他们的专长。"

（二）坚持以人为本原则的必要性

随着现代科技的发展与进步，中国特色社会主义建设步入了新的阶段。与此同时，改革开放的深化使得中国与其他国家的合作日益增强，中国经济融入到了全球一体化经济体系当中，这在很大程度上推动着中国市场经济的发展。在此背景下，中国人民的生活水平逐渐提高，人们的生活方式和生活环境发生了很大的变化。同时，多元文化共同构成的文化生态体系在中国逐步形成，人们的思想也因此受到了一定程度的影响。社会的变化对人们的思想观念和道德品质提出了新的考验以及更高的要求。目前，大学生的身心正处于发展阶段，成熟的思想观念尚未形成，这决定了大学生群体极易受到外部环境的影响。学生在思想发展的道路上急需得到正确的指导和有效帮助，同时也体现出了学校思政教育的重要性。当前阶段，高校辅导员的工作任务就是帮助大学生解决思想和生活上的实际问题，其工作的对象是学生。然而在辅导员工作当中，部分辅导员的工作理念与工作方法存在强制性、理想化、说教式的倾向，缺少对学生实际思想和实际生活问题的关注，对学生的帮助也局限在浅层次上，这些问题导致辅导员工作实效性不高。由此可见，这种工作方式缺少对学生根本需求的思考，不能将大学生内在的思想学习兴趣和动力很好的激发出来，因此学生所表现出的思想道德践行能力并不高。为了充分调动学生的学习积极性，促使学生得到更好的发展，成为社会主义合格的接班人，辅导员必须要强化自身服务意识，一切工作围绕满足时代发展和学生发展这个中心来开展，更新自己的工作理念和方法，切实做到关心学生、关注学生、发展学生，即在坚持"以人为本"原则的指导下开展相关工作。由此可见坚持以人为本原则是时代发展与学生发展对辅导员工作提出的必然要求。另外，高校辅导员工作的主体和客体是社会中现实的人，其出发点和归宿点也是人。在辅导员日常的工作中从人的角度出发，坚持以人为本，找准工作的落脚点，才能使辅导员对自身的工作产生认同感，并主动参与到工作实践当中，继而提高工作实效。国家教育委员会在《中国普通高等学校德育大纲》中对现代高校德育提出了这样的要求："高等学校德育的任务，是用马克思列宁主义、毛泽东思想和邓小平理论教育学生坚持社会主义方向，树立科学的世界观和正确的人生观，形成良好的道德品质，把学生培养成为有理想、有道德、有文化、有纪律的一代新人。"这就决定了高校辅导员工作应立足于学生的发展，关注学生，重视学生。同时，也可以看出现代教育强调素质教育，弘扬了"以人为本"的基本精神。高校辅导员要切实尊重现代教育发展这一客观事实，坚持"以人为本"这一基本准则，从而适应现代教育发展的需求。

（三）以人为本原则对辅导员工作提出的要求

1.强调以学生为本

在社会主义建设的进程中，中国共产党始终坚持以人为本、执政为民的基本理念，体现出了我党以人民为主的治国方针。在高校育人工作中，我们应该坚持"以人为本"的原则，这是社会发展的需要，也是现代教育建设的必然需求。高校辅导员工作，更要坚持"以人为本"的原则，切实从学生的角度出发，做到发展学生、关心学生、理解学生，从而促进学生的全面发展。"以人为本"思想指导构建的现代教育体系确立了学生教育的主体地位以及教师的教育主导地位。以目前高校辅导员工作的状况来看，部分教师受传统思想的束缚，对学生教育主体地位的认识还存在一定的不足，即要求学生在某种既定的任务目标范围内活动，具有一定的约束性。部分高校辅导教师过分强调了学生与社会、集体的适应关系，凸显了教育工作者个人意志的实现，而学生仅仅是作为一名教育对象出现。这种状态下的高校辅导员工作只是机械化的育人工作，忽视了对学生正当权益的维护，失却了教育应有的服务功能，违背了现代教育"以人为本"的思想。"以人为本"原则在高校辅导员工作中的渗透，要求以学生为服务对象，强化辅导员自身的教育服务意识，即我们所说的"以学生为本"的教育理念。高校辅导员以学生为本，既要服务于学生时下发展的需要，又要服务于学生长期发展的需要；既要服务于学生本人，又要服务于学生所处的学习生活环境；既要服务于学生本身的要求，又要服务于现实社会对学生的要求。教育的服务功能是客观存在的，从学生的视角出发以学生为本才能将教育对学生发展的促进作用发挥出来，这是高校辅导员工作适应现代教育改革的重要表现。

2.体现对学生的人文关怀

根据上文对"以人为本"原则的表述，我们不难发现在我国传统的思想哲学中，始终蕴含着"以人为本"的本源思想，这在马克思主义哲学中同样得到体现。从哲学的层次上来看，高校辅导员对学生进行人文关怀是在工作中贯彻"以人为本"原则的要求和体现。人文关怀是"以人为本"思想在教育上的延续，也是

"以人为本"思想的出发点。这就要求辅导员在工作实践中要理解学生、尊重学生，肯定学生作为现实人的固有价值，关怀学生的精神生活。

辅导员工作中对学生人文关怀的贯彻，需要辅导员尊重学生的教育主体地位，全面关注并了解学生各成长阶段个性的需求，着力于学生的全面和谐发展，让学生充分感受到来自辅导员、学校乃至社会的关怀，为学生营造良好的人文成长环境，继而促使他们更好地实现自己的人生价值、职业价值。在辅导员贯彻"以人为本"原则的工作中，要注重从学生的角度出发，考虑他们的主观感受，采用科学、合理的工作方式，努力探索、创新现有的工作方法，一切以促进学生发展为中心，做到尊重学生、关心学生、关爱学生，从而满足当代大学生的全面发展需求。对大学生实行人性化管理，在人文精神的关照下，让学生感受到来自辅导员、学校乃至社会的关怀。另外，辅导员需要以平等的态度对待每一位学生，对待学生一视同仁，尊重学生的人格尊严。譬如，当学生在日常生活、学习中出现错误时，不要急于去批评学生，更不可用伤及尊严的话语去刺激学生，亦不可用简单粗暴的方式，强制要求他们去纠正自己的错误。辅导员的服务功能就是辅导学生，需要引导学生客观地认识到自己的错误，引导学生明晰错误所在，帮助学生分析导致这种问题出现的原因，启示学生应该如何做好这件事，讲求循序善诱，做到动之以情、晓之以理，让学生真正的心悦诚服，继而欣然接受辅导员的批评和教育。这样无疑会增强辅导员工作的效果，提高工作效率，最终实现人才培养的目标。

3.他人教育和自我教育相统一

著名教育家霍姆林斯基曾经说过："教育是由他人教育和自我教育构成的统一体。"这引用到高校辅导员工作当中，就是要求辅导员教育与学生教育结合起来，继而实现学生发展的教育目标。他人教育和自我教育都是针对学生而言的，在这个统一的教育体系中，高校辅导员对学生的辅导教育是他人的外部教育，即他人教育。而学生自主的教育是自我内部教育，即自我教育。在高校辅导员工作中，辅导员占据着绝对的主导地位，辅导员工作的开展对学生的教育作用是显而易见的。高校学生教育目标的实现与教学计划、教学教材、校园校规以及教师教导等紧密地联系在一起。他人教育强调了辅导员的引导功能，因此辅导员在大学生成长中的辅导作用应充分地发挥出来；学生是高校辅导员工作的对象，学生的发展是高校教育的最终归宿，因此高校应该从学生主体性及创造性出发，在高校辅导员工作过程中加强对学生自我教育能力的培养，转变传统的教育管理理念，充分发挥出学生的主观能动性，让学生在一定的范围内自由发展，从而推动大学生相应自我教育的观念并提高大学生自我教育的能力，这对大学生的长期发展具有重要的现实意义。联合国教科文组织在《学会生存——教育世界的今天和明天》一文中提出:"受教育的人必须成为教育他自己的人,别人的教育必须成为这个人自己的教育。"由此可见,他人教育服务于自我教育,只有将他人教育中获取的帮助和辅导内化在自己的需要当中,才能真正发挥他人教育的作用,否则他人教育将会毫无意义。

4.解决思想问题与解决实际问题相结合

理论指导实践,实践完善理论。理论是基础或依据,实践是结果,只有将理论和实践辩证地统一在一起,才能提高辅导员工作的实效,更好地实现教育相关工作开展的价值。这在高校辅导员工作中体现为辅导员只有引导学生形成正确的思想认识,帮助学生用自己的行动来改变客观世界,才能促使他们更好地发展和完善自己,并达到教育工作的目标。在学生的日常学习、生活中,总会遇到各种各样的困难或问题,有些问题或困难是可以通过自己的努力解决的,但是有些问题或困难需要在他人的帮助下才能得以解决。

二、实事求是原则

(一) 实事求是原则的基本内涵

"实事求是"观念在我国由来已久,最早的"实事求是"一词可追溯到东汉时期,在那时候班固所编著的断代史书《汉书》中有所提及,并在后世得到了一定的发展和演变。进入20世纪我国传统的"实事求是"思想,与马克思主义实现了有机的融合,并在实践探索中被赋予了新的定义。以毛泽东同志为代表的第一代中国共产党领导集体,在坚守马克思主义基本思想、理论的基础上,结合我国的实际情况,就"实事求是"作出了深刻的探讨,并赋予了其深刻的实践内涵。毛泽东同志在《改造我们的学习》中这样提到:"'实事'就是客观存在着的一切事物,'是'就是客观事物的内部联系,即规律性,'求'就是我们去研究。我们要从国内外、省内外、县内外、区内外的实际情况出发,从中引出固有的而不是臆造的规律性,即找出周围实务的内部联系,作为我们行动的向导。"毛泽东关于"实事求是"的这一精准论述说明了中国共产党开展实践的路线,是指导各项工作科学开展的基本思想和方法,同时应作为一项基本原则贯彻到高校辅导员工作当中去。为进一步确立实事求是在新中国建设工作中的指导地位,邓小平同志提出了解放思想、实事求是的思想路线,邓小平在《解放思想、实事求是,团结一致向前看》中的讲话,将我国的社会主义建设推向了新的发展时期。邓小平着重强调了"实事求是马克思主义的精髓""解放思想,就是思想和实际相符合,使主观和客观相符合,就是实事求是。今后,在一切工作中真正坚持实事求是,就必须解放思想。"邓小平同志的这一思想理论彰显了"解放思想"与"实事求是"相结合的重要性，对辅导员工作中对实事求是原则的遵循与贯彻提出了要求。

随着社会主义建设的不断深入，人们对实事求是的认识和理解进一步得到扩展，并上升到了另外一个层次。中国化的马克思主义强调科学发展，坚持贯彻实事求是的基本路线，使得中国特色社会主义发展步入了新的层次。实事求是思想不再单纯的是一种思维方式，也不仅仅是一种方法论原则，而是作为中国共产党科学的世界观和发展观出现的。实事求是思想是毛泽东同志对马克思主义在中国践行方式的简要表述，实事求是作为一种方法论原则，集中体现了马克思主义方法论。我们认识世界的最终目的是改造这个世界。实事求是是一种科学的世界观、发展观，因此我们必须要将这种思想运用到工作当中，继以指导我们改造客观世界。我们可以将实事求是拆分开来理解，所谓的"实事"就是指客观存在的事物，是客观事物的矛盾性；"是"则是指矛盾作用过程中所蕴含的规律；"求"是指从客观事物矛盾作用过程中探寻事物变化发展的规律，以此为指导改造客观世界的实践活动。在我们所生活的这个客观世界中，任何事物存在的方式都是个别的、具体的，规律反映了这些个别事物内在本质的共性和一般性。从本质上来看，实事求是反映了从个别到一般再从一般应用于既要实践的客体的逻辑规律；实事求是作为一种科学的世界观，是马克思主义的精髓，是毛、邓思想的主体。实事求是讲求的是一切从实际出发，要注重理论与实践相结合，在不断的实践中验证、完善理论，研究作为实践对象客观事物的同时，还要研究实践活动本身。毛泽东曾给出过这样的指导："应当从客观存在的实际事物出发，从其中引出规律，作为我们行动的向导。"我们在对实践对象和实践活动进行研究时，要注意从这两个方面入手，寻找出其内在的规律。实践活动的进行依托于实事求是的思想路线，只有在正确认识到实践对象和实践活动本身客观规律的基础上，我们才可以确保实践的有效性。总之，实事求是无论是作为一种科学的世界观、发展观，还是作为方法论原则都离不开实践。新的社会发展时期，实事求是所蕴含的内涵得到了丰富和扩展。综合来讲，当前社会背景下坚持"实事求是"思想要做到四个结合，即实事求是与解放思想相结合、实事求是要与时俱进相结合、实事求是要与以人为本相结合、方法论意义与世界观价值相结合。

（二）坚持实事求是原则的必要性

马克思和恩格斯共同提出"一个阶级是社会上占统治地位的物质力量，同时也是社会上占统治地位的精神力量。支配物质生产资料的阶级，同时也支配着精神生产资料，占统治地位的思想不过是占统治地位的物质关系在观念上的表现"。实事求是是中国共产党执政的基本思想路线，这种思想在社会主义建设中的重要指导地位是不容忽视的。高校作为人才培养的基地，是社会主义建设的重要部分。

高校教育工作中坚持实事求是具有重要的战略意义，辅导员工作是高校教育工作的一部分，对学生思想的正确培养和行为的规范产生具有重要的作用，因此高校辅导员工作坚持实事求是原则也是十分有必要的。在经济全球化的时代背景下，不同的思想文化在交融和冲突得以共存。西方一些发达国家借助自己经济的优势，不断对中国的文化进行冲击和渗透，这在一定程度上对大学生思想观念的形成产生了影响。部分意志不坚定的大学生受到西方资本主义不良文化的侵扰，错误的思想不断衍生，许多思想问题诚待解决，这也是辅导员工作的重点。高校辅导员需要认真对待当代大学生思想政治教育面临的这一严峻形势，坚决执行中国共产党的思想方针和路线，守护好高校社会主义意识形态这一阵地，以实事求是的态度去对待自己的本职工作。从学生的思想实际出发，尽量避免他们受到不良思想文化的侵袭，及时、积极帮助他们解决思想实际问题，从而确保学生的健康发展，捍卫大学生的精神家园。总之，在中国特色社会主义建设的进程中，高校思想政治教育是重要环节，解决学生的思想问题是重点，辅导员工作必不可少。

（三）实施实事求是原则的要求

1.顺应社会发展新形势

正如马克思对人所作出的描述，人的本质是生产，是一切社会关系的总和，且会以各种不同的属性表现出来。他所描述的人是现实的人，是具体的人，是社会的人。辅导员和学生同样是现实社会中的人，他们始终脱离不开历史的发展。实事求是原则要求一切工作要从实际出发，高校辅导员只有将自身和学生放置到现实社会中进行考察，才能对自己和学生有一个全面而清晰的了解，继而以此为依据采取有效的工作方式、方法，并应用到工作实践当中去，只有如此高校辅导员才能使自身的工作更好地满足现代教育需求，适应社会发展。马克思主义认为，人是主体，相对于自然界的其他生物而言，人是万事、万物的主宰，人在有意识、有目的的活动中能发挥主观能动性和创造性。以人为本倡导下的现代教育，强调了教师的教育主导地位。这在高校辅导员工作中的体现就是辅导员是该工作体系的主导，是教育实施的主体。自改革开放以来，我国与其他国家的协作越来越紧密，相互间的交流逐步加强，多元的文化生态格局在我国逐渐形成，社会发展迎来了新的形势，这对大学生的成长产生了深远的影响，有利也有弊。多元文化生态格局的形成丰富了大学生的文化生活，这是利。多文化生态格局的形成使得大学生面临的文化呈现出多元化的特征，并使大学生容易受到不良文化的影响，产生错误的思想，这是弊。如何做好大学生的思想工作成为了高校辅导员工作需要研究的重点。

2.明确对象，贯彻始终

实事求是原则要求高校辅导员在研究工作实践对象的同时对实践活动本身做出不断探索。中国伟大的领导人毛泽东曾经说过："按照实际情况决定工作方针，这是一切共产党员所必须牢牢记住的最基本的工作方法。"对于高校辅导员而言，他们所面临的工作实际，除却客观物质世界实际之外，还应包括大学生的思想实际。要将实事求是原则真正的渗透到工作中去，就需要辅导员从实际的角度出发，在客观与主观统一的基础上，深入研究大学生的思想观念，寻找出大学生思想所蕴含的规律，把握住大学生思想脉络，从而在本质上分析致使大学生产生这种思想的原因，继而采取相应的教育方式，有针对性、有目标性地对大学生进行引导和教育，从而引导大学生树立正确的思想意识观念，完成既定的教育工作目标。在此过程中，对大学生的思想活动规律做出正确的认知是关键。中国当代大学生仍旧处于青春期，他们的身心还处于发展阶段，其成熟的世界观、人生观、价值观尚未形成，且具有很大的可塑空间，这就为高校思想政治教育提供了更多可能性。大学生的生理成长发育表现为：身体急速发育，大脑及神经方面的发展迅速，性表征也日渐成熟。伴随着生理的成长，大学生的心理也出现了一定的变化：他们各方面表现出的能力也有所提高，如观察能力、分析能力、思维能力、记忆能力、学习能力及想象能力等；他们的精力充沛，对知识的渴望更加强烈，也希望通过学习来提升、发展自己；他们的情感更加丰富，有冲动、感性、热情、低迷，等等；他们的自我意识观念不断深化，自强、自傲、自信、自卑等表现不一；他们的性意识逐渐显现出来，有追求异性的期望和要求。除此之外，青年阶段的大学生思想认知方面正处于正误、知与不知、积极与消极因素涌现和交错发展时期。青年阶段大学生所表现出的这些生理、心理以及思想认知方面的发展规律和特点是高校辅导员需要研究的重点之一。

3.注重理论联系实际

"一切从实际出发，理论联系实践，实事求是，在实践中检验真理和发展真理"的思想路线，是中国共产党在长期的实践探索中得来的，是经过历史考验的，这一思想路线丰富并发展了马克思主义认识论，对我国社会主义各方面建设具有重要的思想指导意义。"一切从实际出发"是实事求是的基础和前提，"理论联系实际"是实事求是的有效途径和方法。因此，高校辅导员在工作中践行实事求是原则时，要从学生实际出发，全面了解学生的学习实际、情感实际以及生活实际等，在此基础之上运用理论联系实际的方法，结合有效的手段，有针对性的对大学生进行辅导。只有这样，才能保证辅导员工作的实效。在现实生活当中，很多大学生往往不能对自己有正确、全面的认识，不能正确认识自己所学的知识、所处的环境，不能对自己的能力做出客观的评价，常常会出现好高骛远或妄自菲薄的心理，在此基础上，大学生群体所制定的学习、职业等目标脱离于实际之外，最终导致自己所制定的目标仅限定在理想状态，很难实现。

三、因材施教原则

（一）因材施教原则的基本内涵

因材施教在《辞海》中被解释为：教育工作的一种原则，指在共同的培养目标下，对不同的受教育者提出不同的要求，采用的不同的教育方法。因材施教在《教育大辞典》中的解释是：在共同的教育目标下，针对受教育者的个别差异和具体特点，采取不同的教育措施。"因材施教"思想在我国的发展历史源远流长，这种思想最早是由春秋时期伟大的教育家孔子提出的。在当时的条件下孔子已经对学生智力、情趣、性格、专长等做出了认知与强调，并能运用到实际教学当中，同时也取得了令后人仰慕的教育成就。自此以后，"因材施教"演变为中国一项优良的教育思想传统，并被后人列为一项教育的基本原则不断的传承下去。直至20世纪末期，学术界对"因材施教"的研究逐渐活跃起来，并纷纷阐述了自己的观点。有关学者提出："由于教学背景的变化，现代因材施教无论在概念上还是操作上都发生了深刻的变化，只可惜很少有人作深入阐述。"这充分证明了学者们对因材施教的认识更进了一步。有的学者认为，因材施教的现代化就是根据青年学生的特点和资质，施以相应的教育，把他们培养成德、智、体、美、劳全面发展的、适应现代社会需求的有用人才。这部分学者的观点向我们阐述了现代因材施教的价值取向就在于"将学生培养成德、智、体、美、劳全面发展的、适应现代社会需求的各类有用人才"。因材施教应随着社会的发展而发展，笔者认为时下因材施教指导下的高校教育既要考虑社会的需要，又要考虑人的需要，只有这样才能真正称得上"因材施教"。另外，有的学者认为：与传统相比，现代的"因材施教"包含了很多新意。主要体现在以下几个方面，首先，现代"因材施教"应以学生的集体教育为前提，既要规定同等年龄阶段学生需要达到的共同目标，又要为学生的个性发展创造有利条件；其次，现代"因材施教"应摆脱传统单纯教师教的束缚，将学习的主动权交还到学生手上，让学生可以根据自己的"材"择取符合自己需求的教学内容、教学进度、发展方向等；最后，现代"因材施教"的目的不单是培养学生一定认知方面的能力，其更重要的目的是让学生的个性得到更好的发展。这一理论充分向我们说明了现代"因材施教"的价值取向，这也是高校辅导员工作中贯彻实施因材施教原则的根本目的所在。这些学者都从涵义出发，就"因材施教"做出了解释，虽然他们所阐述的"因材施教"价值取向略有不同，但是对我们更全面的理解因材施教原则具有积极的指导意义。从现有的因材施教定义来看，我们不难看出人们对因材施教的理解主要分为三个板块，即因材施教的依据、实施手段以及实施目标。一般而言，因材施教的依据就是学生的差异、特点，实施手段就是不同的教育，目标则未有准确的定义。结合以往学者对因材施教的传统认识，笔者认为存在一定的不足，以往对因材施教的研究仅仅局限在课堂教学之上，且因材施教是运用在课堂的一种教学手段。但是作者认为，在因材施教原则指导下的教育中，学生是主体，因材施教也不单纯的只是一种教学手段，而是作为一种思想贯穿在整个教学活动中。在当前时代背景下，因材施教应伴随着每一位学生的成长而发展，其价值取向在于促进学生本体的发展，教育目标的设定也不应是完全统一的。因此，笔者认为，所谓的因材施教是指教育主体根据学习者的个性特征及其他教育因素的不同，处理教育活动与社会、与人之间发展关系的一种教育思想。

（二）坚持因材施教原则的必要性

坚持因材施教是对我国传统教育文化的继承，对这一思想的传承，适应了现代教育的需要，宣扬了社会主义人本精神，是现代社会主义和谐社会发展中性化教育的必然要求。统观我国当代大学生的现状，他们的自主意识更强，个性特征鲜明，并强调自身的个性发展。高校辅导员工作中坚持因材施教原则，有针对性、有目的性的对大学生进行辅导，能够满足大学生个性化发展的需求。思想产生于人、作用于人，并与人所处的环境和成长的经历有着紧密的联系。但是，毕竟每个人的认知能力、成长环境是不尽相同的，这就决定了学生思想存在差异是必然的，同时学生之间的行为差异也是客观存在的。高校辅导员不但要承认学生思想的这种差异性，还需要尊重这种思想差异性，从而推动因材施教成为现实。辅导员工作中坚持因材施教原则，体现出了对学生的人性关怀，同时也体现出了对学生个性差异的尊重，充分发挥了学生的主观能动性和创造性，为学生的全面发展提供了保障，这也是辅导学生解决思想和生活实际问题的基础。在辅导员工作中坚持因材施教，是对以人为本原则和实事求是原则的延续，这要求高校辅导员在开展自身工作过程中兼顾社会和人的发展需要，从学生实际出发，实事求是的面对学生的发展问题，并在工作实践中帮助学生解决问题，从而促进学生的健康、全面发展，推动学生成人成才。另外，学生是辅导员工作的对象，是高校教育的主体，一切相关教育活动的开展必须以学生为中心开展。因材施教原则在高校辅导员工作中的实现，肯定了学生教育主体地位，凸显了教育工作者的辅导功能，适应了现代教育的要求。每个人都是现实社会生活中独立的个体，人的意识、能力、观念是存在差异的。造成人与人之间的这种差异，不仅仅是因为人先天的生理存在差异，还是因为人在后天成长中，受到外界环境的影响，致使人与人之间的这种差异越来越大。在当今社会多元化发展的过程中，人与人之间的差异不是社会发展的因素，而是推动社会不断发展的动力。高校教育应当顺应这种变化，采取积极有效的变革措施，推动每一个独具特性的人都能得到发展，这让教育中坚持因材施教则成为必然。同时，这就决定了"一锅端"的教育方式是不科学的，也是不可取的。辅导员必须客观地承认这一事实，做到具体问题具体解决，才能确保工作的实效性。因材施教尊重了人与人之间存在差异的客观事实，是对学生个性发展的反映和满足。无论是传统教育还是现代教育都对我们提出了因材施教的要求，因此高校辅导员工作中坚持因材施教原则既是学生个性化发展的必然要求，又是社会发展的必然要求，还是教育自身的要求。

（三）实施因材施教原则的要求

1.尊重学生个性差异

目前，关于个性还没有准确的定义。相关学者从不同角度就"个性"进行了阐述，具有一定的参考性。我国著名的心理学家郝滨说过："个性可界定为个体思想、情绪、价值观、信念、感知、行为与态度之总成，它确定了我们如何审视自己以及周围的环境。它是不断进化和改变的，是人从降生开始，生活中所经历的一切总和。"苏联的心理学家彼得罗夫斯基则提出了这样的观点："在心理学中个性就是个体在对象活动和交往活动中获得，并表明在个性中表现社会关系水平和性质的系统的社会品质。"由此看来，个性与人的认知是息息相关，它的形成受到遗传素质、教育、环境等众多因素的影响，是不断进化和改变的。缘于成长经历的不同，学生之间个性存在的差异也是必然的结果，我们应该尊重这一客观事实并将这种尊重体现在高校教育当中。关于因材施教高校辅导员工作中的实践，孔子对弟子们的教导给了我们极大启示："中人以上，可以语上也；中人以下，不可以语上也""视其所以，观其所由查其所安""由也，千乘之国，可使治其文武也；赤也，束带立于朝，可使与宾客言也"等。这些观点无疑都彰显出了孔子对学生个性差异的重视，主张对不同的学生采用不同的教育方式，以求学生可以得到更好的发展。虽然从这些观点的具体内容来看，孔子尚未对个性做出明确的划分，但是这种依据学生个性而有针对性地开展教学的理念还是值得我们借鉴的。因材施教原则指导下的高校辅导员工作实践，要求辅导员要切实了解、知悉学生的个性特征，并以此为依据制定科学合理的教学方案来引导学生形成正确的意识观念和行为。一般说来，学生个性差异主要表现在能力、气质、性格三个方面，这三个方面互相影响、互相依存，并组成一个有机的整体。在高校辅导员日常工作当中，既要考虑到学生个人能力、性格的差异，又要深切了解学生的心理、思想等特征差异，以此为依据进行有的放矢的教育，在兼顾学生整体的同时及时纠正个别学生的问题，通过有效的沟通方式与学生进行深度交流，从而确保相关工作的顺利开展以及工作实效的提升。

2.致力于学生全面发展

学生的发展是现代教育视角下高校辅导员工作发展的重要归宿，贯彻因材施教原则要求高校辅导员致力于学生的全面发展。在传统的教育活动中，知识和技能的传授是工作的重点，虽然这种教育涉及到了学生的发展，但是更多强调了学生知识和技能。在以往的教学工作中，人们对知识及能力的重视远高于学生综合素质发展，教学目的为传授理论知识，这种教育理念具有片面性问题。从本质上分析产生这种现象的原因，我们可以归结为人们对发展的认识还不够不深刻、不够全面。我们不否认知识的储备和技能的提高对学生发展的促进作用，但现实问题是这种教学理念容易最终导致人的物化。如上文在以人为本原则中提及的学生是教育的主体，是现实社会存在的人，学生的主观能动性是推动学生发展的重要动力。发展是学生的发展，如果过于强调机械化的学习，学生的自主性受到束缚，那么发展也就无从谈起。因此，因材施教原则指导下的高校辅导员工作，需要辅导员首先要正确的认识学生的发展问题。某种意义上我们可以说教学的发展就是人类对文化传承的过程，人的发展就是人与文化双重建构的过程。我们不能简单地将人的发展总结为知识的积累，而应该看到其更深层次的内涵，即人的发展是人的质变过程。在充分理解这点的基础上，高校辅导员在开展相关工作时，应综合考虑学生发展的要求及发展中可能出现的各种问题。促进学生发展的同时还需要教师发挥出因材施教应有的能量，激发学生内在对发展的渴望并转换为学生自主发展的动力，以此引导学生形成自主学习的意识和行为。美国的哲学家、教育家约翰·杜威曾经表述过："在现存条件下，我们对孩子所能做到的唯一的可能的调整是通过使孩子完全拥有自己的能力而实现的那种调整。"由此看来，因材施教就是发挥教学指导作用的同时争取激发学生自身努力的倾向，发挥学生的主观能动性，让学生的天性得以释放，深度发掘出学生内心对发展的渴望和激情。诚然，高校辅导员工作的目标是促进学生发展，但是学生发展对高校辅导员工作又有反作用。当学生发展的层次越高时，他们的思想境界则越强，接受知识的能力越强，在此基础上，虽然学生发展对辅导员工作能力提出了更高要求，但是却也能够推动高校辅导员工作开展得更顺利，教育工作者应充分地认识到这一点。其次高校辅导员要正确认识到学生全面发展中存在的问题。从现代教学实践来看，学生全面发展还只存在于一种理想层次，因材施教原则在高校辅导员工作中的贯彻实施，将我们向这个教育理想更推进了一步。虽然以当前我们所处的教育环境而言，实现学生的全面发展还具有一定的难度，但是只要我们肯努力、肯付出，相信终有一天我们会实现这个目标。教育发展的前景十分广阔，但是实现教育目标的措施还需要教育工作者进行不断的探讨和实践。学生的全面发展包括全体学生发展和学生个人全面发展两个方面的涵义。长期以来，人们受传统教育思想的影响，对"面向学生全体"这一概念的认识存在一定的局限性，班级大班授课制使面向全体学生的发展演变为学生全体的均衡发展。这种状态的教学泯灭了学生个体个性，忽视了学生之间个性存在的差异，使层次化教学得不到实现，真正意义上得到"发展"的学生寥寥无几。所以，高校辅导员在工作中要实施因材施教，只有满足每一位学生的个性发展需求，才能将所有学生的全面发展演化到极致，继而真正实现学生个体的全面发展。教育学者钟启泉认为："教育要培养的是德智体全面、和谐、均衡发展的人，或者说，教育需要培养的是'全人'或'一个完整的人'，而不是培养只得到某一方面发展的人。"这也是现代教育课程改革的要求。面向学生全体是为了让学生得到更好的发展，促进学生个体的全面自由发展是全面发展教育的最终目标。学生的个性差异决定了学生各个方面的发展也是不同的，我们不能强制要求每一位学生的发展都保持同步，这是不现实的，也是不科学的。因材施教原则要求高校辅导员在尊重学生个性差异的客观事实基础上，向学生传授必要的理论知识，培养学生基本技能的，并注重挖掘学生的内在潜力，从而促使他们沿着个性的发展道路获得德、智、体、美、劳的全面发展，力争做一个合格的社会主义接班人。

3."教"与"学"相结合

正如维果茨基在《教育心理学》中所说的那样："奠定教育过程的基础应当是学生的个人活动，教育者的全部艺术应当归结为只是指导与调节这种活动。在教育过程中教师应使火车厢自由而独立地沿着轨道运行。轨道只是指引火车自身运行的方向。教育应当这样来组织，以至于不是他人在教育学生，而是学生自己在教育自己。"他将学生比作是火车，将教师比作是轨道，阐述了教师教育和学生自我教育之间的关系，这种观点蕴含着一定的因材施教元素。从因材施教角度来理解"受教育者"这个概念，学生不再是单纯被动接受知识的受教育者，而更多的应该是一个具有超越性的受教育者。因此，高校辅导员在面对学生时，应该转变以往的教育观念，从传授知识到引导学生自主学习转变，充分发挥自身的教育引导作用。新课改要求下的高校辅导员工作要全面、正确地认识到知识和知识教育概念的界定，合理设置课程教学内容，使教学内容与学生的生活、社会的发展及科学技术的进步紧密地联系在一起，让知识教育更加贴近实际，使学生对学习产生浓厚的兴趣和愿望，继而激发他们探索未知世界的动力，并将知识内化为学生自己的知识，而并非存在于理论界面的知识。另外，因材施教原则还要求高校辅导员在工作开展的过程中，从知识与技能、过程与方法、情感态度与价值观三个维度确立教育工作的功能和目标，呈现出教育原有的多元化价值，拓展教育所具备的功能，让学生在掌握教学知识的同时体验到学习所带来的快感、掌握必要的学习方法并树立正确的思想意识观念。因材施教原则在高校辅导员工作中的贯彻实施，适应了现代教育课程改革的要求，我们应该予以坚持。

四、循序渐进原则

（一）循序渐进原则的基本内涵

循序渐进原则是高校辅导员工作中所需遵循的基本原则之一。古往今来，许多教育家都对循序渐进原则作出了论述，并强调了循序渐进原则在教学中的重要作用。基于对循序渐进所做出的研究与探讨，循序渐进原则得到了人们的广泛认可，并被应用在日常教育与管理工作当中。春秋时期，道家学派的创始人物老子在《道德经》中提出："合抱之木，生于毫末；九层之台，起于累土；千里之行，始于足下。"就是说学习要从基础部分开始，逐渐扩展开来。宋朝的朱熹是这样说的："但知下学而自然上达，此但自言其反己自修，循序而渐进。"明代的袁宗道在《读》中提到："循序渐进似非圣人一贯之学矣。"古人的这些观点和看法，彰显了他们对循序渐进的认识，是我国传统教育文化的重要组成部分，对现代教育仍具有一定的指导意义。苏联著名的心理学家巴普洛夫曾经告诫青少年说："你们想攀登科学顶峰之前，务必把科学的初步知识研究透彻。还没有充分领会前面的东西之前，就决不要动手搞后面的事情。"他还在《给青年们的一封信》中写道："要循序渐进。我一谈起有成效的科学工作所具有的这个重要条件时，总不能不感到心情激动，要循序渐进，循序渐进，循序渐进。你们从一开始工作起，就得在积累知识方面养成严格的循序渐进的习惯。"这也充分证明古今中外，各位思想家、学者都给予了循序渐进高度的重视，而我们应该继承这一优良的传统教育思想。统观循序渐进原则的发展历史，它的内在涵义随着人们对教育的认识而不断变化，由之前关注理论知识的教学，发展到后来兼顾学生认知发展规律，是众多学者不断探讨与总结得来的成果。从字面上理解循序渐进，"循序"就是按照；"序"就是次序；"渐"就是逐渐、逐步、不断，是用来修饰和限制"进"的；"进"就是前进、发展、进步。循序渐进就是指按照一定的顺序、步骤逐渐进步。一般我们谈及循序渐进原则时，主要是从较为具体的层面上理解的，具体而言，循序渐进原则从教学过程教学方式方法等层面来理解。循序渐进原则亦称之为系统性原则，它在高校辅导员工作中的引用，是指辅导员需要按照学生认知发展的顺序进行教学辅导，简而言之就是由简单到复杂，由浅层次到深层次的辅导过程，从而促使学生树立正确的思想意识观念。某种意义上来说，循序渐进原则客观反映了学生的认识发展规律。一般学生的认识都是由已知到未知、从低层次到高层次逐步发展的过程，因此高校辅导员工作中只有讲求循序渐进的教学，才能保证

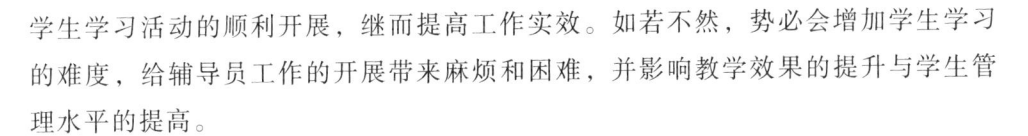

学生学习活动的顺利开展，继而提高工作实效。如若不然，势必会增加学生学习的难度，给辅导员工作的开展带来麻烦和困难，并影响教学效果的提升与学生管理水平的提高。

（二）坚持循序渐进原则的必要性

人对事物的认识规律决定了辅导员工作中必须坚持循序渐进的原则。人类在认识某种事物的过程中，都是按照由不知到知，由低层次到高层次的规律发展的。在辅导员工作中，要帮助学生解决成长过程中遇到的实际问题，应该按照从不通到通，从认识错误到改正错误的次序对大学生进行耐心的教育和辅导，使他们感受到辅导员最真切的关怀以及真诚的态度，让他们充分地认识到自己的错误所在，并在辅导员的引导下积极地改正自己的错误，对辅导员心悦诚服，提高自己的思想觉悟和自控能力。假如忽视了人认识事物的这种发展规律，违背循序渐进的原则，过分强调工作速率，急于求成，贪高图快，虽然出发点是善意的，但是最终结果往往不尽人意，与预期的收效差之甚远。正所谓欲速则不达就是这个道理。在高校辅导员开展大学生思想政治教育和日常行为管理工作的过程中，需要坚持循序渐进原则，这是因为学生正确的思想意识并不是一蹴而就、一朝一夕突然就能养成的，这个过程需要学生不断地学习、学校长期培养。值得注意的是，无论是学生自主学习还是辅导员培养都要讲求循序渐进，只有这样才能保证学生在成长的道路上走好每一步。坚持循序渐进原则由此显现的尤为重要。学生日常规范行为的产生有赖于正确的思想意识，这是因为意识指导行为，只有培养学生正确的思想意识才能更好地做到行为规范，实现辅导员工作应有的效果。除此之外，良好的行为习惯也是在日积月累中养成的，简单的一次或几次辅导并不能帮助学生养成良好的行为习惯。辅导员工作中坚持循序渐进的原则，对学生进行循循善诱的引导，有助于降低学生的学习难度，调整自己的学习状态，在良好的心态影响下促进有效、规范行为的产生。因此，高校辅导员工作中坚持循序渐进原则，尊重了人认识事物的一般规律，是大学生健康发展的必然要求，只有这样大学生才能全面、均衡发展，成为现代社会主义建设合格的接班人。

（三）实施循序渐进原则的要求

1.正确处理渐进与跃进的关系

工作中循序渐进并不是要求我们减缓工作的进度，而是讲求一个科学发展的过程。循序渐进作为一项教育基本准则，应该包含渐进和跃进两个层面的内容。渐进是指通过一段时间的辅导教育，让学生的思想和行为产生一定变化。跃进则是指一段时间内通过学生思想和行为的这种变化积累促进他们出现质的飞跃。渐进和跃进之间存在着紧密的联系，两者是一种辩证统一的关系。渐进是跃进的基础和前提。辅导员工作的过程就是学生思想和行为产生变化的过程，是一种连续而又相对稳定的状态。在高校辅导员工作过程中，要注意从基础抓起，逐步对学生进行教育和辅导，给学生预留出消化知识的时间，确保每一项工作的有效开展。当学生的思想认知达到一定程度时，那么辅导员则可以实施下阶段的工作，将学生的认识提升到更高的层次。缺少渐进和跃进中任何一个过程时，循序渐进原则的实施是不完整的，没有渐进就没有跃进，跃进是渐进过程的必然结果，跃进过后就是下一阶段渐进的开始。因此，循序渐进应是一个不断循环的过程。辅导员在对学生进行循序渐进的教育过程中，学生的认知是逐渐变化的，当这种变化积累到一定程度时，他们的认知就会上升到一个新的层次，就会出现质的飞跃，教育效果也就因此而显现出来。在大学生成长的过程中，势必会伴随着知识和能力的变化，任何人都不可能是一成不变的，教育工作者特别是高校辅导员应正确认识到这一点，对学生进行全面、综合的培养，让学生的德、智、体、美、劳都得到一定的发展。渐进和跃进是教育过程中学生身心全面发展的两种状态，它们不同于彼此而又相互联系、相互渗透。高校辅导员工作是在这两种状态交替中进行的，辅导员要注意按照一定程序，根据学生的特点采取有效的方式方法，有针对性、有组织性的帮助学生加速渐进过程，保证学生更好地进入跃进状态，从而促进学生的发展，实现工作目标。因此，高校辅导员要想更好地将循序渐进原则运用到工作当中，就需要注意正确处理渐进与跃进之间的关系，将两者辩证地统一起来。

2.遵循学生的认识发展规律

学生认识事物的过程也是学习的过程，同时是一个由易到难，由低层次到高层次发展的过程。要提高辅导员工作的实效，促进学生的身心健康发展，就需要在遵循学生认知规律的基础上，循序渐进地对学生进行引导。在辅导员与学生进行沟通交流时，简单地通过一次谈话就想解决学生的所有问题是不现实的，也是不可能实现的。辅导员要对学生的学习、生活、情感、工作等各个方面进行了解，了解他们遇到的实际问题，并进行不厌其烦地解答，讲求循序渐进，逐个帮助他们解决这些问题。高校辅导员对学生的工作应该是一个不断重复且逐步深化的过程。单纯地靠一次沟通是不能解决问题的，且一开始就对学生长篇大论，讲一些深奥的道理也不可能起到应有的效果。因此，辅导员在与学生沟通时，应该注重从外化到内化，从单一的说教到实践活动，将情感与认识融为一体，将情感提升到信念层次，从而提高大学生自觉认识的动力。只有正确认识到学生认识的发展规律，并遵循这一规律，进行循序渐进的辅导工作，才能让学生能够配合辅导员工作的开展，也才能够有效提升高校辅导员工作成效，并促进学生的全面健康发展。

五、情感性教育原则

(一) 情感性教育原则的基本内涵

人类在开展某项社会活动的过程中,会受到一些情感因素的影响。人本身就是一个富含情感的生命个体,因此将学生教育与管理提升到情感层次是推动大学生发展和社会发展的必然需要。苏霍姆林斯基曾经说过,情感是强大无比的教育者。我们应该看到情感在教育中所起的积极作用,并将其视为一项基本准则运用到实际教育当中。古人有云:"人非草木,孰能无情。"在人们所处的社会环境下,人与人之间错综复杂关系的建立离不开情感,相互间的联系也离不开情感。在人们的日常生活当中,人与人之间的接触会使人产生一定的主观感受,导致心理上出现某种波动,这种波动就是我们所说的情感。情感的表现方式是多种多样的,有悲愤、欢喜、恐惧、满足、幸福、美好等,或积极或消极。有关学者从心理学的角度向我们阐述了情感的涵义:"情感是反映客观事物是否能够最大效率的满足人们实际需求的一种心理态度,而且是人类本身的一种特质。"这说明了人的需要源于客观事物,并由此引发了人的情绪体验。另外,我国著名的德育专家朱小蔓从本质上揭露了情感的涵义:"当作为主体的人受外界刺激时,人的实际需求和价值取向就会在内心和大脑中呈现出由感受到评价再到选择的一种过程,从而产生情感。一旦外部刺激能够满足主体的情感需要,就会刺激主体各部分感受器官,产生情感共鸣,然后以肢体语言、动作行为表现出来。"这些学者、专家对情感的定义能够帮助我们更深刻的认识情感的内涵。具体而言,情感就是人类本身固有的心理特质,是与人们的社会性需求紧紧相连的。情感的价值在于情感是人存在的基本方式之一,是个体精神生命的主体力量,是与人的生命紧密相连并贯穿于人的整个生命当中。法国的哲学家狄德罗在《哲学思想录》提到:"可是只有情感,而且只有伟大的情感,才能使灵魂达到伟大的成就。如果没有情感,则无论道德文章都不足观了,美术就回到幼稚状态,道德也就式微了。"由此可见,缺乏情感的事业是得到不到发展的,也是不可能完成的。

情感教育建立在认识情感的基础之上。情感教育作为一种需要遵循的原则和有效的教育方式,受到了国内外的广泛关注,在此背景下关于情感教育的探究也在实践中不断地深入。朱小蔓《情感教育论纲》中提出:"这样的教育就是要求学校要把学生的良好情感的培养与学校教育有机结合起来,从而使情感更加丰富和完善,要整合思维、情绪、生理三者的关系,从而使人的精神状态达到最佳。"在英国主办的情感教育研讨会上,人们对情感教育达成了统一的认识:"情感教育把大学生的全面发展和社会的进步当作目标,特别是重视学生在受教育时所持有的一种情绪感受,尤其是注重大学生社会交往与人际沟通手段的培育,从而使学生个体发展能够与社会发展相协调。"由此看来,情感教育的目标与我国高校教育的基本目标是吻合的,是适应现代教育发展需求的,我们应该予以重视并在高校教育工作中开展实践。

(二)坚持情感性教育原则的必要性

在当前的高校教育中,无论是理论层面的情感教育还是实践层面的情感教育都处于较为薄弱的状态,教育中的情感教育部分较为匮乏。部分高校辅导员在日常工作中,往往会以敷衍、简单、生硬的方式应对大学生复杂的思想问题和生活问题,对于困难的工作内容闭口不言或浅尝辄止,缺少细致深入的内化工作。导致这一问题出现的原因主要是由于高校辅导员工作中情感教育的缺失。因此,为促进学生的健康发展,高校辅导员必须要在坚持情感性教育原则的基础上对学生进行辅导和管理。辅导员对学生进行辅导和管理的过程中,主要是以沟通的方式对学生的情感与认知产生作用和影响,并引导学生在情感上与辅导员产生共鸣,从而使大学生更主动地接受辅导员的说教,继而自觉地改正自己的错误,由此可见,将情感教育渗透到日常工作中是提高辅导员工作实效的有效方式。情感性教育原则指导下的高校辅导员工作,凸显了人性化的教育,同时要求辅导员必须以尊重学生为基础前提的。在日常学习、生活当中,学生总会出现这样或那样的问题,需要辅导员在情感上给予一定的关怀,在此过程中,只有触碰到学生的内心情感,才能让他们在真实的情感体验中转变自己的思想、更正自己的错误。辅导员在工作中把控好情感性教育原则,激发学生对某种思想观念的情感体验,培养他们健康、良好的情感,有利于学生更好、更全面地接受辅导员的教育和指导,并将其内化为自己自觉的动机,从而提高工作实效。另外,学生在成长的过程中难免会碰到挫折和失败,帮助学生正确的面对失败与挫折,适当地调整自己的情绪,是情感教育中的重要部分,也是辅导员需要关注和重视的。坚持情感性教育原则在辅导员工作中的贯彻,可以督促辅导员给予学生更好的帮助和辅导,提高他们战胜困难、解决问题的自信心和勇气,为增强工作效果增添了动力。辅导员工作开展的目的是帮助大学生解决思想和生活上所遇到的问题,引导他们形成正确的品德行为,既包括认知技能和操作技能,又包括情感内的动机和因素。情感是一把利器,可以帮助学生冲破思想的牢笼,推动学生将思想认知转化为行为,并发展为道德信念。只有在情感性教育原则的指导下,高校辅导员工作才能走进学生的内心,并从情感层面上对大学生产生影响,促使他们将辅导内容内化为自己的思想观念,指导自己产生正确的行为。因此,高校辅导员工作中坚持情感性教育原则,是辅导员工作本身特性的要求,是当代大学生情感健康发展的要求,是构建大学生完善思想体系的要求。无论从哪一个方面来看,坚持情感性教育原则都有利于辅导员工作的顺利开展,因此高校辅导员应该对情感性教育原则给予重视和宣扬,并注重落实到工作实践当中去。

(三) 实施情感性教育原则的要求

1.树立情感教育意识

高校辅导员工作的过程,不仅仅是对学生开展教育与管理的过程,还是一个与学生进行情感交流的过程。意识引导行为,辅导员只有树立情感教育意识,才能更好地指导自己将情感性教育原则贯彻到工作实践当中。具体来讲,情感教育意识主要表现在以下几个方面:首先,情感教育表现为辅导员对学生的期望。辅导员对学生所表现出的某种情感,在心理上会对学生产生一定的影响。因此,辅导员在工作中要对全体学生一视同仁,无论是优等生还是差等生,辅导员对他们的教育责任是一样的。坚决杜绝以带有私人情感色彩的眼睛去看待学生,坚守自己的职业道德和底线,对待优等生给予赞扬,对差等生予以鼓励,将他们在辅导员心中的位置提升到同等高度。另外,辅导员要始终做到相信学生,不断表达出对他们的殷切期望,鼓舞他们努力学习,给予他们一定的自信心,引导他们不畏艰难困苦,在自己成长的道路上谋求成功与发展。对处于后进的学生,要做到不抛弃、不放弃,用自己最真诚的情感去感化他们,鼓励他们不断向先进拼搏、进取。正如池田大作在《我的人学》中所说的那样"在走向人生这个征途中,最重要的既不是财产,也不是地位,而是在自己胸中像火焰般熊熊燃烧起的一念,即'希望'"。在学生成长的路途中,辅导员扮演着不可或缺的角色,对学生所表现出的期望是学生希望火焰维系下去的"燃料",可以帮助他们走出人生的低谷,在艰难困苦的时期锻造良好的精神品质;其次,情感教育表现为辅导员对学生的亲近。辅导员与学生是高校辅导员教育活动的主体,学生在校期间,辅导员与学生之间的交流和接触是相当多的,而这种交流也是师生关系建立的主要手段。辅导员与学生之间存在着一种亦师亦友的关系,因此辅导员要真正做到关心学生、关爱学生,主动融入到学生群体当中,和他们亲近,共同解决他们生活中所遇到的困难或问题,在平等的基础之上与学生做朋友,努力成为他们的良师益友。当这种关系真正形成时,辅导员与学生在一起时就会自然地产生愉悦情感,而与学生分离时则会感到怅然若失。胡塞尔说:"当我们面对谈话,互相挥手致意,又爱又恨,在思考和活动中,在辩论中相互联系在一起的时候,我们就处在那种人格主义的态度中。"这也是辅导员工作中情感变化的过程。因此,在高校辅导员日常工作中,要全面地展现出自身所具备的人格魅力,让学生对自己产生一种信服感、崇拜感,并将辅导员身上所具备的情感优点转化为学生自己的优势,完善学生自身建设。这要求辅导员能够将教育的温情灌入始终，学会如何去亲近学生，让学生在美好的情感体验中感受到辅导员所带来的温暖和关怀，从而让学生在情感上与高校辅导员达到一种共鸣，并增强学生对辅导员工作的认同感；最后，情感教育表现为辅导员对学生的理解。辅导员亲近学生，热爱学生，对学生有着深切的期望，所以辅导员能以宽阔的胸怀对待学生，能够客观、科学的看待学生。情感性教育原则指导下的高校辅导员工作要求辅导员能够及时地了解学生的实际，充分理解学生时时处境中所产生的思想、行为以及由此带来的心情的变化，并可以对学生错误的思想行为和所具有的缺点进行客观的评价和分析，辅导他们及时纠正错误、完善自身，从而促使学生可以拥有更加美好的未来。某种意义上，充分地理解学生可以增强学生的主观能动性和创造性，在大胆尝试的心理作用下促使学生深度挖掘自身的潜能，使他们得到全面的发展。总之，在高校辅导员进行情感性教育的过程中，只有以自己最真挚的态度关爱学生、理解学生、亲近学生，充分释放自身与学生的情感，才能让彼此的情感交融在一起，继而推动教育目标的实现。

2.增强学生对生命情感的体验

所谓的生命情感是人作为个体与周边世界接触中对生命进行体验、感受所产生的一种情感。增强学生对生命情感的体验，可以形成学生的存在感，同时可以帮助学生融入到学生群体当中，建立属于自己的交际圈，拉近了学生与学生之间的关系，为打造和谐校园奠定了基础。人是有生命的个体，人对生命的感悟某种程度上影响了自身思想和行为的产生，只有引导学生产生丰富且真挚的生命情感，情感性教育原则实施的目标才能得以实现，学生的成长才能寻到归宿。目前，素质教育步入了飞速发展阶段，人们对情感素质教育的重视日益提高，它跳出了工具理性主义将人视为"机器"的樊篱，是对以人为本教育理念的回归，重点凸显出了人的生命价值。高校辅导员在与学生交流的过程中，需要真切地了解学生亲情、友情、爱情的现状，借此引导学生形成正确的亲情观、友情观、爱情观等意识观念，让学生在这种正确意识观念的指导下感受到人生的美好，借此督促学生为更美好的生活而努力奋斗。与此同时，辅导员还要注重培养大学生良好的道德品质。苏霍姆林斯基在《育人三部曲》中提到："自律和公德的培养是学校义不容辞的重大责任。"辅导员作为高校教育实施的一员，在自身工作的任何阶段对大学生自律和公德的培养都是义不容辞且必要的。高校学生大部分都处于群体生活的状态，集体道德风气对学生个体道德品质的影响是巨大的。反过来，学生群体是由一个个学生个体组成的，学生个体道德品质对集体道德风气的影响也是不容忽视的。在高校辅导员践行情感性教育原则的过程中，要加强学生群体的道德建设，大力宣扬我国优良的传统道德文化，使学生对道德形成正确的认识，并使学生对自身的道德标准体系做出完善。另外，高校辅导员有必要组织学生深入社会实际生活当中去，通过集体社会实践活动，培养他们的集体荣誉感、集体奉献精神、社会责任感等，并在搭建才华自由展示平台的同时促进学生道德情操的健康发展。强化学生对生命情感体验的方式是多种多样的，需要辅导员深入的研究情感性教育，不断更新自己的教育理念和技能，多方位扩展情感性教育的方式，让学生在情感体验中得到更多，培养他们成为一个有情有义的人，这也是现代社会主义和谐社会建设的基本要求。切实把控好情感性教育原则在高校辅导员工作中落实的基准点，注重对学生的情感培养，以情感交流的方式深化学生对所学知识和技能的认识，增强学生对教育的认同感，从而激发他们主动学习的兴趣和动力。情感性教育原则在高校辅导员工作中的贯彻实施，与以人为本的教育理念遥相呼应。

六、灌输性原则

（一）灌输性原则的基本内涵

从字面上来理解，灌输就是把水引导到需要水分的地方。灌输在教育层面的引用，对教育事业的发展具有重要的积极作用。在马克思主义思想政治教育实践之初，灌输思想被确立为一项基本原则。虽然，马克思与恩格斯并没有就灌输原则作出明确论述，但是他们的思想中却蕴含着灌输的元素。马克思曾在《黑格尔法哲学批判导言》中提到："哲学把无产阶级当作自己的物质武器；思想的闪电一旦真正射入这块没有触动过的人民园地，德国人就会解放成人。"此后，列宁同志对灌输理论进行了系统的阐述，并将其作为一项原则运用到教育当中。他在《怎么办》中指出："阶级政治意识只能从外面灌输给工人，即只能从经济斗争范围外面，从工人同厂主的关系范围外面灌输给工人。"他还提到"教育共产主义青年，决不是向他们灌输关于道德的各种美丽动听的言辞和准则。教育并不是这样。"卡·考茨基在谈到奥地利社会民主党的新纲领草案时说："现代社会主义意识，只有在深刻的科学知识的基础上才能产生出来""社会主义意识是一种从外灌输到无产阶级的阶级斗争中去的东西，并不是一种从这个斗争中自发产生出来的东西"。对这一说法，列宁评价道："十分正确而重要的话"。而这些人的这些观点，充分说明了灌输的重要性和必要性。灌输在教育中被赋予了新的含义，它是指马克思主义指导下的工人阶级执政党需要以教育指导的形式，将思想理论内化到人民群众中去。

（二）坚持灌输原则的必要性

灌输作为一项原则，在辅导员工作中贯彻具有重要的现实意义。有学者说过："任何形式的教育其本质都必须体现为现实人类文化的传递以影响受教育者的身心。"辅导员工作中坚持灌输原则，本身就是对正确的思想观念所做出的传递，在其对学生的教育、管理中具有重要的作用。辅导员工作的最高形态是促使学生由他律转变为自律，这也是学生实现自我发展的过程，正所谓"教"是为了"不教"。在辅导员传授知识和思想的过程中，灌输是必不可少的过程，只有在引导学生构建一定的理论知识体系的基础上，才会为后续工作的开展奠定基础。如若不然，学生没有必要的理论知识做支撑，何来思考与创新，学生管理也就成为了一具空壳。思想道德教育是辅导员工作中的重要组成部分，是对学生进行辅导和管理的基础。学生思想道德意识的形成，依赖于教育工作者的灌输，只有引导学生对基本的理论概念做出一定的了解，才能谈及实践与发展。由此可见，思想道德教育不但不排斥灌输，还有赖于灌输。另外，校园管理规章制度也是思想意识的一种隐性表达形态，相关管理规章制度对学生约束作用的产生是建立在认识这些规章制度基础之上的。对学生宣讲规章制度的过程同样离不开灌输，由此可见，坚持灌输原则是辅导员工作开展中的必然要求。灌输论是马克思主义体系内在的、有机的重要组成部分，坚持马克思主义就必须要坚持马克思主义灌输论。马克思主义是高校辅导员工作中重要的指导思想之一，坚持灌输这条教育原则，是高校传播中国化马克思主义的必经之路。因此，高校辅导员工作中坚持灌输原则，是中国化马克思主义的要求，是教育本身的要求，是学生发展的要求。

（三）实施灌输性原则的要求

1.灌输与启发相结合

在日常教学工作当中，部分人将灌输误解为硬性灌输、注入式等，这种曲解的认知使得他们排斥使用灌输。但是，马克思主义灌输论并未将"灌输"定性为一种方法，也没有规定"灌输"的方法，灌输作为一种原则在高校辅导员工作中的出现，仍有多种教育方式和方法可以选择。马克思曾经说过："不仅探讨的结果应当合乎真理，而且引向结果的途径也应当是合乎真理的。"这证明了马克思对灌输使用方法的重视。毛泽东同志在谈到教学方法时，曾不止一次地倡导我们要使用启发式教学方法，反对注入式教学方法。这些思想无一不向我们阐述了教学中科学方法运用的重要性和必要性。偏激的将灌输等同于硬性灌输、注入式方法是不正确的，也是不科学的，我们应该客观地承认这一点，并加以改进。

高校辅导员工作的目的就是引导大学生树立正确的世界观、人生观、价值观、择业观等思想意识观念，在辅导员的工作过程中，要尊重学生的教育主体地位，以多种教学形式启发学生、引导学生，让学生自觉感悟、发现其中所蕴含的理论知识和真理，并以此指导自身的实践行为，提高学生的实际问题解决能力，达到我们所常说的"知行合一"，促使学生将这些所学的理论知识内化为自己的知识。

与此同时，在启发学生的过程中，引导学生进行自主思考是必要环节，这是灌输原则所不排斥的。灌输与自主思考并非处在对立面，与之相反，良好的灌输行为可以促进思考，是自主思考的前提和基础。只有灌输给学生一定的理论知识或思想，才有可能引导学生构建理论知识体系或思想体系，继而引发学生的思考。马克思主义主张思考，着重强调了要提高无产阶级及人民群众认识世界和改造世界的能力。恩格斯在《德国农民战争-序言》中提出："如果工人没有理论感，那么这个科学社会主义就绝不可能像现在这样深入他们的血肉。"这里所提及的理论感包含一定的独立思考能力成分。思考的形成始终离不开理论，对我们而言，这个理论的基础就是马克思主义。由此看来，灌输与独立思考存在着紧密的联系，是相辅相成的。因此，辅导员要注意发挥大学生的主观能动性和主体性，讲求因材施教、循循善诱、动之以情、晓之以理等教学方法，启发、引导学生进行独立思考，帮助他们解决实际问题。绝对不能采取强行灌输的方法对学生实施教育，这样势必会引发学生的抵触情绪，不利于和谐校园的构建。辅导员只有在工作中将灌输与启发相结合，才能推动灌输原则的进一步实施，实现灌输应有的教育效益，由此可见，灌输原则的贯彻是高校辅导员工作中贯彻灌输原则的必然要求。

（二）处理好灌输所涉及的多方关系

"离开工作，离开斗争，从共产主义小册子和著作中得来的关于共产主义的书本知识，可以说一文不值。"列宁的这段讲话印证了实践的重要性。理论指导实践，实践验证、完善理论。理论知识教育是高校教育的重要内容，而实践是连接理论与学生思想意识形成的纽带。列宁曾在《青年团人的任务》中批判了"理论与实践的脱节"，他指出这是"资产阶级旧社会的一个最令人厌恶的特征。"因此，高校辅导员在实施灌输原则时要切实将理论的灌输与实践有机地结合起来。辅导员在对学生进行理论灌输的同时，必须要紧密的联系当前阶段社会主义建设及学生的实际情况，引导学生形成正确的思想观念，提高学生的素养和能力，督促其将理论应用到生活实践当中去，进而规范学生自身的行为。理论知识灌输是为了更好地服务于实践，是为了形成正确的思想观念并指导实践行为。有效的实践行为依托于实际，是作用在实际的行为。所以，灌输原则指导下的辅导员工作，要从学生的实际出发，对学生进行必要的思想灌输，帮助学生解决思想上以及生活中所遇到的实际问题，满足学生的实际发展需求。在灌输过程中，辅导员与学生之间是一种授之以"鱼"与授之以"渔"的关系。心理学家皮亚杰认为，学生的学习过程是个体调节的过程，强调教师应引导学生掌握学习策略、学习方法，教会学生对知识进行调节、整合和控制。在辅导员灌输工作中，辅导员占据了年龄、知识、阅历等方面的优势，往往会以正面的思维方式传授给学生知识，但是很多大学生往往以漠然的态度视之。为了增强工作的效果，辅导员要将直接灌输与间接灌输结合起来，让学生自主挖掘知识，加之一定的引导内化为学生的知识。如此一来，可以激发学生的学习动机，强化学生的自主思维意识和能力，从而提高高校辅导员工作实效。因此，高校辅导员在实施灌输原则时，要处理灌输所涉及的多方关系，做到灌输与实践相结合、灌输与实际相结合、直接灌输与间接灌输相结合，借此提高自身工作的实效。

七、疏导原则

（一）疏导原则的基本内涵

疏导之意可拆分开理解，即疏通和引导。中国古代大禹"凿龙门，疏九河，导洪水，入黄河"的治水方式，为我们更好地理解疏导原则起来到了很好的借鉴作用。疏通是指广开言路，集思广益；引导是指循善诱，说服教育。疏导原则在高校辅导员工作中的贯彻，体现了教育民主性与集中性的结合。疏与导之间存在着一种辩证的关系，疏通中有引导，引导下有疏通，这样将两者紧密的链接在一起，即为疏导。我国伟大的领袖毛泽东同志曾经指出："凡属于思想性质的问题，凡属于人民内部的争论问题，只能用民主的方法去解决，只能用讨论的方法、批评的方法、说服教育的方法去解决，而不能用强制的、压服的方法去解决。"疏导原则的确立和发展与人民内部矛盾这一理论的认识和发展是离不开的，是对党的精神的一种具体体现。在高校辅导员工作中，学生思想上待解决的问题是客观存在的，只有用民主的说服教育方法来解决这些问题，才能取得良好的教育效果，"企图用行政命令的方法，用强制的方法去解决思想问题、是非问题，不但没有效力，而且是有害的"。过分强调采用强制性的手段，忽视了学生教育主体地位，会抹杀学生的自主意识和主观能动性，并且会使原本可以轻松解决的问题，阻碍高校辅导员工作的顺利开展。毛泽东同志倡导我们应该放手让人讲话，在"放"的过程中要及时、正确地进行引导。高校辅导员要引导学生树立正确思想意识，帮助学生认清思想观念是非，辅以必要的指导，促使他们在生活实践中对客观世界形成正确的认识。在此过程中，辅导员要切实尊重学生思想的认识规律，充分发挥学生的自主意识，鼓励学生各抒己见、畅所欲言，从而调动学生参与的教育活动积极性。面对学生思想与行为方面的诸多问题，辅导员有必要采用民主的方法、讨论的方法、说服教育的方法帮助学生解决这些问题，这种行为是坚持疏导原则的重要体现。疏导原则蕴含着丰富的传统文化，是对毛泽东思想的延伸，同时也是高校辅导员工作必须要坚守的准则之一。疏导原则涵盖着两个层面的原则，即疏通原则和引导原则。其中，疏通是问题解决的基础，是引导实施的前提；引导是对疏通的延续，是疏通的目的所在。如果片面地强调疏通原则，任由学生的思想自由发展，极可能导致学生错误的思想泛滥，那么疏通将会毫无意义可言。反之，如果片面地强调引导原则，学生隐性的思想问题得不到暴露，那么引导也就无从谈起。因此，只有将疏通和引导紧密地结合起来，才能真正发挥疏导原则在教育中应有的功能。缘于疏导对大学生思想方面的作用，疏导原则主要适用在高校辅导员对学生思想辅导工作中。

（二）坚持疏导原则的必要性

高校辅导员工作的核心任务就是对大学生进行思想政治教育。思想政治教育是一个转化大学生思想，解决思想矛盾，引导大学生树立正确的世界观、人生观、价值观、政治观、择业观等思想观念的过程。只有引导大学生形成正确的思想意识，才能指导大学生正确的行为，这是辅导员规范学生行为的重要基础。辅导员工作的对象是学生，所要解决的重点问题就是学生的思想问题，即引导大学生树立正确的思想观念。辅导员思想政治教育这部分工作的特点决定了在工作中要注意对学生进行疏导。人的思想是客观存在的反映，人与人之间所处的社会地位、环境以及自身的经历有所差异，所以人们对待生活中事物的看法不同也是不足为奇的。在在实际生活中，学生所处的环境、自身的经历等不尽相同，对待事物的认知也是由低到高的层次逐步递进的过程，思想观念对错兼具也是正常的。古人云："孰能无过，过而能改，善莫大焉。"因此，我们应该理性地对待大学生思想认知上的差异，无论这种思想认识的正确与否，都应当鼓励他们将自己的观点积极地表达出来，只有这样高校辅导员才能最真切地了解到学生的想法，并和学生共同分析其中的正确部分和错误部分，继而帮助他们改正错误的想法。如此一来，既满足了辅导员工作的需要，又激发了学生的自主思维能力，并提升了学生的价值观分辨能力。另外，当代大学生所表现出的自主思维能力更强，极富探索精神，对待事物都习惯性地探寻一个为什么，他们喜欢思考，不是很轻易地相信外界的言论或思想。相较于盲从状态，这种状态的下的大学生具有一定的进步。但是受生理及心理成长的限制，大学生完善的思维模式尚未建立，辩证的思维尚未形成或还不够完善。大学生的这一思想活动特点决定了辅导员在工作中必须要坚持疏导原则，从而保证相关工作的顺利开展。在辅导员日常工作的过程中，应该注意发挥出当代学生的优质特性，结合这种特性采取科学合理的方法对学生进行教育，这有助于提高学生对教育的认同感，提高工作实效。因此，辅导员工作的特点以及当代大学生的特点决定了必须要坚持疏导原则。

（三）实施疏导原则的要求

1.强化疏导原则的功能

疏导原则思想的功能是由其本质决定的，强化疏导原则的功能具体应从三个方面入手：第一，要强化疏导原则的教育引导功能。关于疏导原则，部分人片面地认为疏导原则仅局限于教育引导，通过说服教育来解决人的思想问题。但是同时，在实际教育工作当中，教育工作者也可以通过教育来发挥受教育者的长处，引导他们朝着自己的优势发展，这表明了疏导具有一定的扬长功能。在此过程中，教育者能够帮助受教育者更全面地认识自己，使受教育者实现个人的自主发展。在新的时代背景下，部分学生过分追求自我价值的实现，将眼前的物质利益视作全部，忽略了对集体、国家发展的关注，从本质上来看，导致学生出现这种状态的原因学生个人经验存在一定的局限性，使得学生的发展局限在狭小的空间范围内。学生的这种发展，剖开来分析是缘于缺少正确思想的引导。因此，高校辅导员在工作中，要强化疏导原则的教育引导功能，引导他们自主发展，培养他们的自主意识和自觉意识，帮助他们将个人发展和社会发展紧密地联系起来，引导他们树立正确的是非观念，促使他们摆脱对社会或他人的依赖，并能够完全靠自己进行价值的判断；第二，要强化疏导原则的心理咨询功能。在市场经济飞速发展的今天，人们的生活方式、思维方式等发生了很大的变化，多元文化生态格局的形成，使得人们的思想观念受到了冲击。在这个历史发展的时期，人们多多少少都会面临着一些压力和困惑。高校大学生作为社会现实的人亦是如此。与此同时，受我国就业制度改革和社会主体市场经济体制的双重影响，当代大学生面临着较为严峻的就业形势。如果这些压力得不到缓解或释放的话，很可能会导致大学生心理失衡，严重时则会造成大学生心理扭曲，这不是我们所乐意见到的。因此，疏导原则指导下的高校辅导员工作应强化心理咨询功能，为学生提供必要的心里咨询服务，与学生建立和谐的师生关系，为其营造轻松、愉悦的氛围，让他们在减少心理压力的情况下表述自己心中的疑惑，疏泄出自己心中的苦闷，并及时了解他们的思想动态，弄清他们的真实需求，即疏通学生心理。值得注意的是，疏导并不能等同于教导和指导。虽然两者在日常工作中都具有重要的作用，但是学者杨芷英却认为"教导往往耳提面命，缺乏亲和力；指导常常居高临下，难免束之高阁，使教育对象的内心产生距离感，会对思想政治教育产生一种高高在上的感觉，因而并不能够真正打消大学生的内心疑虑"。因此，注意区分开疏导、教导与指导之间的差别是十分重要的。在此基础之上，辅导员需要采用合理的方式方法帮助学生分析产生各类疑惑和苦闷的原因，继而有针对性地对学生进行引导，抓住他们思想活动的规律，满足学生的发展需求，确保他们健康的成长，即引导学生发展；第三，强化疏导原则的冲突处理功能。高校校园是学生学习、生活的主要场所，是学生活动的聚集地。大学生常处于校园生活的状态，决定了他们的社会经验不足，往往会片面地看待某个事物，并会不同程度的存在思想认识的偏差和矛盾。高校学生在未离校之前，接触社会的机会相对较少，虽然系统的理论知识体系逐步建立，但是实践经验还存在很多的不足，理想信念大多还停留在概念阶段。另外，当代大学生虽然在法律意义上已经是成年人，都具有较为独立的人格，但是纵观大学生整体，所表现出的心理还不够成熟，思想的发展还有赖于学校和家庭。因此，在高校辅导员贯彻疏导原则的过程中，需要辅导员强化疏导冲突处理的功能，客观承认这些冲突的存在，并深入的分析产生这些冲突的原因，从心理和思想上对学生进行疏导，提高学生精神境界，引导学生认准自身发展的方向，从而缓解甚至避免这些冲突的产生，促进学生的健康发展。

2.处理好疏导所涉及的各项关系

高校辅导员工作中贯彻疏导原则，需要处理好疏导所涉及的各种关系，这些关系主要包括疏导的内部关系、疏导与规范的关系、疏导与灌输的关系三个方面。具体而言，首先，要处理好疏导内部关系。如上文所阐述的，疏导主要包含疏通和引导两个方面的涵义。疏通要求辅导员在工作中，要坚决抵制压制学生思维、意见、观念的行为，尽量避免强制性教育的现象出现，为学生创造各抒己见、畅所欲言的教育环境，鼓励他们积极发言，大胆的表述自己的所思所想，提倡大家集思广益，充分的表达自己的看法和意见。另外，辅导员要摆正自己的态度，适度放低自己的姿态，构建师生之间和谐、平等关系的基础上，积极接纳学生所提出的意见和建议，不要觉得这是一件丢脸的事，坚决消灭一切主观臆断的念头，不能遇到反对声音时就一概压制，要切实分析各类现象所蕴含的合理性和科学性，积极更正自己的错误或弥补自己的不足。要切实做到积极疏通，及时掌握大学生的思想动态，有针对性地对其进行引导，培养大学生正确的思想意识。如果不让学生开口讲话，则是违背了我国社会主义民主的特性，是对学生自主意识的抹杀，引导也就因此变成了毫无意义的说教。引导方面，要求高校辅导员敢引导，会引导。疏导原则指导下的高校辅导员工作，要加强对学生的思想引导工作，坚决杜绝放任学生错误思想自由发展的现象出现，既要对学生正确的思想意识给予认可和支持，又要对存在错误思想的学生动以情、晓以理，通过辅导员耐心的说教、善意的批判，及时更正这部分学生的错误思想，引导他们形成正确的思想。值得提出的是，辅导员引导学生树立正确思想意识的过程中，对学生的批判教育应该是饱含热情的、善意详细的、情理结合的，而非采取简单粗暴、强制命令式的。缺失了引导的高校辅导员工作是不健全的、不科学的，极可能会导致大学生错误思想泛滥，并影响我国社会主义的和谐发展，疏通的意义也就不复存在。高校辅导员工作中正确处理疏导内部的关系，就需要把控好疏通和引导之间的关系，将两者紧密的联系在一起，并落实到工作实践当中，这样才能充分发挥出疏导在教育中所具备的功能。

其次，要处理好疏导与规范之间的关系。在高校辅导员工作中，疏导不是在任何情况都是有效的。某种特定的条件下，疏导需要与规范结合使用才能实现良好的效果。毛泽东同志曾经就这两者进行了说明："这同用说服教育的方法解决人民内部矛盾，是相辅相成的两个方面。"他还提出："为着维持社会秩序的目的而发布的行政命令，也要伴之以说服教育，单靠行政命令，在许多情况下就行不通。"疏导与规范是相辅相成的关系，在高校辅导员的工作中要将两者有效地结合起来，这要求辅导员对学生进行思想疏导的同时还要注意用校园校规来规范学生的行为，从思想和行为上对学生进行教育，这对提高工作实效具有重要现实意义。学生行为的规范依赖于学校的规章制度，这需要高校以我国大学生管理制度为依据，结合本校的实际情况，从加强学生管理的角度出发，制定科学、合理的校园规章制度，明确学生行为规范，并制定成手册下发到每一位教师和学生手中，使他们对学校的规章制度有一个清晰的认识，督促学生遵守相关规定。另外，高校有必要注重校园规章制度的执行力度的强化，辅助高校教师做好学生教育、管理工作，提高高校教育工作实效。某种意义上我们可以说疏导教育是一种"软"的教育方式，规范约束推动学生行为是一种"硬"的教育方式，在现代教育体系中，只有做到软硬兼施，才能做到对学生的全面培养，促进学生的全面发展。

最后，要处理好疏导与灌输之间的关系。在我国很长的一段历史时期中，人们采用硬性灌输的方式教育学生，学生大多处于被动接受的状态，这基本与强制、压制一般无异，过分强调灌输，忽略了疏导，违背了现代教育以人为本的精神。但是，现代教育中又存在片面讲求疏导，不进行灌输的现象。这两种对教育认知的偏差，无论是哪一种都对高校辅导员工作产生着不利影响，是现代教育科学所不能接受的。事实上，疏导与灌输并不是彼此分离的，它们之间存在着相互影响、相互作用的关系。高校辅导员工作用贯彻疏导原则，才能更充分地知悉学生的思想实际，继而有针对性、有目的地对学生进行知识灌输。只有贯彻灌输原则，才能不断完善学生的理论知识体系，丰富学生的思想内涵，让学生形成自己的思想和主张，继而表达出来。由此可见，高校辅导员工作中坚持疏导原则的同时还需要坚持灌输原则，必须要处理好疏导与灌输的关系，把两者紧密地结合在一起，以此指导辅导员工作的开展。

第四章 高校辅导员教育工作的理论与实践

第一节 引路人·日常思想政治教育

在高校辅导员教育工作中，最主要也最基本的就是日常思想政治教育，其作为大学生思想政治教育的主要模式，贯穿于学生的生活、学习、活动等各个过程中，主要以其多样性、渗透性、针对性、灵活性、参与性等特点成为大学生思想政治教育的基本手段。日常思想政治教育的主要目的是引导和教育学生形成正确的人生观、价值观、世界观，因此作为开展日常思想政治教育的骨干力量，辅导员就属于学生的思想政治的引路人。

一、日常思想政治教育的内涵

（一）日常思想政治教育概述

理解日常思想政治教育，可以从其宗旨、内容、涉及领域、主要途径和方式等几个方面入手。

1.日常思想政治教育的宗旨

日常思想政治教育的宗旨也是其目标，主要包括四种观念。其一是树立祖国观念，即教育大学生了解中国的基本国情，深入了解祖国悠久的历史和文化传统，从而促使学生认识到祖国的美好未来，并认清自己的社会责任，树立祖国利益至上的思想观念。其二是树立人民观念，即教育大学生懂得人民才是历史的创造者和未来的见证者，只有将为人民服务作为最高的价值追求和道德追求，才能够最大化实现自身的价值。其三是树立党的观念，即教育大学生明白中国特色社会主义事业的领导核心是中国共产党，是党带领着人民走出了战乱并进入和平时代，熟悉党的历史和现状，树立听党话、跟党走的思想观念。其四是树立社会主义观念，即教育大学生从深层了解只有社会主义才能发展中国的真理，引导学生积极投身到社会主义现代化建设中，为社会主义现代化建设做好思想和文化方面的准备。

2.日常思想政治教育的相关内容

日常思想政治教育的相关内容有多个方面，具体包括新生入学教育、文明离校教育、理想信念教育、爱国主义教育、形势政策教育、公民道德教育和心理健康教育。新生入学教育就是引导学生尽快转换角色身份，适应大学环境，并树立正确的专业学习观，稳定专业思想，不断提高自我管理意识，尽快走上正确的专业学习道路；文明离校教育则是在学生毕业前，引导学生正确认识专业、学业、职业、事业、人生之间的关系，根据形势政策教育了解到的社会形势，结合自身的专业特性和情况，把控好自身的就业方向和需求，消除就业困惑，明确就业的目标和做好职业规划。

理想信念教育就是引导学生树立起积极正确的人生观、世界观和价值观，并根据教育宗旨树立社会主义核心价值观和建设中国特色社会主义理想，引导学生将自身的命运和国家的命运相结合；爱国主义教育就是引导学生正确认识国家的历史和现状，并明晰中国特色社会主义发展道路的优越性，提高政治归属感和国家归属感；形势政策教育是为了让学生能够对国际大势、国内局势有深入了解，一方面可以激发学生的爱国情怀，另一方面可以使学生明晰自己发展的方向和努力的目标；公民道德教育则是引导学生树立遵纪守法、文明诚信、团结友善、敬业奉献、勤俭自强等观念，不断锤炼自身的道德习惯、磨砺品行，成为合格的公民；心理健康教育是通过辅导和疏导手段，让学生深刻认识自身，并不断锻炼自身面对问题、解决困难、化解冲突、应对挑战的能力，逐渐培养学生自强自立、自觉自主的个性化意识。

3.日常思想政治教育涉及的领域

日常思想政治教育涉及学生生涯的各个方面，包括从入学一直到毕业的各种课程、活动、日常事务等。其涉及的领域可以从教育方面、空间方面、活动方面、事务方面进行分析。

教育方面包括入学教育、节日纪念教育、军训、政策形势教育、实践教育、离校教育等各方面，贯穿学生入学、生活、学习的全过程；空间方面则包括课堂、宿舍、食堂、社会实践场所、网络世界等各种空间，囊括学生生活和学习的各个方位；活动方面则包括社团活动、党团活动、班级活动、社会实践活动、个人活动等各类活动，涉及各类学生活动；事务方面则更加广泛，包括学习过程、生活情况、心理状态、思想观念、情绪感情等各个层次。

4.日常思想政治教育的主要途径

进行日常思想政治教育的途径主要有三个方向，分别是社会实践、活动建设和网络平台。社会实践就是通过建设社会实践基地，深入引导大学生走出校门去基层了解社会、熟悉国情，让学生真正体验社会，并在实践中锻炼品格和意志，提高社会责任感；活动建设则包括各种班级建设、学风建设、校园文化建设，以及各类艺术活动、体育活动、科技活动、娱乐活动等，通过开展各种主题明确且具有吸引力的活动，来提高学生对高校的认可度，并在活动建设过程中陶冶情操、释放个性、涵养人格、完善道德；网络平台则是依托互联网技术和手段，通过贯穿于大学生学习和生活中的网络，运用各种网络服务手段来提高服务意识和效果，对大学生产生潜移默化的引导和教育。

5.日常思想政治教育的主要方式

日常思想政治教育涉及的领域范畴以及实施途径都非常多，因此教育方式也变得异常丰富。可以直接进行显性教育，如课堂模式、交心模式等；也可以进行隐性教育，如活动中教育、环境中熏陶、行为做榜样等；可以进行集中教育，以社团或班级或活动为基础进行集中化教育，通常这种方式主要进行的是基础理论性教育；也可以进行个别教育，即根据学生个体的特性，采用个性化的教育模式等；也可以通过引导的方式促使学生自我教育，提高学生的自觉性和自主性；也可以用行政管理的方式等。以上各种教育方式都可以相互结合，最终形成因材施教、因地制宜的教育方式，提高教育的吸引力和感染力，从而产生更好的教育效果。

（二）日常思想政治教育的意义

大学生是事关国家和社会未来非常重要的人才储备力量，甚至可以说是国家和民族发展的未来。正因为大学生如此重要，所以其日常思想政治教育才显得尤为重要，是极具战略性的思想教育。其目的是通过日常教育发现和解决大学生在思想、道德、学习、生活、工作等各方面的问题，整体提升大学生各方面的素质，从而为社会培养人才。其意义主要体现在以下三个层面。

1.日常思想政治教育是大学生思想教育的主阵地

大学生思想教育担负着培养学生的政治素质、道德品质、心理素质等使命，主要有两部分内容，其一是思想政治理论教育，通常是以授课的形式系统向学生传授思想政治理论，从理论层面提高学生的思想政治素质；其二则是日常思想政治教育，通过贯穿于学生学习、生活、活动各方面的教育模式，全方位进行思想政治的基础教育。在这两部分内容中，理论教育是基础和保障，日常教育才是主要阵地。毕竟日常思想政治教育贯穿于学生整个高校生涯，同时也覆盖了学生的各个方面。

2.日常思想政治教育是大学生思想教育的重要方式

在大学生的思想政治教育中的两部分内容中，理论教育毕竟有极大的局限性，不仅只限于思想政治理论的教育，还只限于在课堂之上进行教育。而日常思想政治教育贯穿于大学生的学习、生活、活动、工作的始终，不仅在空间和时间上有极大的便利性，还具有非常灵活的教育方式和教育途径，同时还具备非常强的实践性，能够将思想政治理论和社会实践相结合。这不但能够从理想层面、道德层面、知识层面提升大学生的素质和能力，而且通过各种针对性活动，因人施教。也就是说，日常思想政治教育的方式手段非常多样，非常具有针对性，同时这种教育模式更偏向于隐性教育，所以渗透性更强。

3.日常思想政治教育是实现学生思想教育目标的途径

日常思想政治教育比较注重理论和实际相结合、解决思想问题和实际问题相结合、教育与管理相结合、隐性教育与显性教育相结合、自我教育和外在教育相结合等，因此是实现学生思想教育目标的重要的途径。

日常思想政治教育会将马克思主义理论与中国的发展实践相结合，并在各种社会实践、学生活动之中进行理论的验证，不仅有助于学生深刻理解理论，还能使学生通过实践对理论进行验证，有助于增强思想政治教育的效果。另外，日常思想政治教育将入学教育和专业教育相结合，将心理教育和素质教育相结合，从而将解决思想问题和解决实际问题结合，不仅提高了大学生的思想认识，还解决了大学生的实际问题，更有助于思想政治教育的深化和完善。日常思想政治教育涉及素质教育以及文化建设，同样涉及以各种活动为主的隐性教育，不仅形式丰富，还能潜移默化地影响学生思想。

（三）日常思想政治教育的原则

日常思想政治教育过程中，涉及的领域、针对的学生群体、教育的方式等都具有多样化特性，但同样需要遵循一定的基本原则。

1.行政管理与教育引导结合原则

日常思想政治教育涉及大学生的生活、学习、活动、工作等方面内容，同时又涉及各种公共空间和个人空间，大学生又因为社会的发展显现出多样化、个性化特性，因此整个教育过程必须以教育引导为基础，以人性化的行政管理为手段，两者相结合才能达到最终的教育效果。

比如，要规范大学生的各种言行，就需要根据学校自身需要和学生特性，制定适宜且可行的规章制度，通过行政管理手段来引导学生规范自身行为，并通过日常思想政治教育来引导学生树立自觉遵守规章制度的观念，提高学生遵纪守法的自觉性，同时还需要加强社会实践教育，提高学生对理论的认识并将其运用到实践中去，令学生领会规章制度背后的精神。也就是说，行政管理手段是从规章、法律、政治、道德等层面入手，为教育引导提供理论基础的做法，而教育引导则需要从实际出发，侧重对学生的发展、成长、成才的过程的参与和实践。

2.显性教育与隐性教育结合原则

如今，大学生更具多样化特性，且因为互联网的影响，眼界和格局更大，所以求知欲更强，更喜欢怀疑、思考和求证，同时也更加相信自己。基于这样的学生特性，日常思想政治教育需要从显性教育方面进行强化，如营造更加平等、自由、独立、多样的教育氛围，丰富教育内容，不仅要有信仰层面的宗旨内容，还需要融合理想层面的追求内容，同时需要加入道德层面的规范内容，以及素质层面的导向内容，以确保现行教育能够匹配学生的思维模式。而且通过丰富多样的显性教育，还能够潜移默化地影响和引导学生，更加适应当代大学生的认知特点和思想需求。

另外，不同的学生来自不同的地域、不同的家庭，有着不同的文化背景，因此会有不同的性格、爱好、兴趣和思维模式，又因为其进入高校后会就读不同的专业、从事不同的活动，想对数量巨大、思维多样的学生进行适宜的思想政治教育，就需要通过发挥隐性教育的激发、引导、启迪、潜移默化的特点，引导学生找到适合自己的方向，实现个性化发展。为了能够引导学生可以积极主动参与教育，需要借鉴教育经验和教训，采用学生喜闻乐见的教育形式和教育载体，通过环境熏陶、文化感染、行为榜样等，增强日常思想政治教育的感染力，最终达到教育目标。

3.集体教育与个别教育结合原则

高校的课程教育本就属于集体教育，即国家对学生的未来要求基本一致，高校对学生的学习要求大致相同，同专业对学生的要求基本类似，同年级对学生的要求也基本相同，因此就需要采用不同范围、不同层次的集中教育。也就是说，虽然大学生来自五湖四海，又拥有不同的性格特性和思维特性，但整个大学生群体依旧有共同的成才目的，所以必然需要学校进行一定程度的集体教育。

同时，不同的学生拥有不同的成才路径，不同层次的学校也会有不同的定位和人才培养模式，不同的兴趣促使学生进入不同的专业，不同年级的学生又会有不同的特点，这种现状就需要对学生进行不同层次和不同范围的个别教育。日常思想政治教育过程中包含了集体教育和个别教育，既针对学生的共同性来提高教育效率，又针对学生的个别性来提高具体效能。

4.外在教育与自我教育结合原则

针对大学生的日常思想政治教育不仅需要外在教育，包括校园环境、课堂平台的建设，并进行环境优化、资源整合、形式创新等，以便营造积极的教育氛围，从而形成形式多样、深入浅出的教育，还需要内在教育，包括引导思维、启发思考、开阔眼界、启发示范等，通过各种社会实践、学生活动、社团组织来激发大学生的主体意识，引导大学生主动进行学习、思考和实践，从而为大学生提供自我教育和自我管理的机会及平台。

二、日常思想政治教育的主要内容

日常思想政治教育中最主要的内容有四个方面，分别是理想信念教育、民族精神教育、公民道德教育和全面素质教育。

（一）理想信念教育

大学生的理想信念教育就是通过行之有效的教育和实践，引导学生树立走社会主义发展道路的坚定信念以及共产主义理想信念，这不仅需要让学生认识到社会发展的必然规律，还需要引导学生认识到自己的使命，从而全心全意为社会主义和共产主义奋斗。

理想信念教育是大学生日常思想政治教育的核心内容，其最主要的作用是为大学生树立起风向标，为大学生指出前进的方向并带给他们足够的前进动力。理想信念教育在大学生素质教育中处于主导地位，能够为大学生的人生发展提供足够持久的精神动力，不仅可以指引大学生获得高尚的道德情操和正确的政治立场，还可以成为学生人生路上的精神支柱和战胜困难的力量源泉。大学生的理想信念教育是一个系统的工程，需要行之有效的途径和深入浅出的方法，可以从以下几个角度实施。

1.发挥党团组织的作用

大学校园之中各种党团组织是理想信念教育有效实施的硬件基础，如可以在培养、教育、管理党员的过程中，加强对其的先进性教育，将党员的先锋模范作用和骨干带头作用充分发挥出来，以榜样的力量提升理想信念教育的效能；充分发挥出党团组织在联系和团结大学生方面的优势，真诚地关心和关怀大学生，对大学生内心存在的问题进行恰当的引导和疏通，使大学生能够明是非、知对错，从而在潜移默化中让大学生接受理想信念教育。

2.发挥学生的主体性优势

当代大学生的眼界更广、思维更活，因此接受能力也更强，需要在丰富理想信念教育内容的基础上，采用各种贴近生活、贴近学生、更吸引人的形式多样的实践教育，来激发大学生自身的主体性和参与性。通过开展多种形式的活动，不仅能够提高大学生对理想信念教育的认可度，还能够通过大学生的参与，调动大

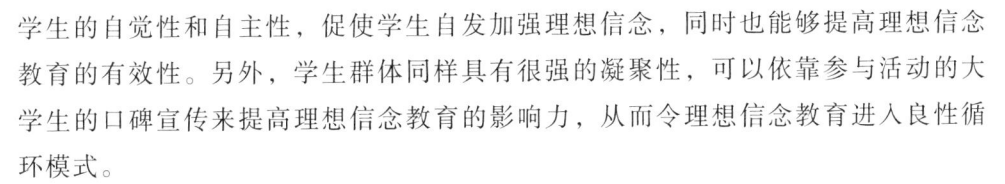

学生的自觉性和自主性，促使学生自发加强理想信念，同时也能够提高理想信念教育的有效性。另外，学生群体同样具有很强的凝聚性，可以依靠参与活动的大学生的口碑宣传来提高理想信念教育的影响力，从而令理想信念教育进入良性循环模式。

3.发挥校园文化氛围熏陶作用

校园文化是学校传统、精神、作风、底蕴的综合体现，而且具有非常强的内在教育功能。高校需要将理想信念教育的目标、理念融入校园文化之中，加强校园文化的完善和建设，充分发挥出校园文化氛围的熏陶作用，让学生在良好的校园文化氛围中，积极参加课余活动，排解消极情绪，在潜移默化之中陶冶情操、传递文化知识，逐步提升理想信念的层次和水平。可以将校园文化和各种理想信念教育活动相结合，如举办各种主题鲜明的校园文化活动，拉近大学生与崇高理想信念的心理距离。

4.发挥社会实践的体验优势

理想信念的教育不仅需要理论上的教育内容，还需要通过实践体验来完成理论的运用和升华。社会实践是提高社会交往能力和协作精神的重要途径，因此可以在社会实践过程中，融入理想信念教育，引导学生接触社会和了解社会，在社会实践中服务社会并得到锻炼。通过社会实践的体验真正理解理想信念的深层含义和行为原则，不仅能够加强学生理论和实践的结合，还能够引导学生健康成长。

5.依托时代背景顺势而为

如今社会处于经济全球化、信息网络化、政治多极化、知识经济化、文化多元化的时代，社会时刻处于广泛变革之中，这种变革虽然能够提高学生的创新意识、自主意识、自强意识等，但同时也会对学生产生一些不利影响，如价值观念扭曲、理想信念淡薄、精神支柱缺乏等，这无疑会对理想信念教育提出严峻挑战。

高校的理想信念教育需要依托于时代背景，顺势而为，分别从内容、方法和途径上进行改革，以便适应社会需求和学生需求。例如，内容方面，需要避免完全虚无缥缈的理论说教，应该通过社会实践总结真正务实的内容；方法方面，需要避免直接地自上而下的灌输教育，应该注重渗透式教育和实践式教育，而且采取的手段需要和学生的接受程度、身心发展水平、文化知识底蕴相匹配；途径方面，需要从简单的说教转化为生活关怀，通过日常事务来加强学生的理想信念教育。可以结合互联网技术，通过网络来进行各种方法的实施，从学生的日常事务入手，结合学生对生活、人生和世界的理解及感悟，通过活动进行恰到好处的理想信念教育。

(二) 民族精神教育

中华民族的精神是中国各族人民长期社会活动之中逐步形成并发展完善起来的，不仅是中华民族悠久历史的积淀和升华，还是中华民族团结一致拼搏过程中总结出的精神核心。大学生的民族精神教育就是通过系统化的思想教育，引导学生能够正确和全面地认识中国历史和现状，从而正确认识现阶段中国的国情，以及走中国特色社会主义道路的优越性和必然性，提高学生对民族精神的文化认同感和政治归属感。民族精神教育最终的目的是培养学生树立报效祖国的志向，从而承担起中华民族复兴的重任，产生推动祖国壮大和发展的期望。

大学生是中华民族的希望和未来，因此高校民族精神教育既是关系国家和民族的生存大计，也是提高祖国综合国力的重要手段。民族精神教育是一项系统工程，不仅需要针对不同的学生发挥出各种学科的教育作用，还需要发挥出思想政治理论课的主渠道作用，以及日常思想政治教育的主阵地作用。最终目的是促使学生对民族精神产生理解和认同，从而主动为祖国奉献。具体的教育途径和方法可以从以下几个角度实施。

1.发挥日常思政教育的渗透优势

民族精神教育的目的是让学生认识到中华民族的历史、现在和未来，需要充分发挥日常思政教育的特性，通过生活、学习、活动和工作中的各种教育活动，开展传统文化的教育和传统道德的教育，引导学生了解民族革命传统和国家的形势政策，让学生认清自己的根就是中华民族，民族的辉煌发展和灿烂文明都和学生自身息息相关，最终促使学生形成和谐统一的民族精神。

2.发挥学生的主动性和积极性

林则徐曾有诗云："苟利国家生死以，岂因祸福避趋之。"可见国家和民族的命运和个人的命运息息相关。民族精神教育过程中要充分发挥学生的主体性和积极性，根据如今学生的思想特点和成长规律，通过开展多样化的活动来进行各种爱国教育和民族精神教育，引导学生认识到国家、民族与个体的潜在关系，中华民族之所以能够延续数千年，是因为整个中华民族团结一致，所以才能在历史大潮的风风雨雨之中不断发展。

比如，2008年奥运会圣火在法国受阻，极大地激发了大学生的爱国热情，可是在舆论影响下，很多学生开始在网络上散播相关信息，甚至有人开始鼓动学生进行游行。针对这种情况，某高校就采取了引导的工作思路，开展了舆论引导和深入说服，引导学生理性爱国，并提高爱国的素质和能力，从而不仅提高了学生了民族精神意识，还避免了因为情绪过激而造成的过激行为。

3.发挥校园文化的熏陶作用

随着时代和社会的发展，中华民族的精神也需要展现出更加契合时代的鲜活内容，可以通过丰富多彩的校园文化活动进行传统文化教育、国情教育、公民意识教育、国家意识教育等，潜移默化地激发学生的民族精神和爱国情感，利用校园文化活动的熏陶作用培养学生的民族精神。

（三）公民道德教育

公民道德指的是国家公民必须具备的道德品质和基本素质，其道德水平的高低会影响到整个社会、国家、民族的文明程度，同时也是激励公民团结奋斗的重要力量。大学生处在人生观、价值观和世界观形成并完善的关键阶段，也是道德品质、行为习惯和人格形成的重要时期，因此大学生的公民道德教育具有非常重要的作用。具体的公民道德教育可以从以下几个角度实施。

1.以基本道德规范为基础

2001年，中共中央印发了《公民道德建设实施纲要》，这是弘扬民族精神和时代精神并形成良好社会道德风尚的指导性文件，也是促进整个社会物质文明和精神文明协调发展的方向性文件。当代大学生公民道德教育需要统筹全局，以基本道德规范为基础，从学生的实际情况出发来促使大学生对社会现状进行深入了解，并树立为人民服务的思想，创新为人民服务的形式，引导学生追求更高的道德目标。

基本道德规范指的是以为人民服务为核心，以集体主义为原则，以诚实守信为重点，开展社会公德、家庭美德和职业道德教育，从而引导学生能够明礼诚信、团结友善、爱国守法、敬业守法，最终做到知行合一。这需要高校引导学生领会集体主义精神，并正确认识个人和集体的关系，从而认识到个人理想和奋斗目标是与广大人民的理想和目标紧密相关的。然后将道德教育渗透在学生的日常生活和学习等日常事务之中，结合大学生的文化层次和特性，创新社会实践活动形式，以丰富多彩的活动来吸引学生参与，培养其在参与过程中符合社会需求的道德品质。

2.以人为本提高道德教育实效性

当代大学生的思维活跃且见识广博，因此进行公民道德教育必须要高瞻远瞩，从理论层面针对大学生的特性进行系统化教育。例如，需要从马克思主义道德观入手，结合社会道德现象，通过解决相应问题来提高大学生对公民道德的理性认识；如公民道德教育需要厚积薄发，用鲜活的事实以及深厚的文化底蕴来提高学生对道德的理解，提高大学生对公民道德的认识与认同感；运用社会实践活动，潜移默化地影响大学生，避免教条化、纯理论化教育，从有人性温度的小事入手，提高大学生对公民道德观念的认识，从而最终由近及远、由己及人、由知到行。

另外，在以人为本的基础上，公民道德教育还需要具备更加灵活的形式和更加辩证的内涵。当代大学生的思维更加理性务实，而且受到传统与现代、中国与西方、先进与普通等多种矛盾文化的冲击，因此对大学生进行公民道德教育必须建立因人而异却又适应不同职业领域、不同地位层次要求的道德体系，以便满足大学生多样化的需求。

3.营造良好氛围和环境

公民道德教育并非简单的学校教育，还需要家庭教育、社会教育共同配合，需要整个社会以及家庭共同营造良好的氛围和环境，潜移默化地加深学生对道德观念的理解和认识。学校同样需要运用现代化思维营造恰当的校园文化氛围和社团环境，如通过互联网技术、多媒体技术等开展生活化、多样化的公民道德教育，通过各种实践活动来引导学生树立道德规范、认同道德规范、内化道德规范，最终养成良好的道德观念和行为习惯。比如，通过社团文化建设、班级学风建设、校园文化建设等，让道德教育可见、可感、可触，增强道德教育的具体性、趣味性、形象性等，通过氛围营造和环境建设，实现公民道德教育的目标。

（四）全面素质教育

综合来说，素质就是一个人的能力、品质和素养的整体水平。全面素质教育是以提高国民素质为宗旨，以培养学生创新能力和实践能力为重点，造就"四有"及全面发展的人才。这是党和国家的教育方针，尤其是当今社会已经进入各方面竞争日益激烈的全球化时代，在政治、文化、经济、科技等各个层面都开始呈现出竞争态势，因此作为未来社会建设者和接班人的大学生的素质教育更显重要，只有全面提升大学生的素质，才能在未来的全球竞争中占领一席之地。全面素质教育共有三个层面的内容，分别为基础内容、主要内容和关键内容。

1.基础内容

基础内容就是学生的身体素质和心理素质和谐发展。身体素质和心理素质是培养其他素质的根基。没有健康的体魄，就没有足够的环境适应力和运动能力以及抵抗疾病、恶劣情况的能力，也就无法完成各种活动，而没有健康的心理，就无法在遭遇各种问题和困难时保持良好的情绪，也就无法形成成熟的人格，甚至会在受挫之后一蹶不振，不思进取。因此，身心素质非常关键。学校需要通过具体的学习和社会实践，提高学生的身心素质，令学生能够快速适应环境，并具备良好的体魄以完成各种活动。学校需要在引导学生形成健康心理的基础上，开展挫折教育，提高学生的心理承受力，使学生能够愈挫愈勇，不畏艰难，并在困境中成长并成才，这样学生才能轻松应对社会中的各种挑战。

2.主要内容

主要内容是学生的专业素质、科学文化素质以及思想道德素质的教育，如果说身心素质是学生提升素质能力的硬件，那么以上三项素质就是提升学生素质能力的软件。专业素质是学生未来事业发展的基础与前提，也是学生适应未来社会或引领未来社会发展的条件。随着社会的快速发展，社会工作必然会分工更细、内容更精、需求更专，这意味着未来社会对人才的需求也会更加精细化和专业化，学生只有拥有良好的专业素质，才能够适应社会的发展和需求。科学文化素质代表的是学生素质的高度和广度，影响的是大学生的视野和底蕴，其主要包括自然科学素质和人文素质，旨在开阔大学生的科学视野，加强大学生的人文关怀教育，培养的是大学生的科学精神和人文精神。提升思想道德素质指的是使大学生树立正确的世界观、价值观和人生观，主要作用是为大学生明确成长的方向，具有导向和激励的作用，也是培养大学生正确观念的基础。

3.关键内容

关键内容是指学生的综合能力提升方面，可以细分为求知能力、做事能力和合作能力。求知是大学生的基本能力，即大学生需要具备相应的学习方法，去掌控相应的知识和能力，并形成相应的行为习惯，最终能够在人生路上不断提升和进步。做事能力是大学生的行动能力，在大学生终身学习的过程中，还需要拥有在复杂条件和环境中运用知识的能力，也就是行动的能力，只有通过行动实践，并在过程中发现问题并解决问题，才能够提高行动的效率和效果。合作能力则是大学生的处世能力，虽然在现今的社会中竞争异常激烈，但同样也需要合作的精神，即兼容并蓄、求同存异的处世能力。大学生步入社会后，只有在合作中发展，在发展中竞争，才能够成为真正为社会所需的人才。

三、日常思想政治教育的关键环节

日常思想政治教育贯穿于大学生整个学生生涯，时间跨度大，空间范围广，涉及学生的各种生活、学习、活动和工作环节，其中有几个环节是日常思想政治教育的关键节点，需要格外关注。

（一）入学教育

入学教育就是大学生入学之后高校根据人才培养目标，针对学生在学习、生活、思想、心理等方面的变化和需要，有目的地开展的一系列教育活动，最终让学生能够尽快适应新的校园环境，顺利完成角色转变并尽快成长。入学教育是日常思想政治教育的起点，不仅关乎思想政治教育的全局，还关乎大学生的健康成才，更关乎整个社会的人才培养大局，因此此环节至关重要。

1.入学教育的意义

入学教育的意义主要体现在四个层面。其一是有利于学生转变角色。新生入学后，角色已经悄然发生了改变，首先是从中学时代的优秀者转变为普通大学生。其次从未成年人跨入了成年人行列，对其自主性和独立性的要求大大提高。最后是社会角色发生了变化，从原本的中学生转变为社会和国家未来发展所需的人才，不仅社会地位有很大提高，同时还承担了更多的责任和期望。这种角色的多方面转变很容易使大学生感到困惑和苦恼，恰到好处的入学教育则能够帮助大学生快速转变观念，进而从内心深处自发调整角色定位，从而能够承担更多的社会责任和社会使命。

其二是有益于新生适应学校生活。大学生的生活方式和中学明显不同，最大的特点就是在校时间大大增加，需要住宿舍、吃食堂，所有生活事务都需要自理；大学生通常来自五湖四海，很多学生都是离开家乡，去异地求学，地域不同，气候、饮食、习俗、习惯、语言乃至民族文化都会有很大不同，这会给学生带来生活习惯的改变，学生必须要尽快适应这种变化；另外，高校学生课余时间明显增多，学生的校园生活比中学丰富很多，生活领域和生活环境也会发生极大的变化，因此也需要学生进行适应。入学教育可以通过对学生的引导，令学生尽快适应这种生活变化，从而调整生活习惯和方式，以便为未来的学生生涯打下坚定的基础。

其三是有利于新生更好地学习。进入大学之后，学生的学习任务也相应地发生了变化，学习的内容从单一知识转向综合知识，学习方式开始从教授式学习转向自主式学习，最终的知识应用也相应地从简单的知识普及转向能力与知识并重。这种学习任务、学习内容、学习方式和知识运用的改变，虽然能够极大提升学生的自主性和独立性，但相应地也会给学生带来很大的困扰。入学教育则能够有效帮助学生快速调整自我，明晰自身的情况，从而有效地对学习态度、学习模式进行调整，提高学习的效率，并增加实践能力，最终实现知识和能力的双重进步。

其四是能促进学生更好地成长和成才。绝大多数大学生进入高校时刚刚成年，正处于成长成才的关键期，学生的未来人生之路该如何去走，想成为怎样的人才，应该如何择业，都是学生需要思考的问题。入学教育能够通过引导来帮助学生快速适应学校生活，并从自身去深入思考，树立理想和志向，合理规划自己的人生道路。

2.入学教育的基本内容

入学教育目的是帮助学生快速适应新角色，同时针对学习、生活各方面变化对其造成的影响进行梳理和引导，从而解决大学生的迷茫，帮助其战胜挫折和困难，顺利完成进入学校之后的转型和适应。入学教育的基本内容包括以下五个方面。

其一是开展适应教育。通过生活上指导、人际上关怀、学习上关注、心理上疏导的方式，引导学生快速适应新的环境，并促使其正确认知自我、评价自我，并正确处理好学习、生活、人际交往等各方面的关系，从容面对大学生活。

其二是开展爱国主义教育。通过向新生介绍国家国情和形势政策，让学生更快地、更深入地了解国家发展道路，激发学生的爱国情怀，同时开展爱校教育，邀请杰出校友或专家学者向学生介绍学校的历史、现状、特色、地位和成就等，使学生对学校产生高度的认同感，激发学生的成才动力。

其三是开展理想信念教育。结合基础的知识教育，开展科学理论教育和党的知识教育，同时结合思想道德教育，引导学生树立正确的人生观、价值观和世界观，通过历史、现状的教育，引导学生对未来充满期望和希望，并培养社会责任感和使命感，树立起学生的精神支柱。

其四是开展法规校纪的教育，以便规范学生的行为，从而对学生进行有效的生活管理。法规校纪教育不仅能够促使学生对与自身相关的各种事项进行了解，如成绩考核、学籍管理、相关奖惩等，同时也可以通过安全教育，增强学生的安全意识和自我保护意识，提高学生的生存能力和应变能力。

其五是开展专业教育，稳定学生的专业思想。不同的学生在进入高校后会选择不同的专业，不过有很大一部分学生对所选的专业并不了解，也没有更加深层的认识，所以对专业的发展、现状和未来都不甚明了。可以邀请专家学者介绍专业的情况，包括现状、就业趋势、未来前景、教师队伍、专业成就等，提高学生对专业的了解和认可；还可以开展师生交流会，介绍专业的课程设置、课程体系、授课模式、选课方式等内容，引导学生对专业产生兴趣。

3.入学教育的基本方法

入学教育是大学生进入学校的"第一堂课"，其关键性不言而喻，不仅能够快速消除学生的迷茫，还能够引导学生找准前进的方向。可以说，入学教育就是对学生生活、学习、成长的引导，具体的实施可以从以下几方面入手。

其一是适应教育与解决问题相结合，需要在了解学生不同实际情况的基础上，寻找到学生可能会遭遇的问题，通过对问题的解决来快速提高学生的适应能力。例如，指导学习方法、化解交往矛盾、消除心理困惑、解决经济困难等，在解决这些问题的同时进行适应教育，确保学生能够快速适应学校生活。

其二是集体教育和个别教育相结合，通过集体教育来进行法规校纪、理想信念、爱国爱校等教育，确保学生树立正确的世界观、人生观和价值观；同时通过深入调查了解学生的实际情况，切实做到因材施教，即通过问题解决、生活关怀等，进行有针对性的个别教育，引导学生朝着个性化方向发展和成长。

其三是环境熏陶和榜样示范相结合，充分发挥校园文化和班级学风的熏陶作用，即通过良好的校园氛围、多样的教育平台、多元的活动，引导学生产生兴趣并保持积极的心态；与此同时，通过邀请优秀党员、学习标兵等现身说法，用榜样的行为进行示范，促进学生从榜样的身上感受精神和力量。

其四是课堂教育和活动教育相结合。课堂教育是集体教育形式，可以通过系列讲座、报告、演讲等形式有针对性地讲授大学的生活、学习、活动、人际交往的特点，以及容易遇到的问题和相应对策，以便新生能够快速对大学生涯产生了解并快速适应；活动教育指的是通过开展丰富多彩的校园活动，采用学生喜闻乐见的形式，更好地吸引学生参与，从而在活动中消解新生角色快速转变的矛盾和内心的不适应。

（二）军训教育

高校新生入学之后，很快就会进入军训教育阶段，即通过最基本的军事训练来促使学生掌握一定的军事技能和军事理论，不仅能够提高学生的身体素质和心理素质，还能规范学生的行为，提高学生的思想政治觉悟。军训教育能够增强学生的组织纪律性和国防意识，还可以锻炼学生的体格和意志，并让学生在一定程度上了解军人的生活和目标，从而激发学生的集体主义精神和爱国主义精神。军训教育是大学教育中非常重要的组成部分，是高校进行国防教育的基本形式，同样也是国家培养新型军事人才和高素质人才的战略举措，更是富国强兵的基本渠道。

1.军训教育的意义

首先，军训教育有利于培养和强化学生的爱国精神，军训中融合了国情教育和军队优良传统教育，不仅能够激发大学生保家卫国和建设祖国的热情，还能通过增强训练，增强学生的爱国主义精神，并激发学生为国奋斗的雄心壮志，从而树立报效国家的远大理想。

其次，军训教育有利于提高学生的国防观念，通过军训能够让学生深入了解军人保家卫国的意志，从而提高学生的社会责任感和时代使命感，最终认识到国家兴亡、匹夫有责的道理，树立起牢固的国防意识。军训教育能够提高学生对国家的认同感，并明晰国无防不立的道理，从而引导学生树立为国奉献的精神。

最后，军训教育能够提高学生的综合素质。军训通常具有统一、严格、有序的特征，需要时刻注重集体和纪律，同时还需要有良好的行动力和执行力。因此，军训教育可以有效培养学生良好的纪律观念和集体主义精神，并培养学生高效执行的作风，养成良好的生活习惯，在行动力和习惯方面会得到提升。另外，军训可以锤炼学生的身体和意志，所以可以有效提升学生的身体素质和心理素质，有助于学生树立正确的人生观、世界观和价值观。军训教育是集德、智、体、美、劳于一体的教育模式，是一种身体、心理、思想、作风、习惯上的综合训练，因此能够提高学生的综合素质，有利于改善学生的精神面貌和文化风貌。

2.军训教育中的思想政治教育

军训教育既需要严格的军事训练，又需要相应的思想政治教育，最基本的思想教育就是激发学生的主动性和积极性，以保证军训活动的顺利完成，在军训过程中，可以从三个方面融入思想政治教育。

首先，将军训和国防、素质、社会需求、个人成才有机结合起来，进行广泛地宣传，能够让学生体验军队优良传统的同时，提高其参加军训的积极性和主动性，从而自发锻炼自身的身体，磨炼意志，并自觉强化纪律观念，培养吃苦耐劳的革命精神，提升独立生活的能力和适应各种情形的能力。辅导员在军训教育过程中，要严以律己、以身作则，和学生打成一片，从训练现场去了解学生在军训中遇到的问题和困难，并通过思想动员引导学生解决问题、克服困难，鼓励学生用积极乐观的心态去对待军训，做好吃苦耐劳的准备，这样不仅可以提高学生的适应力，还能够帮助学生形成集体意识和纪律意识。

其次，辅导员可以在军训教育过程中，结合军训目标采取灵活多样的训练方式，将学习和训练相结合，让学生在潜移默化中形成军旅作风。比如，可以开展歌咏比赛、专题报告、文艺演出等活动，寓教于乐，在活动之中提高学生的国防观念和引导学生形成集体意识。再如，可以通过各种活动来引导学生产生集体荣誉感和竞争意识，并积极了解学生遇到的问题，借助活动来消除学生所产生的心理压力、消极紧张情绪与逃避心理，提高军训教育的成效。

最后，辅导员要通过各种活动引导学生进行军训总结，如通过发表感言、写军训日记等形式，强化学生对军训的认识，激发学生的社会责任感，还能够促使学生将军训中养成的良好习惯融入日后的学生生活和学习之中，从而提高学生的综合素质。

如今的军训教育模式同样受到了时代的冲击，但是军训的内容和形式依旧没有多少改变，学生的主动性和积极性不高，从而无法使军训成果的长效化。针对这种现状，军训教育需要运用现代手段来丰富内容和完善体系，如可以运用多媒体技术、网络技术来提高军训内容的直观性，这样不仅可以有效提高学生的参与兴趣，同时能够提高学生对军队生活的认识；另外还可以在传统的拉练、列队编队、射击、体能等训练的基础上，开展现代化军事训练，如进行案例分析来加深学生对现代战争特点和趋势的了解，在此过程中可以融入现代军事形势、军事技术的介绍，在提高学生国防意识的同时，加强危机感和紧迫感，促使学生更主动的学习。

（三）实践教育

实践教育是在学生高校学习生涯中开展的一系列实践活动，其目的是培养大学生的各种能力，促进和实现大学生全面发展，并引导大学生主动思考、探索和创新，在实践之中运用理论知识，从而促进学生对知识的理解和消化。实践教育既能提高学生的动手能力，也能够促进学生加强对社会的了解，形成完善的思想品德，实现全面发展。

1.实践教育的作用

实践教育具有多方面的作用，不仅是培养学生正确的人生观、世界观、价值观的途径，还是学生深入学习和研究、深化理论和实践、提高知识运用能力的重要手段，更是促进学生理论结合实际、熟悉社会现状、提高业务水平和思想政治素质的主要形式。通过实践教育，可以培养学生的创新思维，提高学生的创新能力，并促使学生将理论知识转化为实践能力及智慧，能够强化学生对知识的理解和应用。因为实践教育的形式多样且和社会现状结合紧密，所以可以增强学生的社会责任感，提高学生对职业和竞争的适应力，是培养学生综合素质的重要渠道。

2.实践教育的基本内容

实践教育的基本内容主要有三项。

其一是营造实践教育的校园氛围，实践教育具有很强的综合性和系统性，因此需要有相应的氛围和环境。要实现这一点就需要大力建设校园文化，通过优良的校风建设、学风建设，引导整个校园氛围向实践教育所需的校园氛围靠拢。比如，加强高校的人文建设和环境建设，通过校报、校刊、校内网络平台等建设，提高学生对知识、文化、实践、能力的认识；通过形式多样的校内活动，提高学生的思想素质和业务水平，加强学生之间的交流沟通，并锻炼学生的团队协作能力，提高学生的团队意识。

其二是开展社会实践，需要高校构建完善的社会实践体系。首先，在校内可以开展学术活动、科技活动、讲座活动、竞赛活动等，促进大学生了解国情和社会，并通过参与活动反思自身的不足，加深学生对知识的理解和认识。其次，建立学生社会实践保障体系和育人长效机制，引导学生走出校门接触社会，并通过公益活动、勤工助学、生产实习、社会调查、专业实习等社会实践活动，培养爱国情怀、提升创新能力，促进学生更好地了解社会。最后，运用高校的社会资源建设一批社会实践基地，在学生寒暑假开展形式多样的活动，拓宽学生的实践渠道，提高社会实践的效能，令学生能够将理论和实践相结合，并在实际活动过程中获取更多的实用性知识，从而培养学生的社会责任感和使命感。

其三是进行创新、创业、创造教育，培养大学生的创新思维和创新能力。当今社会发展迅速，新技术、新手段层出不穷，大学生在学校所学的各种理论知识只有通过实践才能转化为自身的知识。通过社会实践活动，可以提高大学生的积累能力、分析能力、判断能力和解决问题的能力，增强大学生的创新意识和引领意识，培养学生的开创精神。

3.实践教育的方法

实践教育最注重的是促进学生将理论和实际进行衔接和结合，因此实践教育最主要的方法就是理论和实际相融合。在进行实践教育过程中，不仅要强调对理论知识的学习和总结，还需要注重对理论的研究，注重结合实际问题进行分析和判断，从而在实际之中寻找理论应用节点，最终将理论知识运用于实践中。

另外，实践教育是贯穿人才培养全过程的教育，因此在教学过程中就需要结合实践。课堂教学是培养学生的第一阵地，辅导员需要通过课堂教学引入各类实践内容，加强学生对社会实践的兴趣；之后则需要通过社会实践的氛围和社会活动，发挥其渠道作用将两个阵地有机结合起来，提升学生的思考能力、分析能力和行动能力。

实践教育也需要因材施教，因为实践活动更具有个性化特征和主体性特征，不同的个体因为生活环境、行为准则、性格、思考问题的方式等的不同，在实践过程中也会有不同的处理手段和行为模式，因此实践教育需要有针对性地对学生进行引导。例如，根据不同专业开展不同的实践活动，将专业优势和社会实践进行结合；通过对学生兴趣的挖掘，开展契合学生兴趣点的实践活动，不仅能提高学生参与度，还能够更有效地将枯燥的理论具象化，加强学生对理论知识的理解和转化。

（四）离校教育

任何学生的高校生涯都只是人生中的一个重要阶段，最终学生都需要离开高校的庇护，到社会中寻找自己的位置。学生在毕业之前所面临的最主要的事务就是就业、择业、创业的选择。离校教育就是为了能够引导学生恰到好处地处理就业、择业、创业之间的关系，真正寻找到自己在社会之中的位置，成为社会所需的优秀人才。离校教育是日常思想政治教育的重要环节，其主要目的是引导学生树立正确的价值观和择业观，帮助学生捋清个人与国家、个人与社会、个人与职业之间的关系，从而更加明晰自身的社会责任。

1.离校教育的意义

离校教育是为了能够引导学生顺利适应社会，帮助学生认清国际形势、国内局势、政策态势、职业发展模式等，并通过对信息化时代、国际化发展、知识经济化等时代特性的分析，促使学生明白进入社会需要面对的挑战和机遇，从而挖掘自身的优势，明晰自身的不足，最终选择适合自身发展的社会职业和社会岗位。

另外，不同的职业具有不同的特性，通过有针对性的离校教育，可以帮助学生树立正确的职业道德，并了解期望进入的职业所需要的技能和发展形势，从而引导学生进行对应的职业规划；同时根据不同职业的特性，引导学生掌握有效的择业和就业技巧，加强学生进入社会之中的适应力，从而使其能够更从容地面对就业压力，最终找到称心如意的工作并逐步实现自己的人生价值。

2.离校教育的主要内容

离校教育的主要内容体现在四个方向，首先是择业观教育，即辅导员通过举办讲座、辩论等活动，引导学生了解清楚择业与就业、创业的区别和联系，促进学生正确认识职业和人生的关系，并消除攀比、拜金、享乐、不劳而获等心理，帮助学生树立正确的择业观，提升学生的思想道德修养。

其次，开展职业道德教育来提升学生的思想道德修养，学生离开学校就会成为社会的公民，因此在教育过程中需要以公民道德和思想修养为基础，引导学生正确认识职业道德规范和公民道德之间的关系，促使学生培养爱岗敬业、诚实守信的良好品德，成为符合社会需求的优秀人才。

再次，通过能力素质教育来提升学生的职业技能和业务技能。不同的专业具有不同的特点，不同的学生也会有不同的职业期望，因此在进行能力素质教育过程中，需要根据学生的需求和专业的特点，通过校园文化活动和社会实践活动来提升学生相关的职业技能和业务技能，包括沟通能力、组织协调能力、管理能力、设计能力、创新能力、行动能力和研究能力等，最终促使大学生在学好专业知识和技能的同时，拓宽自己的视野并提高科学素质和人文素质，成为全面发展的综合性人才。

最后，通过就业指导来提高学生的择业能力。辅导员可以通过就业指导教育帮助学生了解国家和各地的相关就业政策及各种职业的发展特性和趋势，减少学生择业的困惑和盲目性。同时，可以开展各种模拟招聘、参加社会招聘会、个别辅导等活动，锤炼学生的择业技巧，引导学生树立正确的择业观，减少空想并增强择业信心。

3.离校教育的主要方法

离校教育首先需要与形势政策教育相结合，在开展形势政策教育的同时进行择业观教育，可以让学生更清晰地认识国际形势和国内形势以及社会发展形势，从而了解经济发展趋势、政治局势和各地的就业政策，最终使学生择业时有更清晰的方向。

其次，离校教育需要与理想信念教育相结合，通过深入浅出的理想信念教育，能够引导学生树立正确的人生观、世界观和价值观，结合离校教育可以充分发挥理想信念教育的导向作用，从而引导学生树立理想和明晰志向，增强离校教育的效果，帮助学生更快地适应社会发展。

再次，离校教育需要和专业教育相结合，开展专业教育是为了让学生更加热爱自己所选的专业，并了解到专业的发展前景和社会需求形势，提高学生学习的主动性和自主性，从而构建更加合理的知识结构，获得更加扎实的专业基础，锤炼出更加实用的专业技能。结合离校教育能够让学生更加清楚专业的优势和发展情况，从而产生正确的择业观，并根据专业特性自主进行创新发展。

最后，高校教育需要和社会实践教育相结合。社会实践教育的目的就是让学生能够了解社会、接触社会并联系实际，在此过程中开展离校教育，能够让学生更清晰地认识到自身的不足和优势，从而更准确地认识自己，并有针对性地采取措施来完善自身，最终为步入社会和适应社会打下基础。

第二节　辅导师·学生心理健康教育

进入21世纪，互联网技术的快速发展推动着社会向多元化模式发展，相应的大学生的人生观、价值观、世界观、思维模式、生活方式等也开始体现出多元化特性。这样的形势下，学生也开始体现出多样化的心理状态，这就需要辅导员不仅要有较强的思想政治教育能力，还需要具备较强的心理辅导能力。心理辅导并非心理咨询和心理治疗，而是以促进学生完善人格和全面发展为目标。

一、心理健康教育的内涵

心理健康教育是学校解决学生心理健康问题的具体体现，也是素质教育中不可或缺的重要部分。辅导员对学生的心理健康教育是指根据学生的身心发展特点，主要运用心理辅导的手段，通过多种途径来提高学生心理健康水平和心理素质，培养学生良好的性格品质，最终促进学生身心和谐发展的教育活动。

（一）心理健康教育的目的

《中共中央国务院关于深化教育改革全面推进素质教育的决定》中明确指出了心理健康教育的目的："针对新形势下青少年成长的特点，加强学生的心理健康教育，培养学生坚韧不拔的意志、艰苦奋斗的精神，增强青少年适应社会生活的能力。"心理健康教育是学生素质教育中必不可少的一部分，主要目的就是通过系统的培养，提高学生的心理机能，充分发挥学生的心理潜能，促使学生具备良好的心理素质，从而保证其心理健康和个性化发展。

（二）心理健康教育的任务

高校学生的心理健康教育是一个系统化工程，2001年教育部颁布的《关于加强普通高等学校大学生心理健康教育工作的意见》中明确指出了心理健康教育的主要任务："根据大学生的心理特点，有针对性地讲授心理健康知识，开展辅导或咨询活动，帮助大学生树立心理健康意识，优化心理品质，增强心理调适能力和社会生活的适应能力，预防和缓解心理问题。帮助他们处理好环境适应、自我管理、学习成才、人际交往、交友恋爱、求职择业、人格发展和情绪调节等方面的困惑，提高健康水平，促进德智体美等全面发展。"

综合来看，心理健康教育的任务主要为两方面内容，其一是通过心理健康教育优化学生的心理素质，促进学生全面发展，通过对学生各种品质的培养，令学生在认知、情绪、意志、个性、行为、思维等方面能够适应社会发展需求；其二则是针对心理问题，给予其有效的心理辅导帮助，疏导心理症结、预防心理疾病。

（三）心理健康教育的主要内容

心理健康教育的内容是心理健康教育任务的具体化和细化，2001年教育部颁布的《关于加强普通高等学校大学生心理健康教育工作的意见》中指出，高等学校大学生心理健康教育工作的主要内容是"宣传普及心理健康知识，使大学生认识自身，了解心理健康对成才的重要意义，树立心理健康意识；介绍增进心理健康的途径，使大学生掌握科学、有效的学习方法，养成良好的学习习惯，自觉地开发智力潜能，培养创新精神和实践能力；传授心理调适的方法，使大学生学会自我心理调适，有效消除心理困惑，自觉培养坚韧不拔的意志品质和艰苦奋斗的精神，提高承受和应对挫折的能力，以及社会生活的适应能力；解析心理异常现象，使大学生了解常见心理问题产生的原因及主要表现，以科学的态度对待各种心理问题"。

大学生的心理健康教育是一个动态发展的教育活动，需要随着社会的发展有针对性地进行调整，同时需要挖掘学生的自我调节的心理潜能，并根据不同学生的个性化表现，有针对性地解决学生的心理问题，优化学生的心理素质，保障学生的心理健康。

（四）心理辅导师的含义

辅导员的工作伴随着大学生的生活、学习、活动、工作等整个学生生涯，辅导员与大学生的交流更多，也更加深入，辅导员能够更好地把握学生的心理状态，因此辅导员不仅是学生思想政治教育的中坚力量，同时还是学生的心理辅导师。

辅导师就是向需要帮助的人提供服务与帮助的引导者和辅助者，心理辅导师就是指辅导员需要借助自身的专业知识和专业技能，依靠对校园文化的了解和对学生的了解，给予学生恰当的心理协助和服务，帮助学生正确认识自我、接纳自我、欣赏自我，并确立学习目标和提升方向，克服成长路上的各种障碍，最终实现挖掘个人潜能并全面发展的目标。

二、影响大学生心理健康的因素和心理问题的表现形式

(一) 影响大学生心理健康的因素

影响学生心理健康的因素不仅包括学生个体自身的心理素质,还包括外界环境因素。主要体现在生物及遗传因素、家庭因素和社会因素三个层面。

1.生物及遗传因素

生物及遗传因素属于生理层面对心理的影响,属于较为客观的影响因素。包括遗传影响、病毒或病菌感染影响、脑外伤或中毒影响、生理机能障碍或生理疾病影响。

首先是遗传因素的影响。任何人所具备的机体构造、形态、感官情况、神经类型等都是从父母处遗传而来,所以会成为与生俱来的生理特性,这些生理特性会为人提供身心发展的物质基础,同时也会在一定程度上制约身心发展的方向和水平。尤其是智力、神经过程的特点受到遗传因素影响更大。例如,神经活动类型是弱型的人就很容易存在多疑、胆小、怯弱等消极行为特征,如果无法及时引导并教育,就很容易出现悲观、忧郁、沮丧等不良心理表现。

其次是病毒或病菌感染的影响。有些会感染中枢神经系统的病毒或病菌,如流行性脑炎、斑疹伤寒等,会直接损害神经组织的结构,最终导致器质性的心理障碍,这些病毒或病菌会抑制心理健康发展,从而产生极为严重的心理疾病和生理疾病。

再次是脑外伤或中毒的影响。当人的脑部遭受脑震荡或脑挫伤时,就有可能因为脑损伤导致脑部的某些功能缺失,从而引发意识障碍、人格改变等心理问题;而有些化学物质侵入人体后也会如病毒一般损害人的中枢神经系统,从而导致人出现心理疾病,如食物中毒、煤气中毒等。

最后是生理机能障碍或生理疾病的影响。有时人的生理性疾病,如内分泌机能障碍中的甲状腺机能混乱或亢进,会导致心理异常,使人情绪冲动、自制力减弱、敏感易怒等;肾上腺素分泌过多,则容易引发躁狂症,同样属于一种非常明显的由生理疾病引起的心理异常。

2.家庭因素

人对世界的认识往往都是从家庭环境开始的,并受到家长言行举止的极大影响。俗话说,父母是孩子的第一任老师,其代表的就是家庭环境对人的成长具有深远的影响。虽然绝大多数大学生是远离父母和家乡去求学,但家庭环境的影响却依旧非常牢固,血缘关系、感情维系、经济联系、家庭状况等都会对学生的心理产生影响。

家庭环境之中影响大学生心理状态的因素有四类，即家庭情绪氛围、父母教养态度、家庭结构状态、家庭经济情况等。其中，家庭情绪氛围是形成学生良好心理素质的环境前提，尤其是家庭成员之间的人际氛围和交流模式会直接影响学生的心理；父母教养态度会通过教育方法直接体现出来，并会直接影响学生的行为和心理，如父母在教育孩子时吼叫，孩子在和其他人交流时也会习惯性吼叫，表现会更加急躁；家庭结构状态指的是家庭是否和睦、完整，父母关系不和睦或离婚造成父母分开的家庭，很容易使孩子长期处于应激状态或警觉状态，容易造成孩子心理上的残缺感和不安全感，最终会引发孩子多疑、自卑、敏感等心理问题；家庭经济情况若特别困难，也很容易令孩子在心理上产生不适感。可见家庭环境对学生心理的影响是深远且长久的，在家庭环境中，有些方式或环境会对孩子的心理造成负面的影响，主要体现在以下四个方面。

首先，不恰当的教育方式。通常情况下，大学生的人生观、世界观和价值观的形成是以孩童时期的思想和观念为基础的。当今中国的教育从整体上看依旧是重视智力教育而轻视心理教育，家庭教育同样如此，从而很容易忽略对孩子健康人格的培养。大部分家长对孩子的成才期望过高，很容易给孩子带来极大的心理压力；另外家长对孩子的监督和约束过于严格，在很大程度上限制了孩子的心理自由，容易让孩子产生强烈的抵触情绪，很容易对学生的心理健康造成不良影响。

从教育方式来看，有些家长通常会运用简单粗暴的家长制手段实现对孩子的教育，长久下去容易令孩子敏感多疑且自卑易怒；而有些家长虽然会为孩子倾注大量心血，但在学习督促方面却过于严格，甚至会对孩子逼迫过重，不仅和孩子缺乏沟通，还容易令孩子没有独立自主的决策能力。以上这些教育方式很容易对孩子的心理造成影响，尤其当父母对孩子的期望、爱变成一种负担和束缚后，更会成为学生的心理枷锁，即使进入大学开始独立地学习和生活，他们也依旧会受到这种心理枷锁的影响。

其次，被忽视的家庭心理教育。绝大多数一直生活在父母身边的学生会受到父母教育方式的影响，从而在进入大学后独立生活时，会出现特定的心理状况。尤其是绝大多数父母在孩子进入大学之后，会将更多的精力转移到提供经济支持方面，容易忽略对孩子的家庭心理教育，缺乏沟通和交流，就容易造成学生的心理出现偏颇。家庭教育是一个持续的过程，虽然进入大学阶段的学生多数已经成年，但相对而言，他们的心理状态尚处于稚嫩和迷茫阶段，适当的家庭心理教育不仅能够给予学生心理上的支持，同时还能为学生的心理健康成长铺平道路。最好的方式就是配合学校和社会，学习新的教育观念并了解大学生的心理特点，有针对性地进行适当的心理疏导和心理调节，来确保学生保持健康的心理状态。比如，作为父母需要从自身的认知进行改变。进入大学的孩子处于青少年到青年过渡的阶段，但其心理年龄却明显不够成熟，学生会把自身当孩子看待，对父母依赖性大，同时其又处在身份和角色过渡期，在潜意识中渴望摆脱这种依赖和束缚，最终学会自主自立。在这样的情况下，父母需要明晰进入大学的孩子所处的心理状态，并配合学校进行适当的引导，如辅导员可以和家长进行交流沟通，深入了解学生情况，通过学校和家庭共同努力来做好学生心理疏导，保证学生完美度过心理过渡期。

再次，注重学生的心理"断奶"。人的整个成长阶段中，有两次断奶期，一次是幼儿时期的生理断奶期，通常会在一岁左右；第二次则是青春期的心理"断奶"期，通常会在初中阶段。在青春期的孩子之所以会出现逆反心理和叛逆行为，是因为此阶段他们的身体发育进入了关键阶段，另外也开始进入心理自主成长期，期望摆脱父母的管制，期望拥有属于自己的空间，这时父母需要把握好尺度，确保孩子没有不良习惯，注意培养孩子的独立意识，让孩子能够顺利度过心理"断奶"期。但现实生活中，绝大多数家长在此阶段并不会注重孩子的心理变化，而只关注孩子的学习情况，这就很容易令孩子无法产生独立意识，并依靠父母的庇护一直持续到大学乃至走到社会。

很多大学生即使进入学校，也依旧处于心理"断奶"期，针对这一问题就需要家庭和学校共同努力。首先，需要家长勇于放手，要知道无法独立直面风雨的小树永远不会成才，只有家长敢于放手，让学生独立承担风雨、困难和相对应的责任，才能够让学生拥有自我成长的空间并快速度过心理"断奶"期。其次，辅导员需要及时引导学生积极锻炼自身的能力，在学生遭遇困难或挫折时，通过辅助的方式来促使学生独自度过，只有经历过挫折和困难，才能够真正意义上获得成长。

最后，注意家庭经济状况造成的心理影响。通常家庭经济困难的大学生进入高校，不仅有经济上的困难，还会有极大的心理负担。因为经济原因，他们需要节衣缩食，必然会缺少和其他学生的人际交往，毕竟如果连自身基本的生活都无法保障，也就无法敞开心扉与人交往。同时，家庭经济困难的学生与过着衣食无忧生活的同学相比，难免会产生较大的心理落差，甚至会出现自卑情绪。所以说，经济状况通常也会对学生的心理产生影响。

因为家庭经济困难，所以学生也容易心理敏感，尤其有些学生可能在以前遭受过他人的嘲笑，从而导致心理受挫、自尊心受伤，很容易出现自卑心理。自尊心受到过伤害，就很容易过度自尊，这就容易造成学生无法正视家庭的经济困难，甚至不想接受他人的善意帮助。因此，辅导员需要及时关注经济困难学生的心理状况，并通过适当的交心和引导，让学生明晰真正的自尊源自内心而非外界条件，从而摆脱心理的自卑和压抑。

3.社会因素

对大学生心理健康产生影响的社会因素主要包括政治、经济、文化、社会关系、技术发展等各个层面，其不仅会影响个人，同样还会对整个社会的发展产生影响。随着改革开放的快速推进和互联网时代的来临，中国的社会文化也进入了转型阶段，全球化影响下人们的各种观念都受到了巨大的冲击，这种社会转型对大学生的心理也产生了一定的影响，主要体现在两个方面。

一方面是社会文化多元性产生的冲击和影响，当代大学生处在世界各国文化交汇且各种价值观冲突的时代，世界经济一体化进程的加速，促使着社会的经济、文化乃至政治都在向微观多元化层面发展，学生异常敏感，即使他们对国际大势了解不深，也能够敏锐地感受到来自社会的各种变化和冲击，而且因为他们思维开放，所以更容易接受多样化的观念，不会被单一的价值观束缚。但相应的，社会文化的多元化转变也容易对大学生产生某些负面影响。比如，大学生在社会的变化和各种观念的冲击中，会产生极为强烈的思想波动，虽然他们接受变化，也乐于变化，但不同的文化背景和不同的价值观念会形成巨大的矛盾冲突，从而会令大学生感到非常迷茫；另外，社会多元化发展，也容易造成大学生缺失集体主义价值观，容易形成以自我为中心的价值观念。

另一方面则体现在社会环境的竞争性产生的影响，如今学生从高校毕业后完全需要自主择业，面对竞争激烈的社会人才市场，一部分学生会感到非常难以适应。而随着知识经济时代来临，互联网技术的快速发展使人们的生活高度现代化和网络化，但同时也产生了更加残酷的竞争：社会人才需求市场中机会众多，竞争同一个机会的对手也众多。尤其多数大学生并未经历过如此惨烈的竞争，如适者生存、竞争择业、不适者淘汰等，这一切都会令学生产生无所适从感，同时带来的心理问题有烦躁、脆弱、迷茫、压力等。

（二）大学生普遍存在的心理问题

心理问题就是因为心理因素造成的心理和行为有所异常的情形，相对而言，心理方面的正常和不正常并没有一个明显的界限，通常人的心理和行为是逐渐变化的过程，有一个量变的积累，最终积压到一定程度才会产生质变，从而形成明显的心理疾病。从此角度来看，现实生活中的任何人都存在一定程度的心理问题，或者称为心理困扰，只是程度有所不同。大学生普遍的存在的心理困扰体现在以下几方面。

1.学业问题

学业方面的问题是形成大学生心理困扰的主要因素，表现较为明显的是四个内容。首先，学习目的不明确。在中学时代，学生的生活中心和目标都非常明确，是家庭和社会给予的目标，即考上大学。当学生从中学一跃成为大学生之后，明确的目标已经实现，宛如船终于到了码头，多年的愿望已实现，大学是一个新的开始，但学生的新目标却尚未树立，就很容易出现迷茫困惑的心理状态。这种学习目的不明确的状态，就容易造成学生无所适从，甚至不知道来到大学究竟是为什么、需要做什么，甚至会发现大学仿佛不像想象中美好，从而产生失落、痛苦、失望等情绪。

其次，学习动力不足。多数大学生虽然对社会人才市场的竞争有所了解，内心也存在一定的危机感，但真正在学校进行学习时，却总提不起精神，甚至很多学生学习就是为了参加考试。学生之所以学习的动力不足，很大程度上是因为大学课程内容深、难度大，因为学生没有明确的学习目标，不知道为什么学习这些知识；因为学生在选择高校和专业时，本就对专业没有进行深入的了解，进入高校后才发现根本无法对所学专业提起兴趣，或者对所学专业的前途感到迷茫和困惑等。在学习动力不足的情况下，学生就很容易积压越来越大的学习压力，甚至会产生厌学、考试焦虑、沉迷放松的心理。

再次，学习成绩不理想。这里指的是学习困难所造成的成绩不佳，虽然这类学生在整个学生群体中占比不大，但他们的负面情绪和心理状态对其成长和成才是非常不利的。之所以会出现这种情况，很大程度是因为一部分学生在中学时通过努力学习成为佼佼者，但进入大学后成了普通一员，同时心理承受力较差、自制力较弱，突然放松之后无法集中精力学习，从而开始放任自己；还有一部分学生则是努力学习却成绩不理想，所以感到学校的氛围极为压抑，甚至会引发自卑心理和自弃心理。

最后，学习的动机过于功利化。从家庭环境到社会环境，市场经济的发展和变化一直在潜移默化地影响着学生的心理发展，这很容易造成学生的学习动机过于功利化，如选择课程时会根据市场需求和动向选择市场热门课程或高收入课程，而基础课程和专业理论课程却很少有人问津。这种学习动机功利化造成学生的学习心理严重失衡，甚至不再将学习知识视为学习目标，而是根据市场需求确定学习方向。

2.情绪问题

在高校中稳定良好的情绪是学生健康成长和成才的重要因素，但相对来说，如今大学生受到社会多元化发展的影响，心理压力极大，很容易出现情绪不稳定，甚至负面情绪高于正面情绪的情况，最终出现严重的心理问题。主要的情绪问题体现在以下三个方面。

首先是焦虑情绪。焦虑情绪主要源于学生自身，表现最为明显的就是考试焦虑和自我焦虑。考试焦虑情绪是由多年学习准备后参与的高考引起的，尤其是初入高校的学生在第一学期考试失败之后，多年来的考试压力和失败会带给学生非常大的焦虑感，有些学生因为担心考试再次失败，甚至会夜不能寐且无法自我调节；自我焦虑情绪则源自学生自我，大学生进入高校后正式进入青年期，此阶段的学生会更加关注自身在其他人心目中的形象，包括外在形象和内在形象，当某一方面的形象无法达到预期时就很容易产生各种各样的焦虑。另外，学生会对家庭环境和社会环境更加敏感，甚至会因为个性化特征、家庭条件等和他人不同，产生一定的焦虑感。

其次是心情抑郁。大学生进入高校之后，所有生活、学习、活动、工作等都需要依靠自己，这本身就会带给大学生极大的心理压力，当学生在各种活动之中遭遇挫折和困难，如家庭关系差、考试失败、失恋、交际不当、家庭经济状况差、不适应学校生活等，都容易令心理承受力不强的学生产生抑郁情绪。一些大学生因为适应能力较差，无法看到高校学习的前途和出路，很容易自信心不足，对未来感受迷茫从而心情苦闷，甚至失去学习兴趣等。

最后是情绪失衡。大学生多数处在青少年到青年的过渡期，本身就处于社会情感丰富和敏感时期，具有很强的不稳定性，外在表现主要是情绪波动较大，喜怒无常，可能会因一点小成功而沾沾自喜，也可能因一点小失败而一蹶不振。也就是说，大学生所处的年龄阶段本身对情绪的控制能力就较弱，当情绪波动较大或负面情绪较大时，很容易出现情绪失衡的现象，从而导致学生出现心理失衡。

3.人际关系问题

绝大多数大学生在中学时代的生活范围非常狭窄，仅局限于学校和家庭之间，其交往的对象也仅仅是父母亲戚、学校老师和同窗好友，而且属于较为被动的交往，如因为成为同窗所以交往。但进入大学之后，首先同学来自五湖四海，地域的差异、文化的差异以及家庭环境的差异会让同学之间差异巨大；其次师生之间的关系也不会像中学那么密切。这种现状使大学生的人际关系和中学明显不同，每个人都需要进行独立的社会交往，而且交往的模式更加开放，再加上学校之中的各种社团、实践活动和多样的学习模式，会令大学生处于新的人际关系之中，这就对学生的交际能力提出了更高的要求。

在大学阶段，学生会以独立个体的身份建立属于自己的社会交际圈，虽然学生会尝试以成人式的交际模式来进行人际交往，并通过交际对自身的社交能力做出评价和改进，以便为将来步入社会打下坚实的交际基础，但有相当一部分学生因为从中学就形成了以自我为中心的交际模式，且原有的交际具有很强的封闭性，所以在建立人际关系的过程中会遭受极大的挫折，甚至会因为交际的不顺畅而自我否定。这样就会令学生陷入交际的焦虑和苦闷之中，但又无法找到合适的解决办法，最终产生心理问题。

另外，不同的学生经历有所不同，因此形成的交际习惯也有所不同，自然感受也会有所不同，如有的学生对各种关系的建立都感到极不适应；有的学生从未离开父母，一直在亲人呵护下成长，所以无法真正做到关心他人，从而无法获得深层的社会交往关系；有的学生交流能力有限，虽然渴望得到他人认可，却在交流沟通过程中无法达到良好的效果，从而对社交关系产生心理困惑；有的学生缺乏在公共场合表达自己的勇气和能力，虽然期望参加活动但却担心失败，从而不断陷入挣扎之中，最终无所适从，乃至毫无课外活动的经验和经历，陷入孤独寂寞之中无法自拔。

还有大学生在社会交往中较为严重的障碍就是与异性的交往障碍，通常表现在不知如何和异性交往以及和异性交往困难等方面。通常情况下，学生在中学阶段主要关注的是学业和升学，因此很少会与异性进行交往，而进入大学之后，活动更加丰富，接触的人更多，与同龄异性之间的交往机会明显增多，同时与异性交往的意愿也会越来越强烈。但同时大学生又缺乏与异性交往的经验，虽然期望与异性交往但又无从着手，因而十分迷茫，甚至感到压抑。另外则是恋爱中的学生，虽然爱情很美好，但毕竟恋爱的是两个独立的个体，彼此之间有很大的不同，如果在相处过程中缺乏两性相处的恰当方法，也没有两性之间的合适的沟通方式，就容易在感情上受挫，最终带来一系列心理问题。

4.适应问题

从小学到中学，学生多数会处在一个相对稳定、变化较少的学习环境和生活环境之中，因为交际范围较窄、遭遇的挫折较少，所以情绪和心理上更加稳定，但适应力相应较差。学生从中学升入大学后，不仅其生理上会进入青年期，大部分还会远离父母，面对一个新的环境、新的生活，这种突如其来的变化很容易使学生由于无法寄托感情而产生孤寂感、由于现实差距而产生失落感、由于目标缺失而产生空虚感、由于能力欠缺而产生否定感等，这都是因为无法快速适应大学生活所产生的心理变化和问题。

另外，如今的家庭多数注重孩子的学习，缺乏对孩子心理的引导和关注，因此也造成很多学生生活能力差、自理能力弱。这些学生进入大学之后，猛然间面对需要独自处理自己的事情的生活模式，更容易出现不适应的现象。很多家长都知道如今社会竞争激烈，因此为了让孩子能够更专心地学等学习和提升，并不会向孩子普及社会情况和人才市场竞争状况，这就造成很多学生面对竞争激烈的人才市场时无所适从，心理准备和思想准备都有所不足，遭遇这类困难时就会期望寻求家庭的帮助，无法自行处理。

此外，大学生多数没有足够的对抗挫折的心理承受力，尤其是随着社会的发展和经济的不断进步，家庭物质条件越来越好，家庭中兄弟姐妹减少，很多大学生从小到大都是被宠着长大的，遇到困难或挫折都有父母帮助处理。然而进入大学之后，所有生活事务都需要自己处理，当遇到学业、生活、感情、交际等各方面的困难和挫折时，因为大学生没有这类经历或很少有独立面对挫折的经历，心理承受力极差，如怀疑自己乃至怀疑人生、只听顺耳话不听真心话、对他人依赖心强等，没有独立生活的能力和面对挫折的勇气。

5.性心理问题

大学生进入高校时恰逢步入青年期，其生理方面最主要的特征就是性生理已发育成熟，但由于中国性教育的严重缺失，很多学生在面对自身性生理成熟所引起的心理变化时无所适从，尤其是容易对异性产生好感，从而出现性幻想和性冲动，但性教育缺失造成很多学生无法正确认识自身的性反应，从而在心理上出现困扰，长此以往就会出现心理问题。

6.网络依赖问题

进入21世纪以来，互联网技术进入快速发展时期，随之而来的是各种电子产品的快速发展，这些电子产品的普及给人类的生活带来了巨大的便利和变化，令人类的生活更加丰富多彩，但相应地产生的负面影响也非常大，尤其是网络依赖问题，成了现今一些大学生学习生活中的大问题，对大学生的身心健康造成了很大危害。

网络依赖问题主要体现在三个方面，其一是手机依赖，如今的智能手机功能强大，内容繁多，各式各样的App和小程序层出不穷，这也令一部分大学生形成了对手机的依赖，他们对手机非常敏感，平时恨不得将手机一直攥在手里，时不时就会拿出来查看，甚至一会儿不看手机就会觉得难受，如果打破这种规律就会产生焦虑、不适应的情绪。对于这些学生而言，手机仿佛成了他们生活的中心，离开手机后情绪就会出现极大的波动，要么情绪低落，要么烦躁不安。

其二是电脑依赖，人和电脑之间是类似于人发布命令、电脑言听计从的模式，这样学生很难形成良好的人际关系，因为在和他人交流沟通时很容易遵循与操作电脑类似的命令形式，从而无法理解他人，完全以自我为中心。长此以往，学生在和他人交流沟通时就容易感觉任何事都不顺畅，从而内心烦躁，产生心理障碍。

其三是虚幻依赖，互联网带给人的变化史无前例，尤其是网络世界是一个完全虚幻的世界，与现实生活截然不同，因此在网络世界进行各种交流时，任何人都可以创造一个虚幻的理想形象，从而很容易陷入这种虚幻的生活之中无法自拔。对虚幻依赖的学生会长时间流连于网络，并感觉所有的乐趣都需要从网络中寻找，从而难以自控，甚至严重影响日常学习生活。

综合而言，网络依赖的现象形成的主要原因是网络世界的虚幻性，形成网络依赖的学生会感觉网络世界才是真正的，网络之中拥有层出不穷的新鲜事物、游戏等，最终无法脱离网络，仿佛被网络控制。当在处理日常事务时，因为现实和虚幻的巨大差距，很容易令学生感到难以适应，甚至会对现实生活产生厌烦感。

三、辅导员作为心理辅导师需具备的素质

社会的多元化发展使大学生心理问题呈现出普遍性、复杂性、差异化、时代性和不稳定性等特点，且大学生出现这些心理问题的源头和表现形式也会有所不同，甚至会随着大学生的成长出现变化。作为学生心理辅导师的辅导员，必须具备相应的心理辅导能力和素质才能够胜任这份工作。

（一）角色意识

辅导员要想成为一名合格的心理辅导师，首先就需要对心理辅导有明确的定位。高校的心理辅导并非心理治疗，也并不是心理安慰和说服教育，而是以促进大学生更好地适应高校生活和学习状态为目标的。对学生进行心理辅导并非恢复大学生的心理状态原貌，而是通过良好的咨询关系的建立，在彼此尊重、信任的基础上运用心理咨询技术引导学生认识自我、认识现实，从而减少大学生容易出现的心理困扰，包括各种痛苦、焦虑、无所适从等情绪。

其次，辅导员需要明确心理辅导师的角色定位，明白其第一角色定位依旧是辅导员，并非专业的心理咨询师，因此辅导员在对学生进行心理辅导时，只需要能够洞悉学生的正常心理状态和非正常心理状态，并通过引导开展初步的心理辅导即可。通俗来说就是辅导员的心理辅导师角色是发现学生的非健康心理并适当进行疏导，而不是扭转学生的心理。

再次，辅导员需要明确心理辅导和思想政治教育之间的关系，辅导员的心理辅导工作是建立在思想政治教育基础之上的，而并非专业性的心理咨询和心理治疗。辅导员可以将心理辅导技术运用到日常思想政治教育之中，通过日常思想政治教育来引导学生树立正确的人生观、世界观和价值观，促使学生培养公民道德和个人道德修养，减少学生因为认识偏差造成的心理困扰，避免学生思想政治的发展出现扭曲和偏离轨道。

最后，辅导员需要认识到如今大学生的多样化特征和时代特性，即大学生的思维状态和心理状况非常复杂，并具有极大的差异性，同时也具有很强的自尊心，绝大多数大学生不愿意和他人探讨自身存在的心理困惑，因此也就容易积累心理困惑，最终发展成心理问题。辅导员需要明晰大学生的心理特性，根据不同大学生的状态，时刻关注其心理状况，洞察大学生心理上的细微变化并及时进行引导。

（二）出色的洞察力

洞察力指的是深入了解事物和问题的能力。辅导员作为学生的心理辅导师，

必须具备出色的洞察力才能够见微知著，及时发现学生的心理困惑和心理变化，这样才有机会运用心理辅导技术引导学生化解心理症结。尤其是当今大学生的思想观念、价值观念、生活方式等都呈现多元化发展趋势，大学生的心理困惑也呈现了多样化和差异化的特性，辅导员只有具备出色的洞察力，才能够在关注学生的生活、学习、活动过程中及时发现学生的问题，并抽丝剥茧，发现学生的心理困惑。

另外，辅导员虽然并非专业的心理咨询师，但在为学生进行心理辅导的过程中也容易吸收过多负面情绪，而且辅导员也容易因角色定位冲突和职业发展瓶颈等问题产生负面的心理困扰。因此，辅导员只有拥有出色的洞察力，才能够保证及时洞悉自身情况，并及时进行积极的心理调适，如果发现自身的心理状态影响到了工作，要及时找专业人士进行心理疏导和调控，保证自身身心健康。

（三）对应的心理学知识

进行心理辅导工作，对辅导员的个人素养有较高的要求，需要其掌握各种知识，尤其需要具备相应的心理学知识。

首先，辅导员需要具备社会学、教育学、哲学、管理学和心理学的基础知识，并将这些知识融合吸收，明晰心理学是研究人心理现象的发生、发展规律的一门科学。辅导员需要掌握全面的基本知识去分析学生情况，并寻找引发心理困扰的根源和规律，更好地为学生提供心理辅导。

其次，辅导员在掌握全面的心理学基础理论知识的基础上，还需要掌握各种与大学生心理健康联系比较紧密的分支学科的知识，包括发展心理学、社会心理学、人格心理学、变态心理学、犯罪心理学、精神病学等知识，并重点掌握一些相关的心理学常用知识，如近因效应、晕轮效应、首因效应等，以便在进行心理辅导过程中乃至日常思想政治教育过程中运用。

再次，辅导员还需要总结和完善自己的方法，把握大学生的思维状态、自我意识、情绪情感、兴趣发展、个体倾向等情况，并认识到其中存在的个体差异性，根据不同学生对事物的反应情况，有针对性地对不同学生出现的心理困扰进行辅导。

最后，需要通过对大学生的交往心理、学习心理、集体心理、思维模式等特征的了解，运用心理学的知识引导大学生的心理变化，并对大学生常见的心理困扰和心理问题有基本的认识，做出基本分类，有针对性地寻找正确的疏导方式，促使大学生通过自身的能力来解决自己的心理困扰和问题。

（四）心理辅导技能

辅导员的心理辅导技能主要体现在以下两个方面。

1.建立良好的辅导关系

辅导员需要和大学生建立起良好的辅导关系，需要形成一种相互尊重、相互理解、彼此接纳、支流互动并真诚相待的人际关系，这是心理辅导的基础与核心。辅导员能够完成学生的心理疏导，辅导关系是主要因素。辅导员对学生进行心理辅导的过程中，辅导关系的建立是根本，具体的疏导技术则属于手段。

辅导员之所以需要和学生建立起良好的辅导关系，是因为两方面的原因，其一是心理辅导采取的各种帮助学生的措施必须建立在良好的辅导关系之上，拥有良好的辅导关系学生才会降低戒备心理并提高信任感，从而减少辅导员引导学生表达内心和观念时的抵抗情绪，有利于辅导员快速洞察学生的困扰和问题，从而进行解释和疏导；其二则是良好的辅导关系可以帮助学生建立情感宣泄渠道，不仅能够让学生尽快打开心扉，减少心理伪装，释放心理压力，还能够通过宣泄提高学生的自信心，从而引导学生培养正确的自我评价能力。

建立良好的辅导关系，需要辅导员做到尊重、热情、共情、真诚、积极关注等。尊重就需要辅导员和大学生要平等相处、以礼相待，并不卑不亢地进行友好交流；热情则需要辅导员从内心深处关心学生的心理需求，并对学生心理辅导工作有稳定而深厚的情感；共情需要辅导员从学生的角度思考问题，并通过结合学生的个体情况，设身处地感受学生的内心情绪，从而产生共同的情感，以便更轻松地引导学生；真诚就需要辅导员能够不掩饰自身，勇于将自身的缺陷暴露来表现和学生的真诚相待，有助于学生更快地打开心扉并倾诉情感；积极关注是一种对学生共情和尊重的态度，辅导员需要积极关注学生的各种言行，并挖掘学生的特性来实现顺畅的交流。

2.掌握心理咨询技巧

大学生心理辅导属于咨询心理学的一个重要分支，只是研究对象主要是学生。在对学生进行心理咨询过程中，不仅需要建立良好的辅导关系，还需要运用一定的技巧，从而减少学生与辅导员之间的隔阂，便于辅导员与学生之间的沟通交流，有利于辅导员深入学生内心了解其潜在的观念和心理困扰，最终给予更具针对性的帮助和疏导。大学生心理辅导简单来说就是建立咨询关系，然后运用心理学技巧协助大学生解决自身心理问题的过程。掌握心理咨询技巧具体可以从以下几个角度进行。

首先，明晰心理咨询的理论学派并熟练掌握至少一种心理咨询理论学派的知识。心理咨询的理论学派分为现实治疗理论、沟通分析理论、理性情绪治疗学派、精神分析学派、行为治疗学派、人本主义学派、森田疗法学派等多种，其最终目的都是为了协助学生解决心理困惑。辅导员需要选定一个学派或数个学派进行深入研究，以便为学生提供更好的服务。

其次，选择理论学派后，需要明晰相应学派特定的心理咨询方法和技巧。例如，精神分析学派是以弗洛伊德的精神分析理论为基础，通过交流技巧和引导方法，探查深层心理，从而找到潜在的欲望和动机，真正了解到心理困扰出现的根源，然后根据此根源协助学生对自我进行深入剖析，在剖析过程中帮助学生解除心理的过分防御，从而帮助学生进行自我调节，包括调整心理结构、消除内心症结、疏解心理压力等，最终促进学生的人格发展并提高学生的心理适应能力和调节能力。

再次，需要辅导员在学习相应技巧和方法的基础上进行适当的实践，可以在日常思想政治教育的过程中锤炼技巧，可以挖掘自身存在的各种心理困扰和心理问题，运用方法和技巧积极进行自我调适，也可以在遭遇瓶颈时向专业心理咨询师寻求帮助，并通过彼此的沟通提高对心理咨询的方法和技巧的掌握程度。

最后，辅导员作为辅导员，并非专业的心理咨询师，对学生进行心理辅导时，要做好职责定位、能力定位。一方面，辅导员要清楚自己只能帮学生疏导心理困扰和心理问题，以及引导学生因心理问题引发的行为重归正轨，而且辅导员要对学生有足够的信心，要相信学生自身有能力解决和疏解自己的心理问题，辅导员只是辅助角色；另一方面，辅导员在进行心理辅导过程中要有自知之明，毕竟自己不是专业的心理咨询师，不能解决所有的心理问题，对于一些超出自身能力范围或无法确认的心理问题，辅导员需要及时向专业心理咨询师进行验证，或将学生及时转接到专业心理咨询中心或机构，以便让更加专业的人士解决更专业的问题。

（五）自我调适能力

辅导员想做好学生的心理辅导师，首要任务就是确保自身能够快速自我调适并解决自身的心理困扰和问题。随着改革开放进程进一步加快，社会环境的急剧变化，辅导员的工作环境更加复杂，工作任务也更加繁重，然而很多人对辅导员工作的误解依旧很深，其中不仅包括家人的不理解，还包括学校领导以及学生的不理解。同时，受到市场经济以及外界的各种压力和误解的影响，辅导员对自身角色定位会产生困惑，这造成了辅导员队伍异常不稳定。

在这种情况下，辅导员必须具备良好的心理调节能力和自我调适能力，才能及时调整自己的心理状态和行为方式，使之符合辅导员工作的需求。另外，辅导员在从事学生心理辅导工作时，难免会接收大量的垃圾信息和情绪垃圾，如果没有良好的心理调节能力和自我调适能力，就无法拥有足够的心理承受力，从而容易造成心理困惑、抑郁、焦虑，甚至还可能造成严重的心理问题。因此，不论从辅导员自身的身心健康而言还是从学生身心健康成长而言，辅导员都需要通过各种渠道来提高自己的心理承受力,保持良好的心态,及时疏导自身内心的郁结,这样才能够更好地为学生服务。

辅导员队伍的建设,增加了工作活力,但也因为其欠缺经验容易在进行心理辅导时出现问题。例如,大部分辅导员并无心理学基础,对心理辅导师的重要性认识不足;实际工作过程中无法及时发现和解决学生的心理问题与思想问题,以及心理健康教育和德育的关系;辅导员自身的心理素质有待提升等。辅导员做心理辅导师需注意的问题主要体现在思维认知调整方面,具体可以从以下三个层面进行分析。

(1)认识学生心理健康教育的必要性

辅导员要充分认识到自身成为心理辅导师的必要性。从社会发展与时代特性来看,如今的社会竞争不仅表现在经济竞争和科技竞争方面,也表现在心理素质竞争方面。现代化进程的加快带来的是生存环境的快速变化,同时社会结构、价值观念、行为模式、生活方式等都在相应地发生变化,以上变化也带来了民族文化的变迁,这种变化的状态会加重人们的心理负荷,从而令一部分人产生心理困扰,所以需要人们拥有健康的心理才能够更好地迎接挑战和变革。

从现在的教育形势来看,新时期的教育期望全面提高学生的素质,其中就包括心理素质,因此心理健康教育在高校素质教育中越来越重要。只有拥有健康的心理,学生才能够更好地进行自我成长和自我发展,也只有拥有健康的心理,学生才能够快速提升文化素质、道德素质、思想政治素质、身体素质等。从中可以看出,心理素质培养是全面发展的基础工程,学生心理健康程度甚至关乎整个民族未来的素质水平。

从学生心理健康情况来看,心理健康教育是学生的迫切需求。大学生多数处于青年期,虽然大部分大学生的心理健康阳光,能够很好地认识自我并高效地学习和工作,能够适应社会的快速发展和高校的教育改革,但也有一部分学生受到社会环境快速变化的影响,产生了诸多心理压力和心理困扰。例如,一些学生对高校的生活、学习、未来择业都非常不适应;一些学生无法正确处理学习、恋爱、交际等关系,甚至出现了心理障碍;一些学生无法疏导心理压力,逐渐积压成严重的心理疾病,甚至有些走上了自毁道路。这无疑说明大学生的心理健康教育极为重要。

(二)正确处理德育和心理健康教育的关系

绝大多数辅导员并非心理学专业毕业,虽然在对学生进行思想政治教育和道德品质教育过程中积累了一定的经验,但却无法从心理学角度更好地把控学生情况,也无法有效地对学生进行心理辅导。

辅导员第一步需要做到正确区分学生的心理问题和思想问题，如学生逃学很可能并非由思想问题引起，而是由心理问题引起的，只有辅导员能够区分学生遭遇的问题，才能够有效进行分析和解决。

第二步需要做到的是认清德育和心理健康教育之间的区别。心理健康教育是德育工作乃至整个辅导员工作的基础，因为心理健康教育更加贴近大学生的生活日常，毕竟所有学生所产生的心理困扰或心理问题都源自日常生活的点点滴滴。只有完善心理健康教育，才能够促使德育取得更好的效果。

心理健康教育和德育具体区别体现在两方面，其一是心理健康教育的目的是引导学生更好地认识自我，并处理好自我与学校、他人、社会、家庭之间的关系，从而更好地适应各种环境变化；而德育的主要目的是梳理学生的政治方向、思想倾向和道德观念等，以便学生能够沿着正确的方向发展和成长。其二是在心理健康教育过程中，辅导员需要将学生看成人际关系之中的关键参与者来要求，进行心理疏导也是帮助学生梳理关系网和疏导心理郁结；在德育过程中，辅导员需要引导学生自发理顺社会关系，了解社会发展的历史、规律和未来趋势等。通俗来说，心理健康教育是促使学生成为正常、健康的"普通人"而德育则是促使学生成为社会所需的"社会人才"或"社会建设者与接班人"。

（三）提升自身心理素质

辅导员需要有效提高自身的心理素质，这是辅导员成为心理辅导师的基本要求，尤其是如今辅导员面对的学生更加多样化、更加多元化，只有拥有强大的心理素质，能够快速进行心理调节和心理调适，才能够在处理繁杂的事务过程中保持一颗初心，才能够在遇到困难、挫折时保持信心并摆正角色定位，更好地为学生服务。

五、辅导员的心理辅导能力和教育方式

（一）心理辅导能力培养

辅导员想成为一名合格的心理辅导师，首先需要学习和掌握心理学理论与相应的心理辅导方法。前面曾提到辅导员需要厘清心理理论体系，并有针对性地学习理论知识，除此之外，辅导员还需要了解学生的差异，以便运用不同的心理辅导方法帮助学生。学生的不同差异主要表现在气质、性格、兴趣、能力等多个方面，任何一方面的差异都会体现出心理活动特征的差异，从而对事物的敏感度、反应速度、灵活性等也会有所差异，只有拥有心理学基本理论知识和辅导方法，才能够正确对待不同的学生，从而采用不同的心理辅导方式帮助学生，保证工作的有效性和针对性。

其次，辅导员需要通过实践不断锤炼心理辅导能力。心理辅导是一种非常注重实践的工作，这不仅因为人的心理一直处在变化之中，还因为心理辅导理论根本无法囊括所有在现实生活中对学生进行心理辅导时会遭遇的问题。只有理论与实际相结合，通过大量的实践，才能够促进辅导员心理辅导能力的增强。具体做法可以分为四步，第一，辅导员需要加强对自身的洞察能力和调查研究能力的锻炼，时刻关注学生的心理变化并了解时代和社会背景下学生的心理健康状态；第二，辅导员要在日常思想政治教育工作和社会实践活动过程中强化心理辅导师的角色意识，即要主动运用心理辅导理论知识对所见所闻进行分析；第三，有条件的高校可以有针对性地对辅导员进行分阶段的心理辅导培训，如邀请专业心理咨询师对辅导员培训，提高辅导员的实际心理辅导能力；第四，辅导员可以主动自觉地参与高校中心理咨询中心或机构的活动，或在心理咨询师的参与下接待有心理困惑的学生，以便提高实践能力及心理辅导能力。

最后，辅导员要注重强化自我意识和提高心理素质。辅导员对学生进行心理辅导就必须具备全面的知识，也需要具备强大的心理素质，从而才能有针对性地对学生进行辅导和引导。要做到这一点，辅导员可以从以下三个方向提升自我，一是通过不断学习，全面提升自身的素质，尤其是科学文化素养和心理学理论知识。只有不断提升自身的素质，才能够进一步探索学生工作的新途径和新方法，才能够更快适应多样化的学生思想和心理变化；二是需要通过实践全面提高自身各方面的能力，在提高能力过程中辅导员不仅要形成更加健康的人格，还要提高辅导员的业务能力，包括洞察能力、交流沟通能力、创新能力等，这些能力能够在辅导员工作过程中促使其不断创新工作思路，从而形成独具特色的工作风格；三是需要学会总结和反思，通过学习提升理论知识，然后通过实践积累经验，最终通过对实践中遇到的情况进行总结和反思，快速吸收和内化所学知识，可以令辅导员能够更深入了解自己，并不断提高实践能力。

（二）心理健康教育方式

辅导员的心理健康教育面对的是各种各样的学生，服务对象就是学生，因此辅导员心理健康教育工作就需要围绕学生进行完善。

首先，辅导员需要深入了解学生情况，并建立学生的心理健康档案。了解学生和建立心理健康档案需要分四步来进行，第一步是对学生整体进行解，这需要从时代、社会、环境等各种背景出发，对学生群体的共性问题有清晰的认识，主要包括学生高校生活的适应问题、对未来前途的迷茫问题、对感情的困惑问题、对家庭的依赖问题等，并对共性问题进行分析和挖掘，寻找形成这些问题的源头；第二步是在新生入学时，通过对学生的日常接触和了解，重点排查具有特殊心理困扰或心理问题的学生情况，可以通过高校的体检结果、心理测试反馈、与学生交心、由学生干部介绍学生情况等方式，对学生进行深入了解，发现问题并查找原因，建立起相对应的心理健康档案；第三步则是对心理健康档案进行细化，要保证档案内容的真实和详细，并需要根据学生的成长变化，及时进行档案更新，从而确保心理辅导能够根据学生具体情况的变化而不断更新和完善。通过这样的方式，辅导员不仅能够建立起心理辅导的正轨流程，还能够不断积累经验，以提高自身的心理健康教育能力。

其次，辅导员要寻找各种方式开展心理辅导，通常通过面对面沟通能够在一定程度上排解学生的成长困惑与心理困扰，但有时若引起心理问题的根源较深，简单的面对面沟通取得的效果并不明显。也就是说，很多时候学生与辅导员面对面沟通交流时，并不会将内心深处的真实想法直言相告，这无形中会降低辅导员做思想工作和心理辅导工作的有效性。

辅导员可以通过互联网平台来建立与学生平等沟通的渠道，互联网平台最大的优势就是具有一定的虚拟性，有些时候学生不愿意和辅导员面对面沟通的一些心理问题，却可以通过网络平台沟通的方式进行咨询。辅导员可以建立起心理教育网页或平台，在平台上开设相关的心理学知识普及、心理测试和测评、心理咨询等栏目，一方面提高学生对心理学的了解，引发学生对心理学的兴趣；另一方面可以促进学生将期望咨询的心理问题以邮件、讯息、留言或其他隐晦的方式表达出来，甚至可以运用匿名沟通的手段，让学生处于暗处，从而在增加学生隐蔽性的同时引导其将内心深处的真实想法表达出来。

另外，辅导员还可以开设谈心室，将学生容易遭遇的共性问题在谈心室进行讲述和交流，如引导学生相互交流经验，这样不仅能够让学生彼此产生更加深入的了解，还能够在一定程度上促进学生学习克服心理障碍的方法，相互促进并提高。辅导员甚至可以开发一些心理游戏，引导学生在娱乐的同时获得心理上的帮助。这些心理游戏可以采用类似情境指导的方式，通过一步步引导，让学生挖掘出心理困扰和心理问题的根源，从而能够更好地完善自身。

最后，要积极通过团队活动进行心理辅导。通过团队情境内的学生间人际交互作用，来促使学生个体在交往之中观察、学习、体验，从而更深入地了解自我并认识自我，辅导员在此过程中可以充分发挥自身的引导能力，运用引导技巧发挥学生个体的主观能动性，调整自身的情绪和态度，改进行为方式来改善与他人的关系等，最终使学生个体产生更高的信任感和团队归属感。

运用团队活动进行心理辅导，需要辅导员在团队活动主题基础上，充分调动学生的积极性和主动性，引导学生集体参与，并围绕团队主题体验各自不同的关键作用，从而引导不同性格和不同特点的学生都能够在团队活动之中取得一定的成功，表现出独属于自身的才能，最终促进学生敞开心扉，提高其对团队的信任度；另外，辅导员可以通过团队活动来引导学生转变不正确的认知和观念，通过集体的力量来帮助少数偏颇的学生建立正确的思维方式，最终引起连带反应，促使学生正确处理日常生活之中的各种事务。这种团队活动形式在很大程度上是打开学生心理屏障的有效手段，但具体的心理疏导和引导，心理困扰的发现和解决，还需要辅导员针对不同的学生采取不同的方式，以便能够因人而异，提供最适合的心理辅导。

第三节 带领者·学生社会实践教育

大学生社会实践就是通过高校有组织、有计划、有目的的引导，根据不同主题思路组织大学生深入社会、深入生活、深入实际，从而通过实践性活动全面提高大学生素质的教育活动。

一、学生社会实践教育的内涵

2004年，中共中央发出的《关于进一步加强和改进大学生思想政治教育的意见》中指出："社会实践是大学生思想政治教育的重要环节，对于促进大学生了解社会、了解国情，增长才干、奉献社会，锻炼毅力、培养品格，增强社会责任感具有不可替代的作用。要建立大学生社会实践保障体系，探索实践育人的长效机制，引导大学生走出校门，到基层去，到工农群众中去。"积极探索和建立社会实践与专业学习相结合、与服务社会相结合、与勤工助学相结合、与择业就业相结合、与创新创业相结合的管理体制，增强社会实践活动的效果，培养大学生的劳动观念和职业道德。要认真组织大学生参加军政训练。利用好寒暑假，开展形式多样的社会实践活动。积极组织大学生参加社会调查、生产劳动、志愿服务、公益活动、科技发明和勤工助学等社会实践活动。重视社会实践基地建设，不断丰富社会实践的内容和形式，提高社会实践的质量和效果，使大学生在社会实践活动中受教育、长才干、作贡献，增强社会责任感。

大学生社会实践活动与思想政治教育的目的是一致的，从现实来看，大学生思想道德的形成不仅仅是思想上的认识和心理上的认同，更重要的是践行。

通过社会实践活动，能够加强学生对思想政治理论的理解，从而通过实践活动形成正确的价值观念；能通过社会实践促使学生形成意志并锤炼意志，人的意志是一种促使自身动机和目的付诸行动并自觉努力的一种心理形态，只有形成坚定的意志，才能够拥有足够的自控力使学生形成的思想道德品质；能够通过社会实践加强学生的情感体验，只有通过亲自实践和尝试，学生才能感受和真正认识到某一认识的正确性,从而形成情感体验并转化为信念,这是构成思想道德品质的重要因素;另外,只有通过社会实践,学生的道德品质才会在行动和实践过程中体现出来,辅导员才能够对学生的思想道德情况进行了解,并进行恰当的、有针对性的引导和辅导,促使学生形成正确的思想道德体系。

二、社会实践的功能

社会实践在高校教育体系中具有非常重要的作用,也是促进大学生实现全面发展的必要途径,同时也是大学生得以施展自身才能的最佳方式和渠道。社会实践主要有两方面的功能,其一是教育功能,其二是对大学生成才的促进功能。

(一)教育功能

社会实践在高等教育中的功能具体体现在四个方面。

首先,社会实践能够促进高校实现教育目标。高校的最终教育目标是培养社会需求的全面发展的人才,而真正的人才必然需要具备足够的理论感悟能力和技能运用能力,这些都需要通过社会实践辅助学生进行吸收和内化。一方面,社会实践能够让大学生直接接触社会和自然,从而获取直观的感性认识和行为感受,促使学生将理论知识转化为实际解决问题的能力;另一方面,社会实践可以让学生将书本理论知识与实践结合起来,实现知识的最终内化,通过实践过程中自己的观察、处理、寻找方法、反思、总结等,为将来进入社会之后的实际社会生活打下坚实的行为基础。

其次,社会实践能够提高高校教学的质量。通常情况下,高校教育多数采用课堂教学形式,虽然其教授的知识系统比较完整,但更加概念化和抽象化,学生若没有进行实践,容易只知其然,却不知其所以然。通过社会实践,学生在课堂上所学的理论知识会得到极大的延伸和补充,通过结合实际的活动能够促使大学生加深对知识的理解,并能激发学生的创造性和能动性,从而不再"死"读书;另外,高校教育属于专业化教育,期望培养的也是未来的专业化人才,但相对来说这种专业知识更偏重于理论,因此通过社会实践,可以有效组织学生进行系统的操作训练,从而促进学生在社会实践过程中熟悉实操,最终走上工作岗位之后就能够更快地适应社会需求。

再次,社会实践能促进大学生全面健康成长。大学生虽然接受新鲜事物极快且求知欲强,但社会阅历较少,思想也不成熟,所以选择和辨别的能力较差。互联网时代是海量信息时代,面对这么繁杂的信息和间接知识,大学生很难去明辨是非和识别真伪,因此会对大学生的健康成长产生很大的阻碍。社会实践能够促使大学生投身社会建设和各种实际活动中,能够让他们真正感受到社会各阶层建设者的精神和态度，这样不仅能够促使大学生形成坚定的社会主义理想信念，也能够在很大程度上激发学生的使命感，从而促进大学生自主自觉提高学习的积极性，并为了社会主义建设严格要求自己、完善自己，最终实现自身的全面健康发展。

最后，社会实践能够整合教育资源。高校是学生接受教育的重要场所，但高校学习生涯仅仅是学生人生路上的一个短暂的接受教育的阶段，从人生发展的角度来说，社会才是学生真正意义上的教育场所。虽然高校能够为大学生提供系统化的教育，但其拥有的教育资源毕竟有限，而社会实践却能够将社会之中的各种教育资源进行有机整合，从而对大学生进行全方位的教育。例如，可以通过举办社会实践活动招标会，促使高校和各企业、商家进行联合，由企业或商家为学生的社会实践活动提供一定的资源，这样一方面能够保证学生社会实践活动的有效实施；另一方面能够保障企业或商家扩大社会影响，实现社会宣传，吸引更多的人才关注，以便提高其自身的人力资源实力。这种模式的社会实践既能够满足企业或商家的需求，又能够满足学校的社会实践需求，同时还能辅助高校对学生进行技术培训或社会指导，另外还可以通过辅导员的思想政治教育实现对学生正确人生观、价值观和世界观的引导，最终实现多赢。

（二）促进成才功能

高校开展社会实践的最终目的就是促进学生成才。在学生成才这条路上，社会实践能够实现很多特定的功能，分别为以下五项。

1. 人生导向

大学生处于青年过渡期，多数大学生步入高校时刚刚成年，处于人生成长的关键阶段，但相应的其生理和心理都还不够成熟，因此世界观、人生观和价值观都不够稳定，不过其可塑性却极大。社会实践能够引导大学生真正接触社会，并通过亲身经历去感受社会和人生，去明晰国情、人情、乡情等，并促使学生理解国情下党的相关政策、方针、路线等，因此社会实践能够为大学生指引人生的方向，从而让大学生确立正确的人生观、价值观和世界观。

2. 思维拓展

大学生在高校所学的理论知识繁杂而自成体系，且为大学生奠定了扎实的理论基础，但毕竟未能完全内化为大学生自身的知识，并且所有的理论知识只有通过实践才能发挥出其内在的作用，社会实践就成了理论知识的试金石。通过社会实践，大学生能够将在高校之中学到的知识和理论应用于实践，并通过应用理论知识来发现问题和解决问题，同时还能够通过对社会问题的解决，培养大学生的架构能力，使大学生的认知能力、架构能力均衡发展。另外，大学生在社会实践过程中，必然会遭遇到意料之外的困难或问题，辅导员可以根据大学生所面对的问题或困难，引导学生对所学的理论和知识运用于实践，发挥思维的多样性，从而将理论和知识内化为自身的能力和技能，并在此基础上进行创造性发展。

3. 培养创新

大学生在高校能够学到丰富的理论知识，但没有实际经历很容易造成所学内容杂而不精、多而不专，而通过社会实践，大学生可以发挥在高校内养成的创新思维，在实践中进行分析、设计、创新，获得独到的见解，在此过程中大学生也能够培养自己的创新精神。尤其是当今大学生见多识广，互联网技术的快速发展造就了大学生拥有非常繁杂的思维体系，在社会实践过程中，辅导员可以通过引导来促进大学生开展创新创业实践，通过科学的研究来提高自身的创业技能和创造能力，同时也能够激发大学生学习新知识和探索新领域的欲望，培养大学生开拓创新、勇于进取的科研精神。

4. 陶冶情操

如今的大学生都是在改革开放时代成长起来的，他们经历和见证了中国经济的快速发展，但没有体验过先辈的艰难生活，因此对先辈建设新中国的艰难并不了解。通过社会实践活动和辅导员的思想引导，大学生可以在接触社会的同时深刻了解先辈们为建设新中国所做出的巨大贡献，从而在锻炼自身能力的同时，还能够培养大学生的集体主义和爱国主义精神，增强大学生的社会使命感和荣誉感，最终形成正确的思想道德意识。同时，一些受到文化冲击和观念冲击造成思想不稳定的大学生，也能够通过社会实践充分了解自身的不足，并学会和他人友好相处、相互尊重，可以在很大程度上引导他们逐步树立正确的人生观、世界观和价值观，陶冶他们的道德情操，形成良好的社会生活习惯和思维模式。

5. 检验成果

大学生在高校的学习，多数是对理论知识的理解和掌握，但具体对这些知识理解到什么程度，掌握到什么程度，以及所学理论和知识是否正确，都还有待验证。通过社会实践活动，大学生可以将书本上学到的各种理论和知识进行运用，然后去检验学习的成果。这样能够促进大学生及时发现自身的不足和错误，并快速改进不足、改正错误，令其自身的知识结构更加合理，更加适合自己。辅导员在此过程中，可以有针对性地引导学生进行成果检验，并及时对学生进行思想辅导，培养学生自主学习和反思的能力，同时可以培养学生的团结精神，促使学生之间彼此扶持，彼此激励，共同成长。

当然，社会实践除了拥有很强的教育功能和成才功能外，还具有一定的推动社会发展的功能，尤其是大学生的社会实践活动多数会下基层，即进入农村或远离大中城市的地域，之后会在这些区域开展多样化的社会实践活动，包括文艺演出、志愿服务、公益活动、科技咨询、科技攻关、义务支教、社会调查、法制宣传、生产体验等。这样不仅能够广泛传播各种科学文化知识，同时还能够推动基层地域各种文化知识的普及。有些学生通过深入基层企业，还可以在一定程度上帮助企业解决经营、管理、技术、生产等方面出现的问题，还会给企业带来更新颖的思维模式，从而能够有效提高企业的整体水平的提升。因此，从这个角度而言，大学生的社会实践能够推动社会的全面发展。

三、社会实践教育的基本原则

高校的社会实践教育是为了引导大学生走出校门，深入社会基层，通过让大学生参与社会的各类活动来促进学生增长才干、升华思想，从而树立正确的人生观、世界观和价值观。对大学生进行社会实践教育，需要遵循一定的基本原则。

（一）正确思想指导原则

高校是培养未来社会所需人才的重要场地，其根本目标是培养中国特色社会主义事业接班人和建设者，而加强对大学生的思想政治教育是培养人才的必然要求。因此，社会实践教育的首要原则就是要进行正确的思想指导，并使思想政治教育的目标任务和社会实践相结合，促使大学生通过社会实践建立正确的世界观、人生观和价值观。离开正确的思想指导，大学生在社会实践活动中就容易迷失方向。

（二）培养综合素质原则

如今社会处于互联网时代，全球化发展趋势推动社会各个领域开始向多元化、多样化发展，与之对应的，社会对人才的需求也开始发生一定的变化，社会建设和发展越来越需要具备综合素质的人才。大学生是青年之中的优秀代表，同时也是未来社会发展的栋梁，因此大学生的综合素质高低会直接影响整个社会经济和精神文明的发展。

基于此，高校的社会实践教育必然需要遵循培养具备综合素质的人才原则，并需要做到以下四点：一是通过社会实践活动，有意识地培养大学生热爱集体、胸怀祖国、服务大众的思想品质，这需要辅导员能够根据社会实践活动的形式和主题进行适当的引导，并通过各种手段来激发学生的爱国情怀和奉献精神；二是通过社会实践活动培养大学生吃苦耐劳、不怕挫折和勇于挑战的心理素质，同时通过劳动提高大学生的身体素质，令其在社会实践活动中身心结合，两者共同提高；三是通过适当引导和激发，如针对大学生的兴趣爱好、专业技能、行为特点等，开展有针对性的社会活动，提高学生的文化素质和专业素质，并培养大学生的创新思维和创新能力；四是通过社会实践活动，有目的地引导大学生学会分析事物、解读现象、解构问题并尝试进行解决的正确思维方式和行为方式，培养大学生明辨是非、正确决断和选择的能力。

（三）理论和实践知次结合原则

大学生在高校中所学到的各种知识和理论多数属于书本知识，即使学会也并不代表学生能够将其转化为自己的知识；另外，社会的快速发展，科技水平的快速提升，互联网技术的兴起，使如今的社会是一个信息爆炸的社会，新的知识时时刻刻都在涌现，旧的知识也在不断被迭代和更新，虽然高校和教师一直在努力将新成果和新信息等引入课堂，以促进学生接触最新的知识，但毕竟受到多方面的限制，根本无法适应社会形势的变化。

从这两个层面而言，只有通过社会实践才能够弥补其中的不足。通过社会实践活动不仅能够促进学生对知识的理解和掌控，同时还能亲身感受社会现状，能够体验到知识的不断迭代与更新，可以促进学生树立终身学习的目标。另外，在社会实践活动中，学生肯定会遇到一系列非常具体的问题，这些问题能够促使学生对所学知识提出疑问并进行反思，从而促使学生梳理所学知识，并对知识进行更新和思考，最终完善自己的知识架构，同时也能在很大程度上提高学生的适应能力和应变能力，促使学生运用创新思维去解决问题。

（四）密切联系基层群众原则

通常情况下，高校的学生通常被称为生活在"象牙塔"中的人，即学生其实是生活在身边人的保护之下，在高校之中所接触的各种事务都是较为美好的，而真实的社会却无法接触到。也就是说，大学生一直处于高校之内，对整个社会的理解会存在极大的片面性，长此以往必然会影响学生的健康成长。

社会实践活动会推动高校学生进入社会大环境之中，作为中间过渡，高校学生的社会实践需要以密切联系基层群众为原则，这一方面能够促进大学生认识和了解基层工作和基层群众，并从他们身上发现大学生自身所没有的一些美德，如吃苦耐劳、艰苦朴素、真诚待人、乐于助人等；另一方面则能够让大学生学习真正的操作技能和行为经验，这些内容甚至无法从书本中学到，而且更加实用有效。另外，通过接触基层群众，大学生也能够在一定层面上了解和认识到社会的真实情况，从而为以后真正步入社会打下心理基础。

（五）坚持师生配合原则

社会实践活动是学生自我教育、学校教育、社会教育三方面相结合的一种教育形式，其中学生是社会实践活动的主体，学校则是社会实践活动之中的主导者，社会是实践活动的场所提供者。

高校需要通过辅导员的引导，极大地调动学生参与社会实践活动的主动性和积极性，尤其是较为分散的社会实践活动，更需要充分发挥学生的主体作用。从高校的角度而言，需要针对大学生的社会实践活动进行长期的计划和安排，将实践活动纳入学校年度工作计划之中，精心设计，做到统筹安排，还需要根据社会的发展形势及大学生的思维特性等进行适当的调整和优化；另外，要在教学过程中加入社会实践活动的内容，并将其纳入考核和测评范畴，使社会实践活动更加规范化。

除高校对社会实践活动进行安排和计划外，还需要充分发挥教师在社会实践活动过程中对学生的指导和教育作用，尤其是辅导员的引导和教育作用。首先，辅导员需要加强对大学生进行社会实践活动目的及意义的教育，引导学生明晰社会实践活动的核心意义，教育学生在进行社会实践活动时要以服务社会、增长才干为目标，并以提高社会效益为重，避免走过场；其次，辅导员要辅助学生制订社会实践活动计划和措施，围绕目标和学生自身的实际情况制订周密的计划，并为学生提供相关技术支持，帮助学生分析可能会遇到的问题，提出相对应的应对措施；最后，辅导员需要在社会实践活动中加强对学生的指导，如通过和学生的交流，加强对学生的关注，了解学生在活动中的收获和体会，并结合社会对学生表现的评价以及期望，指导学生完成对活动的总结和反思，最终有针对性地提高学生的能力。

四、社会实践教育的基本形式

高校社会实践教育的形式是实现社会实践教育内容的具体方式和载体，是实现社会教育、高校教育和学生自我教育目标的具体过程和具体形态。综合而言，社会实践教育有两种形式，一种是组织形式，一种是活动形式。

（一）社会实践教育的组织形式

高校大学生社会实践教育的组织形式非常灵活且具有多样化特性，有学校专业组织的专业实践活动，有班级组织的集体活动，也有学校社团组织的各种活动，更有学生个人开展的分散式活动等。总体而言，社会实践教育根据组织形式可分为以下四类。

1.专业教学社会实践活动

这种实践教育活动主要由高校专业教学部门组织并开展，目标是加强专业实践，提高学生相关专业的实践能力，通常会被纳入高校专业整体的教学计划中，包括教学实习、毕业实习、生产实习等，一般会按专业确定实践内容和形式，并由各专业教学部门负责教学的领导落实和开展。

2.社团组织假期活动及日常社会实践活动

高校之中拥有各种各样的社团组织，包括学生会、兴趣社团、共青团、党支部等，这些社团组织会有针对性地开展一些社会实践活动，包括日常的社会实践活动以及寒暑假的各种社会实践活动。例如，挂职锻炼、参观访问、科技文化卫生服务、社会调查、志愿者服务等形式，这是大学生社会实践的主要形式，也是学生接触社会、认识社会并增加才干的主要途径。

3.自助式社会实践活动

自助式社会实践活动主要针对的是一部分因家庭经济困难造成学业难继、生活困顿等情况的学生，一方面学生工作部门会通过减免学费、校内贷款、经济补助等措施来缓解这些学生的经济困难；另一方面也会开展勤工俭学、勤工助学等活动，为经济困难学生提供助学岗位，或积极联系各种用人单位通过招聘的方式为学生提供机会等。这些就属于自助式社会实践活动，这些活动不仅能够为学生提供社会实践机会，同时还能够为学生提供经济帮助。

4.自发式社会实践活动

自发式社会实践活动就是大学生在认识到社会实践活动的重要作用后，自发在校内学习过程中积极联系各种单位或企业，以参与社会实践。这种活动不仅能够锻炼自己，展示自身能力，还能够对自身能力和知识掌握程度进行检验。有些学生甚至会尝试创业，以积累各种社会经验。自发式的社会实践活动可以分为三种。

第一种是组织重点团队，即根据社会需求和高校教育需求，建构规模适中、人员优质、行动高效的社会实践团队，有明确统一的指导方针和目标，由专人统一领导并遵循严明的纪律开展活动。例如，某些企业的公开研发项目等，大学生可以根据自身的特点和项目的特点，自发建构项目组织进行攻坚。通常这种社会实践活动的目标明确且活动方向清晰，社会效果较为显著，影响也较大。

第二种是同区域组队形式，虽然重点团队是最适合学生快速提升才干、培养正确价值观念的形式，但由于受到各种条件的限制，不可能所有学生都能进入重点团队，多数学生就会在期望发展的所在地范围内，寻找对应的社会实践活动机会，处在同一区域内的学生会自发组队参加社会实践活动。因为属于学生个体开展的社会实践活动，所以学校需要通过较为有效的保障和机制，对这些学生进行鼓励和适当的约束，以确保学生能够很好地完成社会实践活动。

第三种则是点面结合的组织形式，点指的就是学生个体开展的社会实践活动，面则是学生根据自身特点自行组队开展社会实践活动。高校需要将点和面结合起来以提高学生社会实践活动的成效。如学生个体的社会实践活动，高校可以通过院系或专业统一进行组织和重点扶持，利用自身的教育资源和社会资源，力求做到内容充实、形式多样、效果突出；另外，高校可以鼓励院系之间友好合作，通过跨专业、跨年级、跨院系乃至跨院校的模式，以学生社团等形式组织开展极具特性的社会实践活动。例如，院系之中有些专业完全可以互补乃至互成逻辑，高校可以引导院系的学生协同进行活动组织和开展，学生可以根据实际情况和自身特点及专业特性，自发组队来展开活动。

（二）社会实践教育的活动形式

大学生社会实践教育的活动涉及面极广，活动的形式也多种多样。根据活动性质和目标方向，可以分为以下多种活动。

1.军政训练

军政训练主要指的是大学生进入高校之后的军训活动，这是提高大学生身体素质、思想觉悟、国防观念、国家安全意识等成效很明显的社会实践活动形式，能够在培养学生爱国主义情怀、集体主义情感和社会主义精神的同时，加强学生的组织观念和团队精神，并引导学生养成艰苦奋斗、吃苦耐劳的作风。军政训练通常会在新生入学时开展，因为刚刚经历了高考，学生的身心得到了最大限度的放松，所以通过严格的军政训练能够更好地促进学生养成良好的生活习惯和劳逸结合的思想意识，从而更快适应大学生活。

2.社会调查

社会调查通常是高校组织的一种利用寒暑假等，围绕社会发展过程中遇到的重要问题或重要内容形成主题，然后开展有目的的参观、访问，并进行调查研究和数据分析，从而提出解决问题的意见或建议和方向，最终形成调研结果的社会实践活动。一般情况下，社会调查是国情和社会热点状况调查，以及结合专业方向进行的社会需求调查等，其不仅能够锻炼学生的沟通能力和逻辑思维能力，帮助学生正确认识社会以及掌握问题的本质和产生规律，同时还可以促进学生对基本国情和社会现实状况有一个基本了解，从而提高学生的社会责任感。

3.生产实践

生产实践就是通过大学生的生产劳动参与各种实践活动，目的是培养大学生的劳动观念，并熟悉公民群众观念和无私奉献精神，让学生明晰生产劳动并非简单之事，不仅需要付出辛劳，还需要拥有非常多的经验和智慧。生产实践活动能够促进大学生形成正确的人生观，同时还会拉近大学生与人民群众的感情距离，还能够让大学生对职业道德、劳动观念有正确认识。

4.公益服务

公益服务需要大学生从社会现实和生活之中寻找问题，并围绕环境、自然、人类、生活等提出活动主题，然后根据主题内容进行参与式研究、体验和实践尝试，核心是为社会和人民服务的公益活动。通过公益活动能够促使学生对社会现状进行反思和总结，并完善学生的知识结构，提高学生的社会责任感；另外，通过公益服务活动，可以培养大学生的团队协作和集体观念，并对环境、自然、人际、生活等产生整体认识，对社会拥有更加深入地了解。例如，通过学校的志愿者协会，组织学生到社区中与居民协同举办各种志愿活动，包括科普读书、法律科普、科普培训、竞赛活动、科普演讲等，还可以融合网络平台，以便宣传正确的生活观念、普及科学的知识、传播科学的思想等，不仅能够提高社区居民的生活质量，还能够通过活动来提高学生对社会现实生活的认识。例如，歌咏、诗词朗诵、话剧表演、书法展示、曲艺、舞蹈等通过文体活动来促进学生发挥个人专长，同时促进文化传播；开展普法公益活动，开展法律宣传工作，可以通过法制讲座、志愿援助、案例解析、法律咨询等活动来加强社区民众的法律观念、优化法制环境；开展卫生常识宣传或义诊活动，普及健康卫生医疗知识，提高社区民众的医疗卫生观念，培养民众健康的生活习惯。

5.参观学习

参观学习就是组织学生到某些主题下的场景中进行参观，设身处地感受主题内容，从而达到理论联系实际并对学生进行思想教育的活动。例如，组织学生前往革命老区和改革开放前沿区域进行参观学习，能够在使学生了解中国革命或改革开放成效的同时，加深对社会和党的感情，培养学生的爱国主义情怀；组织学生走访先进工作者、劳模等模范人物，能够让学生了解模范人物的思想境界，从而激发大学生的奉献精神，树立正确的职业道德观念；组织学生前往专业相关的企业、工程中学习，可以加深学生对专业发展情况的了解，并形成更加明确的专业发展方向以及更完善的职业规划。参观学习的过程中，可以融入有关政策形势的内容教育，让学生在了解社会发展方向的同时对自身的学习和未来发展有更加清晰的认识。

6.科技发明

科技发明活动就是开展各种主题的科技发明竞赛或展示活动，以便提高学生的知识应用水平和相对应的科研能力，同时还可以提高学生的动手能力，甚至能够通过科技发明活动促进社会和科技的进步。这样大学生的思维更加灵活，因此具有更强的创新意识更容易产生新颖的想法。开展科技发明活动能够引导大学生灵活运用创新思维进行创造发明，或对已有科技手段进行技术改良、工艺创新等。在此过程中，不仅能够培养学生的科学素养和科研精神，还能够引导学生形成良好的学术道德，并促使学生对科技成果进行转化，引导和鼓励大学生开展创业实践活动，提高大学生的创业技能和创新能力。通过科技发明活动的开展，可以激发学生的兴趣和研发思维，同时能够促使学生对已学知识进行内在转化，在此过程中可以引导学生学会反思，以便及时发现自身的不足，找到完善自身的方向和方法。

第五章 高校辅导员管理工作的理论与实践

第一节 良师益友·学生日常生活管理

高校学生日常生活管理是高校管理体系之中非常重要的一部分，也是高校教育学生和培养学生成才的重要途径。高校学生日常生活管理工作就是以培养人才为核心目标，针对学生在校内外的日常学习和生活活动，遵循教育规律，遵守管理制度、行为规范等，对学生进行有目的、有计划、有组织的教育管理活动。

一、学生日常生活管理的主要内容

学生日常生活管理的内容随着社会的发展而不断拓展，主要针对的就是学生在高校的学生生涯期间的各种日常，其中较为主要的内容有三项，分别是学生的奖励与违纪管理、学生的宿舍生活管理和特殊学生群体管理。

（一）学生的奖励与违纪管理

学生在高校的日常生活多数是集体生活，学生需要遵循高校所制定的各种规章制度，以便在日常生活中健康成长并成才。学生进入高校之后，高校成了学生最主要的生活场所和学习场所。有些学生会因为各种原因违反校内规章制度，也有些学生会在思想品德、学业成绩、身心健康、社会服务等方面表现突出，这就需要对学生进行相应的奖励与违纪管理。

1.奖励管理和违纪管理的主要内容

学生的奖励管理包括精神奖励和物质奖励两类，当学生在某些方面表现突出时，就需要根据表现情况进行不同层次的奖励，以便鼓励先进、树立榜样、发扬正气，并对其他学生产生督促和激励作用。精神奖励主要包括通报表扬、口头表扬、表彰、授予荣誉称号、颁发奖章证书等形式，物质奖励则主要包括奖学金奖励或奖品奖励等。通常高校内会有多层次的奖励制度，奖励渠道也有所不同，如有国家层面的奖学金、有高校层面或院系层面的各种奖励等。

学生的违纪管理主要是根据高校的相关规章制度和规定，对违反校纪校规或国家法律的学生进行批评教育或处分。比较常见的违纪行为包括旷课、损坏公物、赌博、打架斗殴、偷窃、考试作弊、扰乱校园秩序等，惩罚的处理包括警告、严重警告、记过、留校察看、开除学籍等。对学生进行违纪管理，是为了从反面对学生进行适当的约束和管理，以便维护校园的正常秩序和营造良好的学习环境，同时也能加强学生的遵纪守法意识。

2.构建科学的奖励机制

只有构建科学的奖励机制，设置科学的奖励，才能更好地为学生界定行为规范，从而更好地维护校园的秩序。通常情况下，高校对学生的各种奖励的评审条件和标准，只是从比较宏观的方向上来确定的指导性质，具体的奖励办法还需要进行进一步的制定和有效执行。构建科学的奖励机制需要做到以下三点：一是设置的奖励要目的明确，奖励需要具有明显的引导性和教育性，能够在一定程度上督促学生向此方向努力和靠拢；二是需要制定契合实际的评审标准，这一步需要进行针对性细化，需要体现出学生群体全面发展的人才需求，同时也要照顾到在某些领域表现突出的个性化学生。在制定评审标准时需要广泛听取学生和教师的建议和意见，确保评审标准能够被学生广泛接受；三是需要将奖励机制和高校的思想建设、文化建设相结合，以便通过奖励机制来弘扬高校的特色文化。

3.做好奖励评审

学生的奖励管理的目的并非奖励，而是通过奖励的形式来引导学生全面发展和健康成长，因此奖励评审的作用非常重要。做好奖励评审需要把握三项关键因素：一是高校需要准确理解各种奖励的评审要求和条件，尤其是一些社会机构设立的针对学生的奖励，其通常会对奖励对象进行更多的考察，对奖励条件等进行更多的界定，高校在进行奖励评审时一定要根据对应的条件严格地进行考察。二是高校需要对各种奖励和资源进行全盘考虑和划分，以便满足各个层次各种名额的奖励分配需求。尤其是随着国家奖助学力度的加大和社会机构奖学金的增加，高校所拥有的奖励资源越来越丰富，需要及时向学生公布相关奖励信息，包括奖励条件和奖励评审模式及奖励内容等，在确定奖励对象时需要进行全面考虑和考察，保证奖励对象的资格毋庸置疑。三是需要公开进行奖励评审，保证整个评审过程的公平公正，可以让学生和教师参与到评审之中，并严格要求、监督评审人员，避免滋生腐败，确保整个评审过程和结果的公平公正。

4.加强奖励后续管理

学生的奖励管理的最终目的并非奖励，而是要通过奖励来引导学生向正确的行为、先进的思想等进行靠拢，以促进学生健康成才。因此，进行奖励管理时，奖励评审和进行奖励并非最终工作，奖励之后的事务管理至关重要。其主要包括两部分内容，一是抓先进典型进行适当的各类形式的宣传，从而令奖励的教育功能得以更大的发挥，并提高奖励的影响力，激发学生的赶超意识；二是针对获得奖励的学生进行思想引导，督促学生正确对待所得奖励，避免无意义的铺张浪费，并引导学生继续努力，进一步提高和成长。

5.客观进行违纪管理

有奖有惩才能体现出学生日常生活管理过程中的公平公正，对思想有偏差、行为有错误，且证据充分、依据明确、定性准确的违纪学生，要给予批评教育或纪律处分，其目的并非进行违纪惩罚，而是为了及时纠正错误并引导学生更健康的成长，同时也是为了警示其他学生。对学生进行违纪管理是对学生的一种特殊教育形式，要遵循实事求是的原则，通过正当程序依法进行处理，并需要对学生进行权益救济和再教育。高校需要加倍关心和关注受处理的学生，积极调动家庭乃至社会的力量，促使学生能够真正认识到自身行为和思想的错误及危害，并通过思想引导转变学生思维，促使其自觉遵纪守法并时刻自省，避免违纪行为再次发生。在此过程中，辅导员需要积极给予学生鼓励和辅导，帮助学生树立信心、培养勇气，最终健康成长和成才。

（二）学生宿舍生活管理

在高校之中，学生的宿舍或公寓是其学习、生活、交际、休息、娱乐放松的重要场所，同时也是辅导员对学生进行思想政治教育以及素质教育的主要阵地。学生宿舍生活管理不仅关乎学生的正常学习和生活秩序，还关乎学校的稳定乃至社会的稳定，更关乎学生的人身安全和财产安全。抓好学生宿舍生活管理，需要从以下几个方面入手。

1.加强宿舍管理机制建设

高校学生宿舍生活管理的重点主要是学生的作息和休息、宿舍的卫生和学生个人的卫生、宿舍区域的消防和治安安全、学生之间的人际冲突、基于宿舍的党建和思想政治教育工作、学生宿舍社区文化建设等。要做好这些管理工作，就必须明确责任，加强宿舍管理机制建设，需要以院系、后勤、保卫、辅导员等多个部门为核心共同对学生宿舍进行管理，明确不同部门的不同责任，并建立完善的管理制度。例如，完善宿舍管理规定和宿舍文明建设管理制度、宿舍卫生管理制度等各种规章制度，积极发挥学生干部、学生党员等骨干学生的力量，形成自治管理模式，强化学生宿舍的规范化管理。

2.加强思想政治教育工作

通常学生宿舍和公寓是按班级或专业划分的，这样做不但能够加强同班同专业学生之间的交流沟通，而且也更容易发挥集体管理的思想政治教育优势，如可以按照班级或专业建立党支部，发挥学生党员在宿舍管理中的先锋模范作用。同班级或同专业学生集中居住，更有利于建设学生社区文化，同时也可以提高学生的集体主义观念，如集体荣辱感等；可以运用集中居住的优势加强学生的安全和法制教育，以点带面，培养学生遵纪守法的良好意识和行为；可以运用电视、广播、信息推送等载体或形式，对学生进行各种形式的思想政治教育工作，尤其是宿舍安全、行为规范等内容需要进行深入教育。

3.与宿舍学生打成一片

辅导员要充分发挥学生日常生活管理和思想政治教育工作者的优势，可以和学生同住同一宿舍从而和学生打成一片，一方面能够及时了解学生的思想动态，并通过和学生的深入接触，了解学生的生活和特点，从而能够更有针对性地对学生进行引导，帮助学生正确处理各种问题，还可以在此过程中及时对学生开展思想政治教育工作，引导学生培养正确的人生观、世界观和价值观；另一方面，与学生打成一片有助于辅导员及时获取学生的各种信息，了解学生的各种问题以及学生的真实情况，从而确保信息和学生状况真实可靠，并通过对这些信息的分析，及时发现各种问题，及时进行处理和引导，避免问题恶化或扩大化。在此过程中，要积极听取学生提出的合理需求，畅通学生正常反映意见的渠道，确保能够建设对学生成长成才更有利的宿舍环境。

4.注重校外租住学生的生活管理

在高校中由于住宿条件的限制以及学生个人的特殊需求，有一部分学生并不会在校内住宿，而是在校外租房居住，这就给辅导员管理宿舍生活带来了一定的困难。通常情况下，学生在校外住宿需要向学校进行申请，注明租房原因和详细地址，并划分好学生在校外居住时的人身和财产安全责任。虽然学生在校外居住时人身和财产的安全责任由学生自己负责，但为了加强学生的安全意识，辅导员还需要加强对学生的安全教育，并时刻关注校外租住的学生的情况，及时进行沟通交流和情况分析，对学生进行思想政治教育和安全意识教育。

（三）特殊学生群体的日常生活管理

特殊学生群体指的是学生自身情况或家庭情况具有一定特殊性，与普通学生不同的特定学生群体。主要包括身体残疾的学生、心理障碍或患有心理疾病的学生、家庭经济条件困难的学生、父母离异或单亲家庭的学生、因成绩或其他因素延长学制的学生、受到纪律处分的学生、网瘾学生、少数民族学生等。特殊学生群体的日常生活管理的重点是根据学生的特点，有针对性地进行管理，辅导员抓好此部分工作需要把握以下几个方面的内容。

1.摸排情况，形成特殊学生档案

抓好特殊学生群体的日常生活管理的前提就是要对学生有深入的了解，虽然特殊学生群体拥有一定的共性，如归属为上述八类情况的某类或某几类，但因为学生具有多样化和个性化特性，所以其表现和具体情况也是完全不同的。辅导员需要深入特殊学生群体，加强和学生的沟通，通过对学生的学习、生活、思想等状况的了解和摸排，及时挖掘不同学生的不同问题，并建立特殊学生档案，有针对性地对学生情况进行更新。

在此过程中需要坚持外松内紧的原则，即交流沟通时要自由轻松，秉承平等、真诚交流的原则，引导学生敞开心扉，表达真实的想法；同时需要加强对学生隐私的保护，避免隐私泄露和传播，对学生产生不利影响。辅导员可以在分析特殊学生情况时，根据不同问题和情况，充分发挥学生同伴的隐性教育作用和引导作用以及自我管理作用，以促进特殊学生群体健康成长。

2.有针对性地进行特殊学生管理

不同的特殊学生会有不同的人生际遇，也会有不同的心理特点和思维模式，从而会出现不同的管理难点，因此辅导员在进行特殊学生日常生活管理时需要对学生进行逐个分析，根据不同学生的实际情况采取不同的方式，才能实现有效管理。同时，不同类别的特殊学生群体的特点不同，甚至不同学生的心理承受能力和适应力也有所不同，在进行日常生活管理时要以人为本，需要充分考虑到学生的内心感受，对于适应性强、承受力强的学生，可以采用更为直接的管理形式；对于内心敏感、自尊心强的学生，需要持久性的关心和帮助，投入更多的耐心和感情；而对于有心理障碍或患有精神疾病的学生，则需要邀请专业人员参与，这样出现危机时专业人员可以及时介入并干预，避免发生意外。

3.切实做到防患于未然

特殊学生群体或多或少会有一定的困难和问题存在，也就容易引发一些意外或事故等，如由心理问题积压造成的自杀事件等，这会对普通学生的身心健康和生命安全的保护以及学校的正常秩序造成极大影响。因此，进行特殊学生群体管理，必须重视潜在的危机，需要相应提高危机防范能力，防患于未然，尽量避免恶性事件的发生。这就需要做到以下几点：首先，要建立以高校为核心的危机干预联动机制，即在危机萌芽出现时多方联动，及时将萌芽控制在可控范围之中，并进行干预促使危机弱化或消失；其次，要建立经常性危机排查和评估制度，即通过对已出现的问题进行及时排查和评估，评判危机发生的可能性，并采取预防措施；再次，要充分运用现代化技术进行危机预防，即通过学生、辅导员、高校

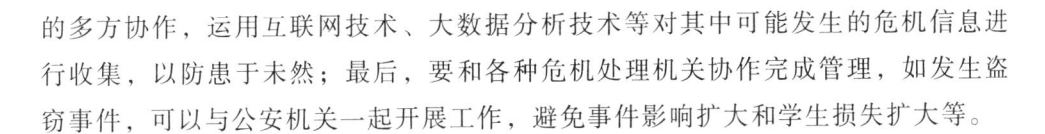

的多方协作，运用互联网技术、大数据分析技术等对其中可能发生的危机信息进行收集，以防患于未然；最后，要和各种危机处理机关协作完成管理，如发生盗窃事件，可以与公安机关一起开展工作，避免事件影响扩大和学生损失扩大等。

二、学生日常生活中的良师益友

辅导员是高校基层教育者和管理者，在日常生活中和学生群体的接触最为密切，同时又肩负着多样性任务，扮演着多样化角色，其工作范围内的日常生活管理是和学生关系最为紧密的一项工作，因此成为学生的良师益友，对辅导员的工作会有极大的促进作用。做学生的良师益友，辅导员需要从两个角度进行角色定位，其一是良师，即在学生的学习和成才路上当学生称职的引导者，辅助学生成为社会未来所需的人才；其二是益友，辅导员需要在学生的日常生活之中成为学生的知心朋友，双方真诚相待、真诚沟通，最终陪伴学生健康成长。辅导员想成为学生的良师益友，就需要对学生日常生活中的需求有清晰的了解，从而针对不同的学生采取不同的措施。大学生日常生活中的需求主要分为以下几种。

（一）学习需求

大学生群体中有些学生缺乏明确的学习目标，也没有足够的学习动力，这就造成学生无法养成良好的学习习惯，同时也就缺乏自我约束和自我学习能力。长此以往，这些学生必然会出现厌学心理和情绪，这些学生也被称为学习困难学生。辅导员需要在与学生日常沟通交流的过程中，及时发现此类学生，并根据学生的个性，有针对性地引导其明确学习目标，确立正确的学习方向，从而正常完成高校学业。

（二）生活需求

有些学生在高校日常生活过程中，会因为种种因素无法完成独立生活，主要包括家庭经济情况差因而难以承担学费和生活费的学生。面对这些学生，辅导员需要根据学生的生活需求，采取有针对性的措施，如对经济困难的学生，及时向其普及相应的政策，帮助学生申请助学贷款或帮助其获得勤工俭学机会，促使其通过自身的努力摆脱经济困难。在此过程中，辅导员不仅要从生活需求方面帮助学生，还需要从思想层面进行引导和疏导，帮助经济困难的学生提升信心，帮助其敞开心扉，融入大学生群体之中。

（三）行为和观念需求

有些高校学生在日常生活中缺乏独立性，主要表现为生活自理能力差、缺乏独立生活的能力、没有正确的消费观念等，因为缺乏独立性，这些学生很容易在行为习惯方面产生偏差，如日常生活没有条理、花销大、没有计划，对家长和他人的依赖性过大等。针对这类学生，辅导员需要及时进行思想引导和行为引导，帮助学生建立责任心，培养学生的责任意识，并促使学生积极、自发地学习生活技能。通过责任心的培养，促使学生在行为习惯和思维观念方面有所转变，最终实现学生的心理"断乳"，成为对自己负责、对家庭负责、对学校负责、对社会负责的独立个体。

（四）情感认知需求和人际交往需求

有些学生在日常生活之中会表现出非常明显的不适应性，包括价值取向、社会认知、人际交往和心理转变等方面，而对高校生活的不适应会使其时刻处于一种无所适从、不知所措的状态，这会严重影响学生正常的人际交往和情感表现。辅导员需要挖掘学生出现不适应的根源，并根据源头进行有针对性的引导，可以通过鼓励、参与活动等，加强学生与外界环境的交互，以此促使学生突破自身局限。

（五）职业及择业需求

有些大学生在步入高校之前，一直将学习目标和人生规划的短期目标。为进入大学，但真正进入大学之后，却发现自己根本没有下一步目标，虽然他们都知道最终自身的目标是步入社会就业，但却对人生的发展、职业的规划和设计、择业的方向等没有概念。他们缺乏对未来人生的思考，更因为没有具体的目标，缺乏对就业信息的搜集和整理能力，同时也没有足够的择业技巧，也没有做好就业准备，因此在面临社会严峻的就业形势时会更加不知所措。辅导员需要根据学生的专业特性和兴趣特点，引导学生对未来进行规划和计划，以便学生能够明确未来的人生目标和职业目标，只有帮助学生确定具体的发展方向，才能够激发出学生学习和成才的自主性和主动性。

三、辅导员进行学生日常生活管理应具备的素质

随着社会的快速发展，高校学生的发展也开始呈现多样化特征，这就要求辅导员不仅需要承担更加繁重的工作任务和艰巨的责任，还需要承受巨大的压力，拥有相匹配的各种优秀素质。在学生的日常生活管理过程中，辅导员的目标是成为学生的良师益友，这不仅需要辅导员具备扎实全面的理论知识，还需要其具备高超的沟通交流能力以及相应的素质，主要体现在以下三个方面。

（一）友好的师德师风

辅导员想成为学生的良师，就要树立良好的师德师风，这不仅是教师这一职业的需求，还是辅导员能够指导学生的基础。辅导员在高校教师队伍之中较为特殊，虽然角色定位是一名高校教师，但其真正发挥教育功能却并不局限于课堂中，

而是在日常生活之中。辅导员平时和学生接触的时间最多，因此对学生的了解也更加全面和深刻，完成辅导员的工作任务第一步就是弘扬良好的师德师风，只有辅导员时刻遵守教师的行为规范和职业道德，并承担起对学生、对高校、对社会的责任，才能成为学生心中的"良师"，学生在日常生活中遇到各种问题和困难时，才会第一时间寻求辅导员的帮助。辅导员树立良好的师德师风需要做到以下三点。

首先是辅导员需要具备较高的思想政治素质。辅导员的核心工作任务就是学生的思想政治教育，即对学生进行社会主义核心价值观教育，逐步培养学生树立正确的人生观、价值观和世界观，并培养学生坚定的爱国精神和社会责任感。这就要求辅导员自身思想政治素质过硬，只有自身具备正确的价值观念，才能够在教育学生的过程中，引导学生走正确健康的成长方向。

其次是辅导员需要具备爱岗敬业的精神。相比于高校的专业任课教师，辅导员的工作范畴更广且工作更加琐碎。从外界表现和辅导员自身的感受来看就是辅导员一直在忙，每天都在做无数工作，但一天下来却又不知道忙些什么，因为丝毫感受不到完成目标的成就感，尤其是一个辅导员需要负责处理上百乃至数百名学生的日常事务。从学生的角度而言，自己的任何事都是重要紧急的事务，只有将这些问题解决，学生的成长路上才能一路畅通，而且不同学生面对的问题都会有所不同，因此辅导员会面临繁杂且多样的各类事务，辅导员必须能够立足于本职工作，认真对待每一位学生的事务，并认真进行分析和处理，这就需要辅导员具备爱岗敬业的精神，兢兢业业并不畏艰辛，以为国家、为社会培养所需人才为己任，才能够无愧于心并完成教育任务。

最后是辅导员需要具备奉献精神。辅导员的工作范畴广且事务杂，而且所做的绝大多数都是短时间内无法将成效表现出来的工作，如处理紧急突发事件，花费大量时间和精力与学生谈心、做思想政治工作等，以便通过交流了解学生心理、思想、情感、生活、学习等各方面的问题和困难，然后组织各种活动有针对性地对问题和困难进行解决。在这些工作中，需要辅导员投入大量的时间和精力，但却很难产生可见的成果或成就，更不会取得明显的工作成绩。这就需要辅导员具备无私奉献的精神，不能过于计较自身得失。

（二）较高的人格魅力

辅导员只有拥有较高的人格魅力，才能快速消除和学生之间的隔阂，从而成为好友，辅导员的人格魅力主要体现在与学生交往过程中的真诚、信任、尊重、爱护和帮助等。在这其中首先需要做到的就是尊重学生。任何一位学生都拥有自己的尊严和权利，也有自身的情感、思想以及需求，只有辅导员将自身处于和学生平等的地位，并真诚交往，尊重学生的人格、思想、个性、不同等，用民主的作风和疏导的方式，以真心换真心，耐心细致，因材施教，避免命令式、教条式沟通，才能够打开学生的心灵，从而成为学生的益友。

另外，辅导员需要对学生充满关爱，爱护之心益于言表，这是教育的原动力，也是彼此之间沟通和建立情感的桥梁。陶行知先生曾说："真教育是心心相印的活动，唯独从心里发出来，才能打动心灵的深处也就是说，虽然辅导员和学生之间是管理者和教育者与被管理者和被教育者的关系，但如果辅导员想和学生成为朋友，就需要将自身置于与学生平等的地位，放下自己教师和管理者身份，放下身为老师的威严，多一些真心，这样才能无形中拉近与学生的距离，从而真正走进学生的心中，增加学生对辅导员的亲切感，从而成为知心朋友。也只有成为知心朋友，学生才会向辅导员表达内心深处的真实感受、真实思想。因此，辅导员必须要做到细心对待学生、用爱心感染学生、用耐心接纳学生，这样才能真正成为学生的益友。

（三）知行合一，做好表率

辅导员和学生的接触非常密切，因此一言一行都会对学生产生潜移默化的影响，这就要求辅导员在学生的日常生活管理过程中，时刻注意自身的言谈举止，要做到知行合一，这样才能成为学生的表率，并引导学生走上正确的成才道路。

1.注意"言"

辅导员在和学生进行谈话和交流过程中，要注意自己说的话，话语不仅要有理论深度，还需要通俗易懂并直指核心，不能只是长篇大论的大道理，让学生听起来空洞无物。这就需要辅导员对学生进行深入了解，在把握学生性格、思维特点和实际问题的基础上，摆出事实，并根据事实梳理其中的道理，力求做到学生能够听得懂且能听得进去，这样才能引导学生主动思考并获得启发，自发去改进和改变。

在交流过程中，辅导员需要注意说话的态度和方式，用平等的语气进行交流和沟通，态度要真诚和蔼，尤其是当学生犯错时，不能一味训斥，而要先摆出事实，然后用学生能够接受的方式对事实进行分析，真诚地指出其中的问题，确保学生能够发自内心地认识到问题，从而主动改正。

另外，当学生主动找辅导员进行沟通时，尤其是遇到问题渴望寻求帮助时，辅导员一定要学会倾听，要学会换位思考，站在学生的角度和立场去分析学生的情况，然后再以朋友的身份进行交流，从自身的经验出发，解答学生的困惑，引导学生主动思考解决问题的方法，让学生能够参与反思和总结之中，这样不仅有利于提高学生对解决方法的接受程度，还有利于锻炼学生解决问题的能力。

2. 注意"行"

辅导员不仅需要对学生进行思想理论教育,即通过言语将道理教给学生,还需要为学生树立榜样,即通过自己的行为引导学生学习。毕竟俗话所说:言传不如身教。辅导员需要以身作则、严于律己,并且言行一致,这样才能够让学生信服并受到正面的影响。因为辅导员和学生的日常接触很多,辅导员的言行举止同样会对学生产生影响,令学生效仿。

四、辅导员进行学生日常生活管理的途径

辅导员进行学生日常生活管理涉及的内容主要是奖惩管理、宿舍管理和特殊群体管理,虽然看似内容简单,但其实涉及大学生在高校生活中的方方面面。辅导员不仅需要在学生成长成才过程中的各个方面、各个环节做好教育和管理工作,还需要根据时代特性和学生的特性,不断转变工作观念,强化服务意识,更需要通过引导激发学生的主体意识,最终实现学生的自我管理、自我教育等。辅导员对学生进行日常生活管理需要从以下几个角度入手。

(一)以学生的实际需求为导向

辅导员需要围绕促进学生成长和成才的最终目的,根据不同特性、不同类型的大学生的实际需求,采取对应的管理措施。学生的实际需求可以大体划分为以下几种。

1. 思想政治教育需求

社会未来所需的人才需要拥有正确的人生观、世界观和价值观,但受到市场经济和世界多样文化的冲击,有些学生的人生观和价值观等出现了扭曲,对实现共产主义远大理想的目标不坚定,从思想方面偏离了社会主义核心价值观,因此辅导员对学生进行日常生活管理时,需要融入思想政治教育的内容,及时引导学生思想,帮助学生坚定走中国特色社会主义道路的理想信念,帮助学生树立正确的人生观、世界观和价值观,满足社会对未来人才的思想道德需求。

2. 生活指导需求

当代大学生在进入高校之后,因为面对的是新的学习和生活环境,并且绝大多数学生都远离了家乡和家庭,所以会表现出种种不适应。主要表现为以下几点。

一是对高校的学习和生活缺乏足够的了解和准备,尤其是心理准备不足,如缺乏明确的学习目标和生活规划,缺乏有效的时间管理等,从而在进入高校后虚度光阴且无所适从。

二是缺乏人际交往能力和独立生活能力。高校是一个集体生活的环境,和以前的家庭生活环境截然不同,同时许多学生在进入高校之前交际圈极窄,因此和

五湖四海的同学之间存在极大的心理隔阂，在交际过程中存在紧张心理或容易因为性格不同和生活习惯差异出现人际交往中的不和谐现象。

三是缺乏正确的生活消费意识。大多数学生的生活费用和学费依旧源自家庭，自身并没有稳定的收入来源和完全独立生存的能力，同时又没有消费计划，离开父母独立生活后容易出现不合理的消费行为，缺乏对生活费用的合理计划和规划，导致捉襟见肘。

四是缺乏必要的安全意识和法律意识。大学生进入高校之前多数活在父母羽翼之下，社会经验明显不足，因此缺乏必要的安全防范意识，容易造成人身伤害和财产损失，同时法律意识淡薄，又习惯以自我为中心，所以容易意气用事，导致打架斗殴事件的发生。

五是缺乏足够的卫生健康知识，包括良好的饮食习惯、合理的运动量、恰当的睡眠时间、卫生公德等。有些大学生缺乏相应的卫生健康知识，因而养成了一些不良的有损身体健康的习惯，如缺乏运动和暴饮暴食而引起肥胖、时常熬夜造成精神不佳等。

辅导员需要根据大学生的生活特性，指导大学生主动适应高校生活，引导大学生积极参与活动，提高人际交往能力并培养尊重他人的品质和艰苦朴素的作风，督促大学生养成良好的作息习惯，注意个人卫生、公共文明和卫生公德，全面促进大学生身心健康发展。

2.学习和学业指导需求

大学生进入高校后，学习环境、学习方式、学习态度、学习动力以及高校教师的课程教授模式等，都和中学有极大的不同，很多大学生在即将毕业或毕业之后都会感叹自身进入大学后进入学习状态的时间较晚，无形中耽误了很多的时间。例如，有些大学生在进入大学后会认为高校的学业任务会更加轻松，而经历过中学的辛苦学习，感觉进入高校后应该放松，这种滞后的学习观念很容易导致学生为了应付考试而学习，而且没有关于学习的规划和计划等，或者没有学习的目标和学习的动力。

这就需要辅导员积极发挥引导作用，及时对大学生进行学习和学业的指导，需要辅导员从以下几个方面开展工作。一是加强指导专业知识的学习，对学生进行学业指导是一项专业工作，拥有其自身的科学架构和知识体系，辅导员需要加强知识的学习和实践培训，才能掌握相应的学业指导技能，从而有效地对学生进行学业指导。二是开设学业指导专门的课程或开展相关讲座，由辅导员引导学生养成科学的学习方法，并纠正自身的学习态度，发挥学生主体的自主性和自觉性，帮助学生寻找学习目标，进行学业规划，促使学生对自身未来的人生负责；可以结合职业规划和就业指导，及时向学生普及社会形势和相关政策，引导学生进行人生规划和职业规划，并为未来的就业制订计划。三是针对学习态度不端正、学习目标不明确、学习动力不足的学生，进行个别的辅导和指导，通过耐心的引导和真诚的交流，帮助学生树立正确的学习观念。四是策划和开展各种学习交流活动，如可以邀请优秀学长和优秀毕业生分享经验，指导学生掌握恰当的学习方法。五是从学生入学就进行学习规划指导，可以和学生的职业规划相结合，引导学生发挥主观能动性，对自身未来的发展进行思考并制定学习规划，一步步奠定实现职业规划的学业基础。

3.其他日常生活需求

此外，还包括一些其他需求，包括心理需求、经济需求和职业规划需求及就业需求等。这些内容都需要和学生的日常生活相结合，根据实际情况进行有针对性的教育和指导。例如，学生受到社会发展、市场经济、生活压力等各方面因素的影响，心理困扰和心理压力都越来越明显，因此心理问题频发，辅导员在和学生日常接触时，要及时发现和处理学生的心理问题，保证学生心理健康教育的有效性和实效性；有些学生受到家庭经济状况影响，面临的学费和生活费压力极大，辅导员要做好学生资助和帮扶工作，通过和学生的日常谈心，积极正确地认定贫困学生，并通过细致的工作提高资助和帮扶工作的公平性与及时性，同时要耐心、负责地做好贫困学生的思想工作，疏导学生心理，引导贫困学生增强社会责任意识，激发他们奋斗和成才的决心；当前大学生的就业形势愈发严峻，因此对大学生进行职业规划指导和就业指导尤为重要，辅导员需要发挥自身和学生关系密切的优势，积极引导大学生在初入高校时就对自己的职业进行合理规划，并在此过程中向学生介绍就业政策和社会发展形势，同时加强对学生的就业指导和创业技能指导等，为学生未来顺利就业打下坚实的基础。

（二）打破角色掣肘

自辅导员职业诞生以来，其主要的工作就是进行思想政治教育，然而随着社会的发展和教育改革的推进，辅导员的工作范畴和工作领域一直在不断拓展，这和学生的多样化发展及个性化发展有巨大关系，如今的辅导员的工作已经发展为集教育、管理、建设和服务于一体的工作。

不过，在辅导员实际工作过程中，其角色定位却因为很多因素出现了偏差，主要体现为两类。其一，沿袭传统观念，认为辅导员只需要注重学生的思想政治教育即可，甚至用思想政治教育工作替代其他工作；其二，虽然接纳了辅导员职责具有广泛性的观点，但却有发展为保姆式的服务的倾向，即所有涉及学生的事务都交由辅导员负责，其管理和负责的学生的领域越来越多，从而令辅导员整日忙于奔波却不知自身职责到底是什么，另外学校领导对辅导员保姆式工作的认知，使其将不属于辅导员职责的任务也交于辅导员处理，更增加了辅导员工作的繁杂性。

在如今经济全球化的时代背景下，社会对高校教育形式以及大学生的综合素质都提出了更高的要求，与之相应的，辅导员的角色定位和职责范畴也越来越清晰，其主要表现在三个方面。

一是辅导员角色的多元化发展。辅导员对学生的思想政治教育工作对社会稳定已经产生了积极的影响，发挥了不可替代的作用，因此思想政治教育工作依旧是辅导员职责范畴中的重中之重；另外，学生的多元化发展和社会的多元化发展都推动着辅导员的角色定位向多元化发展，辅导员不仅有教育职能，还需要具备管理职能、建设职能和服务职能，也就是说辅导员的发展既需要注重思想政治教育的引导性和针对性，也需要注重管理工作的科学性和必然性，更要注重校园文化、社团文化、班级文化等文化建设的实效性，最终则需要注重辅导员对学生进行个性化辅导的服务特性。

二是辅导员角色的专业化发展。随着辅导员角色定位的多样性发展，辅导员面对学生的工作内容也越来越细化，而随着各种各样的学生涌入大学，想让不同层次、不同思维模式、不同政治认知、不同家庭背景、不同性格和道德品质的学生，都获得对应的指导和辅导，就要求辅导员能够提高工作的专业性和科学性。这就需要辅导员能够向专业化方向发展，需要针对不同的需求进行专业化提升，成为培养大学生的专家，才能满足社会对未来人才的需求。

三是辅导员角色的现代化发展。这需要强化辅导员的服务意识，体现出辅导员教育工作、管理工作、建设工作和服务工作的现代化特性，如运用现代化科技手段，注重互联网的作用和应用，建立各种网络交流平台，以确保辅导员和学生能够更方便地进行沟通交流，同时促进辅导员工作的展开和工作效能的提升。

（三）深入学生生活

大学生正处于身体和心理快速成长和发展时期，同时也处于青少年到青年的关键过渡期，面临着来自各方面的问题和考验，包括学习、生活、恋爱、交际、就业等，这和中学时仅需要考虑学业的情况完全不同，所以在成长过程中大学生会出现许多思想上的困惑和实际生活中的困难。辅导员要做好学生日常生活管理，就需要和学生建立良好的感情关系，需要深入学生的生活，及时了解和掌握学生在实际中遇到的问题，并随时掌控学生的动态变化，这样才能在学生遇到问题需要帮助时及时引导和辅助，帮助学生解决困惑和实际问题。深入学生生活需要从以下三个方面着手。

首先是深入实际，即明确社会实际，包括教育改革发展现状、高校人才培养情况、大学生成长和发展实际情况、社会政治和经济形势、社会发展对人才的需求情况等。辅导员需要根据上述社会实际情况以及社会不断发展变化的客观现实来开展推进工作，以实际情况的效果来验证工作成效，并根据学生不断变化的情况更新工作方式、工作态度和工作思路，做到真正的与时俱进。例如，根据社会发展的需求并结合学生的兴趣和个性，尊重学生期望的发展方向，从而采取有针对性的培养措施，造就广泛的差异性人才；根据高校的现有人文氛围资源、校园特色资源、教师资源等，培养特色鲜明且专业素质过硬的学生人才等。

其次是深入生活，即真正从大学生的生活中发现问题，到大学生的生活中进行调查，融入大学生的日常生活，再通过实际生活之中的支流沟通掌握学生的具体问题，引导大学生学会生活并解决自身的问题。只有在实际的生活中，学生才会表现出日常生活中的不足和问题，辅导员深入实际生活，才能找出学生的不足，并有针对性地进行引导和辅导，促进学生关注生活细节，不断完善自我。

最后是深入学生，即辅导员需要将自己扎根到学生群体中，让自己与学生打成一片，思学生所思，想学生所想，急学生所急，这样才能够真正服务好学生。辅导员需要学会换位思考，从学生的立场、角度去思考，这样才能够真正了解学生的需求，最终才能成为学生的朋友。在深入学生的过程中，辅导员需要和学生打成一片，如共同参与各种活动，和学生一起分享欢乐、一起承担失落，需要加强和学生的沟通，成为学生的知心朋友，从而更好地了解学生内心的想法；辅导员需要在课堂、宿舍、食堂等各个场景中与学生深入交流，这样才能真正了解学生的日常生活情况；当发现因为各种因素产生心理困惑或心理问题的学生时，如成绩落后、家庭发生变故、家庭经济困难、感情出现危机、交际困难等，要付出真心去关注、关爱、帮助学生，并采用有针对性的引导、辅助的方式，帮助学生走出困境。

另外，不同阶段的学生内心的需求也会有很大不同，如新生入学后最大的内心需求就是快速适应高校生活，而临近毕业的学生最大的内心需求则更偏重于就业、求职、创业、择业等，辅导员需要从不同的角度去分析学生的情况，真正深入学生内心，了解学生的问题，以便更好地帮助学生，引导学生健康成长并成才。

（四）挖掘学生主体性作用

随着社会的发展和高校的教育改革，学生在教育过程中的主体性作用越来越重要，主要指的是学生在高校学习生活过程中所表现出的主观能动性和自主性，其主体性主要体现在对学校生活条件和后勤设施等的要求越来越多，对学习时科目及内容的要求也越来越高，对学校各种事务的管理和活动的参与度越来越高，对社会现状的认知和批判性诉求越来越注重等。

辅导员在进行学生日常生活管理过程中，要将学生视为主体，挖掘学生的主体性作用，培养学生自强自立、自尊自重的自主精神，并增强学生主动适应环境和改造环境的意识，引导学生认识和提高自身主体能力，发掘自身潜力，激发创造性。首先，辅导员需要尊重学生的主体地位，即尊重学生的个性、兴趣和特点，爱护学生的好奇心和求知欲，为学生主体的自主发展创造有利的环境；其次，要培养学生的主体意识，即通过引导和以身作则，加强学生认识自我、发现自我和挖掘自我的意识，促进学生对自身的主体地位、对自身的调控、对自身存在的价值产生自觉意识，辅导员需要结合隐性教育和显性教育，营造良好的校园文化氛围，充分发挥榜样和标杆的力量，促进学生主体意识的培养；最后，辅导员要着重打造一批道德素质高、文化和专业基础强、学习和工作能力突出的学生干部，通过学生干部的引领作用，增强学生自我教育、自我管理和自我服务的意识，同时需要结合现代化手段，运用互联网技术等进行及时的沟通交流，在提高学生干部影响力的同时，提升学生自我管理和自我教育的能力。

第二节　排忧解难·学生资助管理工作

目前，中国高校中依旧存在一定数量的家庭经济困难学生，受到经济状况的影响，这些学生的学业、心理发展、人际交往、就业等方面都会受到一定影响。学生资助管理工作就是通过对家庭经济困难的学生进行帮助，促使其思想、心理、学业等健康发展，最终成为社会所需的人才。学生资助管理工作就是辅导员在帮助学生摆脱经济困难的同时，开展思想政治教育，保证学生不会因为家庭经济原因而辍学，并切实关心他们的成长和发展，引导学生树立远大理想，并有计划、有步骤地为学生提供更好的发展机会，促进学生健康成才。

一、学生资助涵盖的内容

自新中国成立以来，中国在不同的时期对学生进行资助的目标、范围、标准和方式也有所不同，其不仅是社会经济发展的投影，也是教育发展的烙印。

（一）学生资助政策沿革

从整体来看，学生资助政策大概分为四个阶段，第一个阶段是免费和人民助学金的形式，最初是全体大学生都免交学杂费并能够得到政府给予的人民助学金，是全国的标准统一；之后开始根据社会经济发展情况进行调整，家庭富裕，能够承担生活费的学生不再发放助学金，能够承担部分费用的学生承担一部分费用，助学金补全剩余费用，完全无法承担的学生则发放全部助学金。第一个阶段时间跨度为1952年到1983年，随着社会经济的发展和政治形势的发展，这种学生资助模式出现了畸形发展，且教育成本的增加也限制了高等教育的发展，于是在1978年改革开放之后，顺应公民收入大幅提高的变化，学生资助政策开始进行调整，并从1983年开始进入第二阶段。

第二阶段的学生资助模式是免费入学、人民助学金以及人民奖学金相结合，即在继续免除学杂费的同时，对非师范高校的人民助学金的资助范围进行紧缩，但针对的是高校中的优秀学生发放人民奖学金，这种模式不仅符合时代精神，还和培养人才的目标相匹配，因此受到了高校、学生、社会的一致认可。第二阶段时间跨度为1983年到1987年，是中国高校学生资助制度的改革时期。

第三阶段的学生资助模式是免费入学、人民奖学金以及助学贷款相结合，因为随着改革开放的快速推进，国家经济发展速度开始加快，教育规模也相应地开始扩大，平均式的人民助学金弊端越来越明显，对高校学生发展极为不利，因此在1987年取消了人民助学金制度，但增加了助学贷款制度。助学贷款是由政府向学生提供的无息贷款，以确保家庭经济困难的学生能够获得帮助，并激发学生的奋发精神，以自身的提高来回报政府和社会。第三阶段的时间跨度较短，为1987年到1989年，是中国高校学生资助制度的调整期。

第四阶段的时间跨度是1989年至今。之所以是从1989年开始，是因为这一年是高校教育改革年，之前国家对学生资助采取的都是免费模式，学生不需要承担成本，但随着社会经济的快速发展及社会对高等人才的需求不断增加，高校教育经费严重不足，限制了高校教育的招生规模和人才的大规模培养。因此，从1989年开始高校教育开始实行成本补偿政策，即不再对学生完全免除学杂费和住宿费，而是开始实行缴费上学制度。从1989年到1997年是高校实行招生并轨并实行学生缴费上学改革的主要阶段。从1998年开始，国家正式出台了国家助学贷款制度，开始由社会金融机构按市场运作的模式向家庭经济困难的学生发放贷款，国家和个人共同承担一半的利息。进入这一阶段，高校学生资助制度转变为缴纳学杂费、奖学金、助学贷款、减免学费、勤工助学金、补助金等综合的形式。

（二）学生资助内容

学生资助的内容主要有以下六个方面。

第一是国家奖学金。这是国家为了激励高校学生勤奋学习和全面发展，由中央政府设立的用以奖励高校中特别优秀的学生的奖学金，原则上是学生只要符合奖励条件，不论家庭经济是否困难都能够获得，同一个学年之内获得国家奖学金的家庭经济困难的学生，不能同时获得国家励志奖学金，但可以同时申请与获得国家助学金。国家奖学金最基本的申请条件是大学二年级及以上普通全日制高校在校生，只要学生热爱祖国并拥护党的领导，思想政治层面符合要求，并遵纪守法，遵守学校规章制度，道德品质优良，同时在校期间的学习成绩、实践活动能力、创新能力、综合素质等特别突出和优秀，即可进行申请。

第二是国家励志奖学金。这是国家为了激励高校中家庭经济困难的学生勤奋学习和全面发展，由中央政府和地方政府共同设立的针对家庭经济困难但各方面都比较优秀的学生的奖学金。其基本的申请条件和国家奖学金类似，只是增加了针对性，即家庭经济困难且生活俭朴的优秀学生。

第三是国家助学金。这是国家为了帮助高校家庭经济困难的学生，由中央政府和地方政府共同设立的助学金，具体的资助标准分2~3档，由中央高校分档，并由地方财政部门确定具体标准。其基本的申请条件为热爱祖国并拥护党的领导，遵纪守法且遵守高校规章制度，道德品质优秀且勤奋好学，同时家庭经济困难且生活俭朴。在此基础上，高校可以根据自身的实际情况制定详细的条件。

第四是师范生公费教育政策。此项政策主要针对的是师范生，其目的是改革和加强师范教育并吸引更多优秀高中毕业生报考师范专业，从而培养更多优秀教育工作者。因此，从2007年开始，国家对考入教育部直属师范大学的学生实行师范生免费教育政策，2018年教育部对相关政策进行了系统全面的规定，将师范生免费教育政策调整为师范生公费教育政策。

师范生在高校四年免除学费和住宿费，并领取生活补助，要求是师范生入学前和高校或生源所在地部门签订承诺协议，即毕业后从事基础教育六年以上，到城镇学校工作的师范生需要先到农村义务教育学校任教两年。

公费教育师范生毕业后一般需要回到生源所在省份任教，并由省级相关部门统筹规划，做好师范毕业生接收工作，确保每一位公费师范生都能够有编有岗；同时省级教育行政部门要负责组织用人单位和毕业生彼此双向选择，若公费师范生前往中西部任教，中央财政会对中西部地区给予一定支持。公费师范生可以同时享受国家奖学金和学校及社会设立的各种奖学金，但不能同时享受国家励志奖学金和国家助学金。

第五是国家助学贷款。这是由政府来主导，由财政部门贴息，然后由财政部门和高校共同给予银行一定的风险补偿金，最终由银行和教育行政部门以及高校共同进行操作，以帮助家庭经济困难的学生支付在校期间的各种费用，学生可以在毕业后进行分期偿还。原则上每位学生每学年最高获得助学贷款额不超过8000元，全日制的研究生每人每学年最高不得超过12000元。贷款学生在校学习期间的助学贷款利息全部由国家财政部门予以补贴，但毕业后的本金则由贷款学生本人全额支付，贷款最长期限为20年，还本宽限期自2020年开始从原本的3年调整为5年，即在还本宽限期只需要偿还本金，不需要偿还利息。

国家助学贷款的具体申请条件是中华人民共和国国籍且持有中华人民共和国居民身份证，家庭经济困难的本专科及研究生，且具备完全民事行为能力，学习努力，能够正常完成学业，遵纪守法且道德品质高尚，同时因为家庭经济情况无法筹备到足够在校期间使用的各种费用。

国家助学贷款实行的是一次申请、一次授信、分期发放的方式，即通过审批的学生可以和银行一次签订多个学年的贷款合同，银行需要分年对贷款进行发放，通常在一个学年内的各种贷款银行需要一次性发放。助学贷款可以细分为两类，一类就是以上说的由政府主导、由财政贴息的贷款模式，不需要学生办理贷款担保或抵押，但需要承诺按期还款并承担相对应的法律责任；另一类则是生源地信用助学贷款，这是由学生入学前户籍所在地主导办理的助学贷款，通常由学生本人或学生合法监护人向户籍所在地申请办理，无须担保和抵押。

助学贷款的还款方式分为多种，一种是由学生在毕业前或毕业时一次性或分次还清；一种是毕业后由学生所在工作单位一次性垫还；一种是学生毕业进入工作岗位后，在第二年到第五年期间由所在单位从工资中逐月扣还；一种是毕业后根据学生在工作单位的表现，减免垫还贷款。若学生在高校期间因为触犯了法律、校规校纪等被学校开除学籍或勒令退学，或学生自动退学，那么贷款需要由学生家长负责还清。

第六是勤工俭学活动，即家庭经济困难的学生在高校组织下，利用自身的课余时间通过自身的劳动获得合法报酬，以用于改善自身学习和生活条件的活动。通常情况下学生在学习之余依旧有余力，则可以申请勤工助学，审批之后接受必要的岗前培训和安全教育后，由学校统一安排到校内或校外的岗位上进行劳动。当然，勤工俭学的形式和途径并非统一，有些学生通过家教中心的帮助获得家教的工作，有些学生则通过招聘广告或介绍直接与用人单位联系成为其员工，从而获取一部分合法报酬来补贴自身。

除以上六种资助形式之外，还有些其他的资助政策和措施，如有些高校会开通绿色通道，即高校对家庭经济困难的学生进行审核后，可以批准其暂缓缴纳学杂费等，先入学学习然后由高校来帮助学生申请贷款、提供勤工俭学机会、根据学生情况申请奖学金和助学金等，其目的就是通过对家庭经济困难学生的关怀，运用绿色通道来为其更好地学习和成长提供便利。

二、学生资助工作的基本原则

学生资助工作的最终目的是为家庭经济困难的学生创造更好的学习条件和成长环境，因此在整个资助工作过程中始终需要坚持以学生为本的核心原则，并将解决学生实际困难与解决学生的思想问题相结合，在帮助家庭经济困难的学生解决经济方面问题的同时，引导学生在学习、生活、思想、观念、信念等方面共同提高和成长，以便最终成为社会所需的优秀人才。为了达到以上目标，在资助工作中就需要遵循一定的基本原则。

（一）坚持资助与育人结合的原则

学生资助工作并非简单的经济资助工作，而是一个综合性工作，在解决学生经济困难问题的同时，还需要促进学生健康成长、和谐发展，尤其是随着社会的发展，社会对人才的要求越来越高，并呈现出多样化特征。家庭经济困难的学生因为其成长过程中一直伴随着经济问题，所以产生了很多其他问题，包括心理和思想道德品质方面的问题，很容易和普通学生产生隔阂。

基于此，在开展学生资助工作、解决学生经济问题时，还需要加强对学生的教育，包括爱国教育、感恩教育、自强教育、自立教育等，不仅需要为学生创造基本的生活条件，还需要从多个层面着手促使其能够安心学习并顺利成才，也就是要坚持资助工作与育人工作相结合。具体可以从以下几个角度入手。

1.加强心理健康教育

家庭经济困难的学生在承受经济压力的同时，也必然经受着心理压力，如有些学生在求学过程中长期承受很大的经济压力，所以性格更加自卑和内向，容易引发心理问题；有些学生在求学过程需要耗费大量课余时间参加勤工俭学从而减缓经济压力，因此会不同程度地影响学业，甚至无法获得奖学金，令学生陷入进退两难的困境，停止勤工俭学就无法承受经济压力，而持续进行勤工俭学就难免会影响学业。

以上这种情况是家庭经济困难的学生最常出现的问题，这也会令学生承受着更大的压力，尤其是因为性格问题和精力问题，很容易让其他普通学生觉得他们不合群，平添了人际交往的困扰。辅导员在帮助学生获得资助的同时，也需要有意识地帮助他们树立科学的人生观和价值观，需要通过心理健康教育调整学生的认知结构，让其能够正视贫困和现实情况，需要引导他们认识到资助永远是有限的，要真正解决经济问题，改变自身命运，还是要依靠自身的努力；另外需要指导学生提高心理自助能力，促使学生能够正确认识自身，寻找属于自己的闪光点，并完善人格，培养自尊、自立、自信、自强的心理品质；可以通过心理疏导，让学生认识到如今的经济困难和磨砺都是人生路上珍贵的财富，只要自己能够不断披荆斩棘，锤炼自身坚韧的毅力和拼搏的精神，不断完善和强化自身，就能够让自身摆脱经济困扰，从而促使学生能够保持乐观的心态，不断提高自己，培养出健康的心理素质，并构建契合自身的生活习惯和社会交际圈。

2.加强诚信教育

高校对家庭经济困难的学生进行资助，最常见的方式就是各种助学金和助学贷款。在申请助学金和助学贷款过程中，辅导员要加强对学生的诚信教育，如在申请助学金过程中做到诚信申请，在助学贷款过程中做到诚信还贷，尤其是学生的助学贷款通常不需要担保和抵押，这就需要学生在拥有偿还能力时做到诚信还贷。只有拥有正确的理想观念和高尚的道德情操，加强对学生的诚信教育，才能培养出诚实守信、知恩图报、努力拼搏的社会人才。

3.加强感恩教育

中国民间俗语称："受人滴水之恩，当以涌泉相报。"这说的就是人需要具备感恩精神，即使受人一点小小的恩惠，也需要在拥有能力时加倍回报。为了能够让家庭经济困难的学生能够解决经济方面的后顾之忧，从而专心学业并努力成才，国家和社会采用了多种资助形式，这些资助者最期望的就是学生能够最终成才，并且不寻求回报，但作为接受资助的学生却需要知恩图报。辅导员在学生接受资助的过程中，要运用有利时机对其进行感恩教育，如让受到社会资助的学生能够主动向捐赠方汇报自身的学习和生活情况，并表达自身的感激之情；逐步培养学生的感恩意识，充分发挥自主教育作用，培养学生的使命感和社会责任感，尤其是培养个人责任感，即获得资助后就要承担相应的个人责任，并在成才的道路上愈走愈远；同时，辅导员还可以引导接受资助的学生成立公益协会，并参加各种社会中的公益活动，通过公益协会相互交流，实现多层次的学生引导和教育，最终使接受资助的学生能够健康成长，并接受资助，之后进行自助，最后心怀感恩、不求回报地助人的良性循环体系，构建全方位的资助育人服务体系。

（二）坚持资助与励志结合的原则

资助家庭经济困难的学生的目的是消除他们的后顾之忧，并最终令其奋发进取、励志成才。因此，在开展资助工作时，要坚持资助与励志结合的原则，坚持经济资助和精神扶持相结合，坚持物质帮扶与励志教育相结合，通过帮助学生摆脱经济困境，激励他们自强不息、勇往直前，磨炼他们在困境之中坚持理想信念并不断开拓进取的坚强意志。

辅导员可以通过对接受资助的学生群体开展自强评比、勤工俭学表彰、爱心回报社会等多种活动，引导学生树立正确的人生观、世界观和价值观，激励他们即使贫困，也能够正视自身，并自强、自立、自爱，在激烈的社会竞争中不断完善和提升自我，最终成为社会所需的优秀人才。

（三）坚持资助与勤工俭学结合原则

学生资助工作是为了通过给予家庭经济困难的学生经济资助，免除他们的后顾之忧，同时也需要培养他们的劳动观念和创新创业理念，因此需要坚持资助和勤工俭学相结合的原则，在保障学生没有经济方面的后顾之忧的基础上，引导学生能够通过自己的劳动获取报酬，并最终通过自身的努力去完成学业。

对学生的资助工作只是为了能够让家庭经济困难的学生可以顺利完成学业，辅导员需要引导学生了解到资助不是目的，而是为了能够促使其成长成才，并能够通过自己的劳动和努力，对自己的未来负责。通过勤工俭学不仅可以帮助学生解决部分经济问题，还能够增强学生的劳动观念和劳动意识，即将资助工作由输入型向互助型推进，在对学生进行物质帮扶过程中，精神上培养学生并促进学生自我培养能力，最终克服不劳而获的思想，并利用自己学到的专业知识，通过诚实的劳动获取相应的报酬。

三、学生资助管理工作的主要内容

学生资助是为家庭经济困难的学生提供经济资助，以使学生能够免除后顾之忧，从而更好地学习和成才，最终为社会做出贡献，成为社会未来所需的人才。辅导员的工作之一就是进行学生资助管理，主要工作内容是对家庭经济困难学生的认定与建档，并保证后续资助项目的正确实施，同时需要在学生的高校生涯中对学生进行思想引导和教育，促使其培养正确的人生观、价值观和世界观，并最终成才。

（一）资助学生认定与建档

学生资助管理工作的第一步就是要对资助学生进行认定，需要让有限的资金发挥出最大的效用。辅导员这部分工作的目的就是要切实保证国家的资助政策和措施能够真正落实到家庭经济困难的学生身上。不过，因为高校接收的学生通常来自全国各地，而不同地域的经济条件和学生的家庭条件也有所不同，所以各个地域对贫困家庭的标准也会有所不同。在这样的情况下，高校只能依靠学生生源地的民政部门、街道办事处或乡镇社区等来为学生出具相对应的家庭经济困难证明，但因为对学生进行的经济资助并非由生源地出资，所以很容易出现审查不严的情况。高校只能在证明的基础上，依据学生进校之后的消费水平和生活表现来对经济困难的学生进行认定。这就引发了学生为了获得资助名额而进行竞争的问题。因此，高校需要有一套科学的认定措施，具体可以从以下几个方面实施。

1.建立认定机构并建档

建立认定机构首先需要确定工作领导，以便全面领导高校对家庭经济困难学生进行的认定工作，可以由高校的学生资助管理机构负责组织和管理；其次需要建立认定工作组，可以分院系建立各院系的认定工作组，以院系领导为组长、学生辅导员为成员，负责对家庭经济困难学生进行审核；最后需要建立认定评议小组，可以分年级或分专业进行评议小组的组建，由辅导员担任组长、由学生代表担任成员，负责具体学生认定的民主评议工作，此小组成员可以根据学生数量进行合理的配置，但成员必须具备广泛的代表性。

建立好的认定机构需要将申报家庭经济困难的学生资料进行建档，并为后续的认定工作服务，在此过程中需要对建档资料及时进行更新，以确保内容的真实性。

2.明确合理的认定标准

认定机构需要参照高校所在地居民的最低生活保障水平来制定严格、明确且合理的认定标准，并建立恰当的认定程序，以便完成后续对家庭经济困难学生的认定工作。可以根据高校所在地的经济情况，将认定标准设置为多个档次，分别为一般经济困难、中等经济困难和特殊经济困难等两到三个档次，并依据此认定标准来为学生进行最终的档次认定。

3.规范学生的认定程序

通常家庭经济困难学生的认定工作，高校每学年会进行一次。高校需要严格按照认定程序来部署认定工作，充分发挥高校设置的多个机构，包括学生资助管理机构、院系认定工作组、年级或专业认定评议小组等，各自不同的职能完成最终的认定工作。

整个认定程序有以下几个步骤：第一，家庭经济困难的学生本人需要如实填写《高等学校家庭经济困难学生认定申请表》和《高等学校学生及家庭情况调查表》，向学校详细说明家庭的经济状况，同时需要持调查表到家庭所在地的乡、镇或街道民政部门加盖公章来证明家庭经济状况属实。已经被高校认定为家庭经济困难的学生在其他学年进行认定时，若家庭经济状况没有显著改变，可以只如实填写申请表，不用再填写调查表。

第二，高校的认定评议小组需要根据学生提交的申请表和调查表，对学生家庭的经济情况进行综合考察，主要考察内容是家庭人均收入、学生日常消费情况、影响家庭经济状况的因素等。认定评议小组对这些内容进行认真评议后，确认学生对应的资助档次，然后呈报给院系认定工作组进行二次审核。

第三，院系认定工作组根据认定评议小组提交的初步评议结果进行三次审核，如果发现异议可以向认定评议小组提出意见和建议，在征得认定评议小组的意见后进行调整和更正。当院系认定工作组通过审核后需要将资助学生的名单和档次进行公示，公示需要采用恰当的方式和保证适当的范围，公示后可以将公示结果呈报给高校学生资助管理机构进行最终审核。

第四，高校学生资助管理机构汇总各个院系审核后的学生名单和具体情况，形成《家庭经济困难学生汇总表》，并呈报给领导组进行最终审批。在此过程中，需要对汇总表进行信息归档，根据高校学生资助管理机构的管理系统的要求进行审核管理和数据库建设，并随时对信息进行更新。

在此过程中，辅导员需要对资助学生进行诚信教育，当学生家庭经济状况产生显著变化时，需要及时告知高校，以便高校能够及时进行调整；同时，各个院系每学年也需要定期对名单上的学生进行资格复查，可以采用不定期、随机抽选的方式，运用电话、互联网、实地走访等多种方式进行情况核实。

（二）国家资助项目实施

学生资助项目之中，国家资助项目由国家财政出资设立，属于专门的资助项目，通常由国家根据各高校的学生人数和生源地的情况来确定资助金额，并且会对办学水平较高的高校或农业、林业、水利、地质、矿产、石油、核能等国家特殊需求的学科专业等进行相应的倾斜，即这类高校和学科专业会获得更多的资助。国家资助项目有四项主要内容，包括国家奖学金、国家励志奖学金、国家助学金以及师范生公费教育。其实施通常分为以下四个阶段。

第一阶段是根据国家相关文件和高校的实际情况，对不同的国家资助项目进行对应的评审和管理，尤其是国家相关文件不仅是国家资助项目的政策导向，同时也是一种潜移默化的引导，即能够引导学生向国家和社会所要求的方向发展。因此，在第一阶段高校可以让辅导员组织学生对相关文件进行学习和宣传，以便学生对政策导向有深入的了解。

第二阶段是高校根据不同院系对参评学生数量进行名额划定，并适当向品行端正、学习优异、自强自立、艰苦努力的学生进行倾斜。辅导员需要指导符合条件的学生根据自身条件进行申报，如实填写各种申请表。在此过程中，辅导员要引导学生向国家和高校要求的方向努力，并培养学生的感恩之心和诚信品质。

第三阶段是对申请学生进行评审和公示。此阶段的流程同样需要高校的各个资助管理部门参与，不过最终公示的名单需要呈报到全国学生资助管理中心进行确定，并按照隶属关系报送中央主管部门或教育厅和财政厅进行备案。

第四阶段是各中央部门和财政厅接到高校上报的名单后，在15日之内将资助资金全部拨付给高校。高校对资助资金进行统一发放，其中国家助学金通常由学校按月发放给学生或直接打入学生的伙食卡中，保障学生基本生活。在此过程中，高校要加强管理并认真做好评审和资助资金发放工作，确保资助资金能够真正专款专用，用于资助品学兼优的贫困学生，同时要接受相关财政部门和主管机关的检查和监督。

国家奖学金的额度通常为每人每年4000元，每年用于资助5万名贫困学生；申请和获取国家奖学金的家庭经济困难学生可以申请并获得国家助学金，规格为每人每月150元，每年按10个月进行发放；获取国家奖学金的学生不得同时申请和获得国家励志奖学金，国家励志奖学金的资助金额为每人每年5000元。

除以上这些内容，国家资助项目中还包括生源地信用助学贷款项目以及助学贷款项目，其中生源地信用助学贷款按年度申请、审批和发放，原则上每人每年申请的贷款不超过6000元，主要用于解决学生在校期间的学费和住宿费问题，申请生源地信用助学贷款的学生不得申请国家助学贷款；国家助学贷款额度根据学生情况有所不同，如本专科生每人每年贷款额度不超过8000元，硕士研究生每人每年贷款额度不超过12000元。

（三）社会资助项目实施

社会资助项目是由金融机构、社会团体、企事业单位或个人出资设立的针对家庭经济困难学生的专项资助项目，通常根据出资者的意愿以及高校的实际情况进行资助方案的制定和实施。

社会资助项目的实施也分为四个阶段：第一阶段是为了规范管理社会资助项目和资金，确保项目正常实施，需要社会捐赠方和学校明确各自的责任和义务，并签订资助协议和相应的实施细则。协议书通常需要包括且不限于以下几项，一是明确社会奖学金和助学金的对象和实施范围；二是确定奖学金和助学金的金额、认定标准、资助人数以及相关期限；三是明确获得奖学金或助学金的学生的条件以及相对应的优先获得条件；四是明确奖学金和助学金的发放和管理模式；五是对获得奖学金或助学金的学生进行后续教育管理等。

第二阶段是社会奖学金和助学金的申请和评审标准，通常需要将社会奖学金和助学金的实施范围和对象以及标准等在参评的学生群体中进行宣传，使所有有资格的学生都能够有机会参与，然后鼓励所有学生根据条件进行申报。在评审过程中需要接受各方的监督，严格按照协议和实施细则进行评审。

第三阶段是确定审核后的学生名单后，高校需要根据捐赠方的意愿和需求，进行规模不等的奖学金和助学金颁发仪式，一方面对获奖的学生进行表彰；另一方面对捐赠方进行隐性宣传。社会奖学金和助学金比较适宜的发放形式是通过银行转账，不适宜采用现金发放，以避免发生不必要的意外。

第四阶段是高校和获取奖学金、助学金的学生需要及时向捐赠方反馈资助资金的发放情况和使用情况。这样做能够加强对资助管理机构的监督，可以令捐赠方及时明晰捐款的走向和运用情况，同时还可以在一定程度上培养学生的感恩精神。

（四）高校资助项目实施

高校资助项目就是高校按照国家的相关规定，从自身收入之中抽取一定比例的经费用于免除学生的学费、勤工助学、校内无息借款等,这需要高校根据自身情况实施。高校对家庭经济困难的学生的资助主要有以下几种形式。

1. 减免学费

对家庭经济特别困难以至于无法缴纳学费的学生,可以享受国家制定的减免学费政策。例如,家庭经济困难的烈士子女及优抚家庭子女(包括退役军人、残疾军人、因公牺牲军人、现役军人等所有军人的子女)可以享受学费减免政策,同时可以在同等条件下优先享受国家和社会以及高校所提供的各种资助;西部开发助学工程的学生,这是国家实施西部大开发战略帮助西部培养人才的工程化教育目标,即资助西部省区品学兼优、家庭贫困的优秀学生,减免其高校学费的50%,给予这批学生每人每年5000元的资助,并为其提供助学贷款等;家庭特别困难或家庭遭遇重大自然灾害的学生,可以根据学生具体情况减免其学费,尤其是一些因为遭受重大自然灾害导致无法缴纳学费的学生,以及孤儿和残疾学生等,会给予这些学生困难补助、优先安排勤工俭学机会,同时减免学费,保证其能够顺利完成学业。

2. 勤工俭学

勤工俭学是高校进行学生资助工作的重要组成部分,通常是学生在高校组织下利用课余时间进行勤工俭学,通过劳动来获取合法的报酬以支付学习和生活开支。勤工俭学不仅是资助家庭经济困难学生的有效途径,还是提高学生综合素质和锻炼学生职业技能、提高学生就业能力、培养学生职业道德和社会公德的主要途径。

勤工俭学需要建立在学生学有余力、自愿申请、信息公开、遵纪守法且竞争上岗的原则基础上,同时要保证扶困优先,即家庭经济困难的学生满足基本条件后可以优先获取勤工俭学的机会。学生可以在保证不影响自身正常学习的前提下提交勤工俭学申请,并接受勤工俭学岗前培训和安全教育,然后由学校统一安排到校内企业或合作企业的岗位上进行适当的锻炼,并通过这种合法的工作方式获得相应的报酬。学校在安排学生勤工俭学时需要和学生的专业、学业有机结合,以鼓励学生从事智力型、科技型活动。高校需要按照国家的相关规定从高校收入之中提取一定比例的经费用于勤工俭学,可以建立勤工俭学基金,专门用于支付校内勤工俭学活动中学生的劳动报酬,此部分经费需要实行专项管理,不得随意挪用和挤占。

学校还可以通过和社会机构、企事业单位进行合作来为学生提供勤工俭学机会,如让学生在最后一学年进入社会机构或企业等用人单位进行实习。在此基础上,高校还可以和企业合作,逐步建立和完善半工半读制度,一方面实现学生资助;另一方面使学生能够更好地根据社会需求制订学习计划和调整学习方向等。

3.困难补助

困难补助是针对获得国家助学金和助学贷款后，学习和日常生活依旧非常困难，或因为突发事件导致经济依旧困难的学生，高校可以根据学生的实际情况给予一次性困难补助。

通常这种补助主要用于以下几种情形，一是学生本身家庭经济困难，又遇到了突发意外事件，从而导致经济来源受到极大影响从而造成学习和基本生活无法得到保障；二是学生家庭经济困难，又遇到意外事件受伤或受疾病侵扰，生活无法保障而且支出变大，且家庭根本无力承担此部分开支；三是家庭经济特别困难，尤其是新入校学生，甚至在入学后根本无法满足基本生活需求，如进入寒冬却缺少御寒用品等。针对这种情况，高校需要采用人性化的资助管理，对学生进行适当的困难补助，使其能够顺利完成学业。

4.绿色通道制度

为了保证家庭经济困难的学生能够顺利入学，教育部、发改委和财政部规定，各高校必须建立绿色通道，对家庭经济困难、被录取入学的学生，一律要优先进行入学手续的办理，在核实学生情况后，采取不同的方法对学生进行资助。

绿色通道需要保证畅通无阻，如在发放学生的录取通知书时需要附《高校学生家庭经济情况调查表》和相关证明来确定学生是否需要走绿色通道，符合绿色通道的学生可以先办理学费缓缴和入学手续。

高校可以根据学生的优势和特性有针对性地提供资助，如通过互联网平台进行资料收集和整理，并结合社会中的各种活动，按照学生的个人爱好和特长为其制订提升计划，促使学生能够发挥自己的优势，通过参加活动来获得奖励和资助等。另外，高校还可以根据自身特点，设立各种金额不等、和学生专业以及创新能力相关的研发奖励和奖学金及助学金，鼓励学生发展特长并进行创新，引导学生全面发展，在提高自身各方面素质的同时获得资助。

第三节 坚实后盾·学生危机事件管理

高校学生危机事件通常指的是因为某些具体原因或综合原因导致的高校内部突然发生甚至迅速演变或激化为大规模的、影响校内稳定和校内治安及秩序，最终发展为危害社会安全和政治稳定的各种事件。此类事件中可能会造成高校师生员工等身体健康严重受到损害乃至死亡，心理健康严重受损乃至出现心理疾病，或者高校内公共财产受到损害或学校名誉损毁。高校学生危机事件发生会严重影响社会的和谐、高校的稳定发展以及学生个体的成长，因此针对学生危机事件的管理一直是学校学生管理工作的重点。

一、高校学生危机事件的特点

高校中发生频率较高且影响较大的学生危机事件主要包括两类，一类是偶然导致的不可抗力事件，主要是各种自然灾害，如地震、洪水、火山喷发等，此类危机事件最需要做的是根据情况进行预演训练和针对性训练，如高校处于地震多发带时就需要有意识地对高校学生进行多次地震应急演练，在日常生活和教学中要注意进行地震灾害知识普及、地震预演排练等，避免遭遇地震灾害时学生无所适从，同时能有效保障师生安全。另一类则是人为导致的危机事件，包括校内安全事故（包括火灾、有害物化学泄漏等）、学生心理问题暴发、学生群体性活动、医疗事故及传染病暴发等。

不管哪类危机事件，都是以高校学生为主体，都会产生较严重的后果，尤其是人为导致的危机事件中，很容易在短时间内发生并演化成大规模事件，从而对高校正常秩序乃至社会秩序造成严重影响、冲击以及危害。综合而言，高校学生危机事件具有以下六个特点。

（一）事件的突发性

事件之所以会突发，主要就因为引发事件的源头问题没有得到很好的解决，之后进行积压并扩大化，最终在达到临界点之后突然爆发。也正是事件的突发性造成事件具体的发生地点、发生时间、产生的影响等都很难预测，而且当突发事件出现后，其变化会非常迅猛，具有很强的突然性和快速性。

（二）诱发因素多样性

随着社会的快速发展，全球化和信息化进程的不断推进，以及改革开放的日益深入，社会中充斥着各种信息和各类文化，这使各种思潮有了立足之地，并且随着互联网技术和通信技术的发展，各种思潮开始通过各种渠道传入高校。在这样的时代背景下，高校的学生自然会处于思潮的冲突、观念的碰撞、信息的交汇和体制变化之中，又恰好是对信息最为敏感的群体，再加上自身思想观念并不成熟，因此很容易引发各种问题。

外有各种社会变化和变革，内有学生的个性化和思维冲突性，内外因素的融合使高校学生很难在非常稳定的观念体系下快速成长，从而使学生群体很容易受到影响，进而诱发学生危机事件。通常情况下，高校学生危机事件是以一个具体的问题或事件、因素为诱因，之后在社会背景和学生特性的推动下，逐渐产生了量的积累，最终发生质变。这个在源头出现的问题、事件、因素就是学生危机事件发生的导火索。然而这个诱因并非固定的，因此很难进行预测，最终这个诱因所引发的事件的态势、影响、规模、爆发节点等也都难以进行掌控，所以学生危机事件不但诱发因素具有多样性特点，而且引发的危机事件也具有多样性特点。

（三）事件影响的广散性

当高校发生学生危机事件，其事件产生的原因和演变情况会很快扩散传播，从而引起社会的广泛关注，主要有三个因素：其一是教育历来都广受社会群体关注，作为培养社会人才的主要场所，高校受到的关注无疑更大，其不仅受公众关注，还受媒体和政府的关注，因此当高校出现学生危机事件时，很容易就会引起社会的反响并成为热点；其二则是互联网时代来临，信息传播越来越便捷，再加上媒体的推动，很容易让事件快速传播，从而传播到整个高校所在城市，乃至全国；其三则是现今学生的思想更活跃且主体意识更强，同时也更加个性化，所以作为事件主要参与者的学生会更愿意和敢于表达自己的意见和思想，加之学生群体本就思想发展不够成熟，因此在进行思想表达时很容易进行主观臆断，从而令小诱因无形中被放大，从而带来更严重的影响。

（四）事件后果的危害性

高校学生危机事件不管规模多大，也不论何种性质，都会产生非常大的危害，其危害性主要体现在社会危害、高校危害和学生及民众危害三个方面。只要发生学生危机事件，受到冲击最大的必然是高校，不仅会影响高校正常的教学和生活秩序，甚至还会对高校的财产造成损失，对高校的声誉产生不良影响；如果事件涉及国内外重大政治问题或涉外事件，不仅会对事件出现的高校和城市产生影响，还极有可能会演变为更大规模的地域性或全国性事件，或者会产生极强的辐射效应引发更大的界别性事件，波及整个世界的相关领域，这就是所造成的社会危害；学生危机事件也有可能会引发相关矛盾的爆发，从而对社会乃至民众产生影响，极其容易造成大范围的心理恐慌，最终导致社会秩序混乱。

（五）参与主体的活跃性

通常，高校学生危机事件的参与主体是大学生，其本身就具有非常强的思维活跃性，并且具有群体性和易受鼓动性特征，很容易被激发。正是因为这种思维活跃性，发生事件时学生能够对事件产生非常快速的反应，并受到群体性和易受鼓动性特征的影响，直接在不明所以的情况下积极参与，最终使事件越来越具有影响力。另外，大学生通常处在青年期，具备该年龄段特有的热情和冲动，因此很容易出现盲从行为，在事件诱因的推动和性格的影响下，大学生很容易用外部冲突的形式来解决问题，从而将个体的言语倾诉、行为干涉，发展为群体冲动和群体发泄，最终对高校和社会乃至自身造成极大的危害。

(六) 处理事件的复杂性

高校学生危机事件具备诱因多样、扩散性强等特点，因此会对学生、高校、社会造成极大的影响，也正是因为这种影响波及范围很广，所以处理学生危机事件时不仅需要考虑高校的内部问题，还需要考虑高校与社会环境之间的关系，而这种关系通常既复杂又难以处理。

处理事件之所以复杂，主要有两个方面的原因。

一方面是学生危机事件的诱因有可能是一系列政治、社会、文化层面的矛盾及问题的积压和激化。这些诱因不仅会影响高校的稳定，在解决这些矛盾和问题时还需要耗费大量的时间，甚至会涉及多个社会领域，而且通常无法凭借高校的一己之力将其解决。另外，在处理事件的过程中，学生群体通常会提出相应的要求，这些要求具备合理性，但通常也会带有一定的违法性，这就使处理事件的难度变得极高。

另一方面则是随着社会的快速发展，会形成学生家庭多样化、生活经历多样化、价值取向多样化的状态，最终造成学生群体呈现出多元化特性，这使高校内部关系以及外部关系都变得更加复杂，不但高校和社会之间的关系需要进行维护和处理，而且师生之间的关系、学生之间的关系、学生与家庭之间的关系等也需要进行维护和处理。再就是绝大多数学生对事件行为的合法性和合理性认识不足，明显具备法不责众心理，这些问题都使处理事件变得更加复杂。

二、高校学生危机事件主要类型

(一) 政治类

政治类危机事件指的是事件背景带有浓厚的政治色彩，最主要的特点是群体性强、事件扩散速度快、社会影响大，通常事件中交织着多种矛盾冲突。一般事件先在学校内发生，然后由于学生的群体性，会快速扩散到其他学校乃至社会。政治类危机事件通常初衷很好，如爱国热情、民族团结等，但由于学生的盲从性和冲动性，很容易产生群体性聚集并在行为方面出现越轨。最具代表性的就是以爱国为由的各种抵制行为。

(二) 自然灾害类

自然灾害类危机事件即高校遭受地震、洪水、泥石流、火山爆发、冰雹、海啸、台风等自然灾害，影响高校师生人身安全和高校正常秩序。因为，自然灾害类危机事件是自然作用下产生的事件，所以其突发性和破坏性极强，尤其是地震等，很难准确预测其发生时间。通常情况下，自然灾害被称为不可抗力事件，高校人员极为聚集，发生自然灾害后不仅会对高校的建筑设施等造成极大破坏，同时还会造成严重的人员伤亡；而且自然灾害引发的危机事件还有一个特征是恐惧情绪蔓延，学生群体心理承受能力偏低，尤其在群体聚集后容易出现集体恐慌或集体失控的事件。

（三）公共卫生类

公共卫生类危机事件的特点是突发性强，尤其是未知传染性疾病的发生很容易被忽视，但一旦爆发就具备传播速度快、传染范围广、危害性大等特点，包括传染病、食物中毒等卫生事件，最具代表性的就是2003年的非典型肺炎（简称非典，SARS）疫情、2020年的新型冠状病毒肺炎疫情。

由于高校通常采用的是寄宿制，聚集性较强，尤其高校新生报到入学、开学集中返校等会极大增加学生的聚集和流动，所以很容易成为传染性疾病暴发的高危场所。2003年，非典疫情肆虐，中国很多高校采取了校园完全封闭式管理，极大地避免了因为学生流动和聚集造成的疫情扩散；2020年，在新型冠状病毒肺炎疫情中，很多高校同样采取了完全封闭式管理，从根源处避免了疫情的扩散和传播。

（四）学校管理类

学校管理类危机事件指的是高校内部管理过程中存在某些方面的问题，却没有得到及时且有效的解决和疏导，问题积压造成质变，形成危机事件，通常表现为学生群体反抗行为，如集体罢课、集体罢考、集体上访、集体游行、打砸高校公共设施等。

这类事件的出现主要是由于高校管理不善且处理不及时，同时大学生又较为冲动，很容易不顾后果采取一些非常规的方式来表达自己的需求和想法。相比较而言，学校管理类危机事件的预防和解决，主要靠的是高校自身能够高效管理，并及时对学生的合理需求进行综合考虑和解决。

（五）治安案件类

治安案件指的是违反治安管理法律法规但尚不够刑事处罚的各种行为，主要有校内人员实施和校外人员对校内人员实施两种事件。此类危机事件最大的特点是参与者少但影响恶劣，会严重破坏高校治安和秩序，如打架斗殴、绑架勒索、偷窃抢劫、网络攻击等。

（六）心理疾病类

高校中的大学生出现的心理问题绝大多数是心理困扰，只有少数学生存在心理障碍，极少数学生存在心理疾病。学生的心理问题不断积压，又得不到适当的疏导，就容易形成心理疾病，最终发生行为激化的危机事件，包括自残、自杀、离校出走等。例如，高校学生自杀事件，虽然这是学生的个人行为，但高校具有人员集中、社会关注度极高的特点，因此当高校发生学生自杀事件时就很容易给高校带来消极影响，甚至会引起学生的集体恐慌或家长及社会的恐慌，从而对高校声誉产生消极影响。

（七）偶发类

偶发类危机事件主要分为两种，一种是校园设施安全引发的事件，包括实验室安全和建筑物安全等。实验室通常会有一些有毒有害物质，同时各种物质发生化学反应也容易产生有毒有害物质，稍有疏忽就很可能会出现不可控的事故；另外实验室有时还会进行各种生物类实验，如解剖等，有时因为生物类实验原料携带不易察觉的病菌或细菌等，若实验过程中操作不当，就容易引发危险。另一种是意外类事件，包括运动伤害、火灾、电灾等，都具有极强的偶发性。

三、引发学生危机事件的关键因素

（一）个人因素

高校学生危机事件有很大一部分最初都是由个人因素引起的，包括个人的心理、身体状况、思维情绪、认知等各个方面。当代大学生享受了改革开放的成果，且恰逢互联网时代，各种信息、文化、思潮不断交织，因此对大学生的影响极大。大学生所处的时代造成他们的成长路上没吃过苦，因此自立、自理能力都较差，且因为遇到的困难较少，生活顺畅，所以心理承受能力也较差；同时，又因为处于互联网时代，大学生思维非常灵活且兴趣广泛，好奇心重又喜欢尝试新鲜事物，自我防范和自我保护意识相对比较淡薄。这就造成大学生辨别能力较差，对消极负面思想的抵抗能力较差，而且当今社会的竞争激烈，就业形势又极为严峻，所以学生承受了极大的心理压力。较差的心理承受能力和调节能力，再加上较大的心理压力，就会造成不同程度的心理问题和心理障碍。如果这些问题不及时进行疏导和解决，不仅会影响大学生的身心健康，还会成为危机事件的主要原因。

（二）家庭因素

在进入高校之前，绝大多数大学生主要的成长环境就是家庭，家庭环境对学生的成长乃至一生都有着基础性的影响。家庭教育并不具备系统化特点，不同的家庭会采用不同的教育方式，这种教育差异性是形成学生独特性格和道德品质的基础。长期家庭环境的熏陶会令大学生形成较为固化的性格、习惯的生活方式、特定的生活理念和不同的认知模式。

在家庭环境中，残缺的家庭结构、恶化的家庭关系、紧张的家庭氛围、父母的不当管教等，都会对学生的心理和行为产生重大影响，尤其是父母离异、家庭负债、家庭环境剧烈变化等情况，很容易引发学生心理的急剧变化，从而产生心理危机，进而引发行为危机，如出现自虐、自杀、伤害他人、违反法律等行为，最终发展为学生危机事件。

（三）高校管理和服务因素

从1999年全国高校扩招至今，高等教育在二十多年的时间里发生了巨大的变化，尤其是高校规模和学生数量方面，都产生了较大的扩张，但教学内涵、人才培养模式、教学方法、教学内容等核心因素却无法快速匹配。而且绝大多数高校都是独立运作形式，不同的高校会采用不同的管理方式和服务模式。随着教育体制改革的深化，原本的经验式管理模式已经无法适应急剧扩大的规模，甚至有些高校缺乏服务理念。

在这种情况下，高校在进行管理过程中就容易存在问题得不到及时、快速、有效解决的情况，又因为服务意识淡薄，就容易对学生提出的问题不关注、不重视。当问题不断积压，就容易引发各种学生危机事件。

（四）社会因素

社会的快速发展同样会对高校以及学生产生巨大的影响，尤其是随着社会的转型和经济的发展，社会结构的重大调整，多元文化的交汇使社会利益诉求也开始呈现出多样化特性，这些都对高校的安全稳定造成了一定的影响。例如，社会不同阶层的群体收入差距矛盾，必然会对高校产生影响，尤其是会触及高校师生的切身利益；同时，政治体制改革的推进也会对政治敏感的高校造成冲击，从而影响高校师生的情绪。

诱发学生危机事件的社会因素主要体现在三个方面，其一是政治因素，即各种带有浓厚政治色彩的矛盾出现，对高校学生产生影响，从而引发危机事件；其二是环境因素，其中包括社会治安因素和自然灾害因素两种，社会治安因素主要体现在安全危机意识不足造成的治安漏洞，从而引发的学生危机事件，自然灾害因素则主要体现在地震、洪水等引发的高校环境设施遭受破坏、师生人身健康受到损害等事件；其三是经济因素，尤其是在经济状况不景气时，原本就业压力就大的学生就业会更加困难，就很容易引起学生的行为激化，从而出现示威、游行等事件。

（五）民族因素

中国是一个多民族国家，不同的民族有不同的文化、习俗和信仰，这种不同使人们在遇到经济利益矛盾、民事治安问题以及执行政策等过程中会产生不同的处理方式和不同的观念，也就容易出现矛盾和冲突，最终发展为危机事件。因此，在执行各种政策的过程中，高校一定要妥善处理各种民族问题和关系，在大方向上必须维护民族团结和国家统一，在小方向上则需要及时解决民族问题，避免引发学生危机事件。

四、高校学生危机事件管理的基本原则和工作机制

高校学生危机事件通常会具有很大的危害性，而且涉及人员众多、声势浩大且影响广泛，一旦处理不当，很容易激化矛盾，从而造成更严重的后果。学生危机事件的危害程度取决于事件的影响范围和诱因的性质，同时还取决于高校以及辅导员对事件的认识，以及能否采用有效的预防措施和处理手段。辅导员作为与学生接触最多的角色，必须明晰危机事件管理的基本原则和工作机制，以便能够有效从源头上避免危机事件发生，另外也要能够在发生危机事件时及时正确的应对。

（一）危机事件管理原则

学生危机事件管理需要从预防和处置两个层面把控，应该遵循以下四个原则。

首先，坚持以预防为根本并及时控制的原则。通常学生危机事件的诱因是一个较为基本的问题或事件，如果能够在诱因出现时就及时发现、及时报告并控制、及时解决，就能够将危机事件遏止在萌芽状态和初始阶段，避免对学生、高校和社会产生不利的影响。辅导员是学生在高校日常学习和生活中接触最多的人，辅导员需要根据对学生的了解，及时发展学生的心理问题和困惑，并进行心理疏导和心理健康教育，以便从根源上遏止学生危机事件的发生。若发生危机事件，辅导员需要迅速到现场，并迅速将相关情况向高校领导报告，还需要积极组织高校内部防控网络，将事件尽量控制在基层和学校内部，以便为解决问题或矛盾创造条件，尽量避免事件失控。

其次，坚持积极疏导并迅速控制事态的原则。在危机事件发生后，辅导员需要秉持尊重学生的原则，把握时机，及时对学生进行疏导。通常，学生危机事件的诱因都和学生自身息息相关，辅导员需要打开学生的诉求渠道，用真心去接触学生，以引导学生将诉求表达出来，从而发现诱因，达到制止和平息事态的效果。

在此过程中，辅导员需要做到"三可三不可"，并防止"四个转化"。"三可三不可"即可散不可聚、可顺不可激、可解不可结。可散不可聚就是要尽量引导学生群体分散，并将群体意识逐步分解为个体意识，从而令学生个体能够逐步脱离群体并退出现场，达到阻止事态恶化的目标；可顺不可激就是以顺应和认可的方式去分析学生的问题，并促使学生表达诉求；可解不可结就是要尽自己所能对学生的诉求进行解决，并正视问题和矛盾的存在，即使无法快速解决，也需要稳定学生情绪。防止"四个转化"就是要防止个体问题转化为群体共性问题，防止局

部问题转化为全局问题，防止经济问题转化为政治问题，防止非对抗性矛盾转化为对抗性矛盾。防止"四个转化"主要目的就是避免事态激化，需要根据问题和矛盾进行适当的弱化。

再次，要坚持区别对待并依法处置的原则。在处理危机事件时辅导员首先需要区分事件的性质，并根据事件性质实施对策，做到有理可依、有法可据。区分事件性质需要从三个层面进行，一是先从大方向对危机事件的诱因进行区分，辨明其归属哪类事件；二是需要冷静地寻找问题的症结，找到引发危机事件的主要矛盾和问题，这样才能有针对性地采取解决措施；三是需要梳理引发事件和卷入事件的学生构成，需要对不同的学生采取不同的应对措施，尤其是因为个体事件萌发激化形成的危机事件，需要将个体事件单独列出处理，而其他参与学生则需要动之以情、晓之以理，避免卷入其中。

另外，在处理危机事件的过程中，辅导员必须做到不能自乱方寸，要冷静面对并保持心理优势。在学生危机事件尚未大范围激化时，辅导员的介入必然会给学生群体一种对立的感受，这时就需要进行双方心理较量。辅导员需要有针对性地进行处理，保持镇定和冷静，避免鲁莽急躁，行为要以静制动、以冷对热，从而及时将事态控制在一定范围内；另外就是在和学生交流沟通的过程中，切忌随意承诺条件，以免授人以柄，陷入被动。辅导员不能为了压下危机事件就信口开河，甚至随意表态，而应该以缜密的思维和精准的表达，以逸待劳，避免事态激化。

最后，坚持统一指挥和联动响应的原则。此原则建立在高校建立起健全的危机事件预防和处置机构、工作机制和应急预案的基础之上，高校需要明确危机事件出现时各部门与人员的相关职责，并针对不同的事件设计对应的预防和处置预案，制定对应的控制事态和平息事态的保障措施。在建立健全机制的基础上，发生危机事件要依托健全的机制快速联动响应，各部门和有关人员要及时按职责进入岗位，各负其责，开展工作，并接受统一指挥，确保事态能快速得到控制和平息；辅导员既需要接受高校的统一指挥，还需要成为学校领导层和学生之间的桥梁，及时将学生的诉求反映给学校领导，加强学校领导层和学生之间的沟通，以确保能够从根源上解决问题，降低事件对高校的危害。

（二）危机事件管理机制

高校危机事件管理机制的建立需要针对危机事件前、危机事件中和危机事件后三个不同阶段进行制定，尽量做到尽早发现、及时控制、妥当善后。

1.建立危机预警机制

危机预警的前提是需要统筹和规划高校各个部门与人员在危机事件中的职责，

还需要将应对危机事件的资源进行预先安排,并建立规范化操作程序。需要从以下四点入手:一是明确高校内哪些事件的发展容易引发危机事件;二是根据高校各院校特点,确定可能发生的危机事件情境并进行具体分类;三是根据危机事件情境的分类来设置相应的控制和管理人员;四是参考国内外各类高校危机事件处理的程序,制定和高校契合的危机事件处理方案。

在统筹和规划好具体事项后,辅导员作为危机事件预警机制的最前沿参与者,需要切实做到尽早发现,这就需要辅导员做好以下五项工作:一是在日常工作过程中,要保持高度敏锐性和洞察性,通过科学有效的方法及时掌控和收集各种可能诱发危机事件的信息;二是需要对收集到的信息进行分析和识别,即将这些有可能诱发学生危机事件的信息进行梳理和甄别,并及时核实情况,去除虚假信息并避免主观臆断;三是根据分析和识别,结合学生的基本素质、心理情绪、规模构成等情况,将核实的信息诱发学生危机事件的可能性、发展趋势等进行评估和预测,以便进行应急响应准备;四是将可能诱发学生危机事件的信息及时汇报,要力求信息真实、详尽、准确,并将分析、评估、预测的内容一同进行汇报;五是根据分析得到的信息,不论其是否会诱发危机事件,都要有针对性地对学生进行教育疏导,安抚和稳定学生的情绪,在合理的范围内尽量帮助学生解决问题,并随时关注学生情况,防止或减少危机事件的发生。

2.建立应急响应机制

建立危机预警机制的目的是减少或避免学生危机事件的发生,但学生毕竟是鲜活的个体,其情绪和思维、个性及行为不可能完全可控,因此高校还需要在建立发生危机事件时,能够快速反应并快速处置的应急响应机制,以便在最短的时间内控制事态并解决问题。

建立应急响应机制是为了能够快速反应并快速做法决策,从而解决问题,因此信息传递的及时、准确与否,就成了决策及时、正确与否的关键。高校可以积极运用现代信息技术来保证信息的畅通,如通过QQ、微信、可视电话等,及时对危机事件的情况进行了解。辅导员可以通过以上信息技术传递相关信息,实现点对点的信息无缝对接,从而使危机处理人员能够拥有足够的信息进行决策处理。

另外,传统的汇报机制是层层汇报的形式,不仅浪费时间,还责权不清,容易错失事件处理的最佳时机,因此可以通过信息技术,采用扁平式信息流通架构来确保汇报及时有效,如辅导员直接对接校级或院系级危机处理机构。校级和院级危机处理机构彼此之间需要确保可以及时沟通交流并做出决策。若危机事件涉及社会因素,则校级危机处理机构需要及时向教育厅有关危机管理部门汇报,确保事态可控性。

3.建立善后处理机制

通常情况下，学生危机事件一旦发生，即使能够及时处理并稳定和控制好事态，也会对高校带来一定的负面影响，因此高校需要建立善后处理机制，一方面为了快速恢复学校的正常秩序并稳定学生的情绪；另一方面则需要做好物质损失准备和学生心理辅导工作，巩固危机事件处理结果并避免矛盾再次激化。

善后处理通常需要从两个方面进行，一是对卷入危机事件的当事人进行适当的处置，其中需要对造成危机事件的校内人员进行必要的教育和处罚。在此过程中，需要严格遵守法律法规和校规校纪，若当事人触犯刑法，则需要积极配合公安机关取证调查，绝不姑息；另外则需要对危机事件的受害者进行妥善安抚和安置，若受害者受到身体伤害，要及时进行救治，尤其对暴力危机事件中的受害者，高校辅导员和相关领导需要及时探望并听取建议和意见，做好善后处理工作，同时还需要匹配相关的心理疏导工作，积极做好受害者心理辅导，引导其快速从事件带来的影响中走出来。

二是需要尽量减少危机事件对学校名誉产生的负面影响，以维护高校形象。在对外宣传的过程中，要积极引导媒体对危机事件进行客观真实的报道，而对内则需要积极开展学习教育活动，让全校师生全面了解危机事件的情况以及前因后果和处理情况，及时疏导师生的情绪和心理，消除危机事件所带来的心理阴影。

互联网时代，信息的传播速度空前迅速，因此高校的善后处理必须要及时且准确。最佳的方式就是建立媒体发言人制度，在危机事件发生和处理之后，及时向媒体公布准确且全面的信息，这样远比封堵信息效果要好。在危机事件发生后高校需要派出专门的媒体发言人积极和媒体进行沟通，以快速消除公众对危机事件的质疑，并增进公众对危机事件处置结果的了解，最大化消除危机事件对高校所产生的负面影响。

五、高校学生危机事件的应对方法

辅导员作为高校学生教育管理工作的基层，在面对学生危机事件时必然是深入一线的工作者，为正确应对学生危机事件，还需要掌握一系列有效的应对方法，以便及时对事件进行处理和控制，为高校危机事件管理工作创造条件和机会。

（一）掌握信息

辅导员在日常工作中和学生的关系最为密切，因此工作过程中需要有意识地通过各种方式和途径充分掌握学生的状态和情况，掌握学生的信息，这样才能了解其心理状态、学习情况、生活状况、人际交往状况、思想状况、爱好特长、性格个性等。对学生了解越深入，辅导员就越能够把控学生参与或诱发危机事件的概率，同时还可以在此过程中对思想较为偏激、言行较为冲动、思想认识有偏差的学生进行重点关注并及时进行教育引导。

信息掌握越全面，在出现危机事件后越能够做到心中有数，从而有针对性地进行处理和疏导。辅导员可以通过互联网对学生进行深入了解，如对学生的朋友圈、动态等进行关注和了解，从而有效分析学生的具体动态。

（二）及时报告

辅导员需要凭借自身与学生的密切关系，及时了解学生的要求和情感等，掌握第一手信息，从而把控学生的最新动态。通常情况下，若辅导员能够和学生处好关系，学生出现问题时第一时间想到的和联系的会是辅导员，这时如果辅导员能够对学生危机事件的苗头和趋势有把握，就需要及时进行汇报，并稳定学生情绪，避免事态恶化。另外，涉及学生危机事件的信息，辅导员通常无法独自进行处置，及时报告能够令高校应急机制快速反应并采取针对性措施。

（三）培养骨干帮手

辅导员需要积极培养学生干部来作为帮手，尤其是在出现学生危机事件后，辅导员要稳定学生情绪，要引导学生提出诉求，还要避免事态恶化，甚至照顾每个学生，辅导员单独一个人难以做到，因此必须依靠帮手来协助自己的工作。辅导员在日常工作过程中，可以选择素质高、思想政治觉悟高、能力强的学生进行培养，还可以引导学生骨干一同参与学生事务管理，令他们体会到学校的工作意图和工作流程，并理解学校的难处等，这样在出现危机事件时，这些学生骨干就能够及时进行信息传达并稳定学生情绪。

（四）舆论引导

如今社会已经进入互联网时代，高校学生通常会通过网络发表言论、表达思想等，而且因为网络的便捷性和虚拟性，学生表达的内容等通常会更为真实，辅导员需要做好信息了解和舆论引导工作。辅导员可以有组织、有目的地引导学生进行网络上的探讨，解答学生疑惑，澄清事实，并正确引导学生的网络言论。在此过程中，辅导员还能够及时掌握学生的思想动态，尤其是学生危机事件发生时和处理后，辅导员需要及时关注网络信息，在职责范围内进行舆论引导，避免网络出现造谣和抹黑的负面信息。需要注意的是辅导员在进行舆论引导时，不能擅自发布未经学生个体授权的相关信息，避免因为信息发布问题激化矛盾。

（五）心理战术

通常情况下，学生危机事件的参与者众多，但参与时具体的心理状态却不尽相同，辅导员在处理学生危机事件时要合理运用心理战术，以不同的处理方式来进行处置，以避免事态恶化。危机事件中参与者一般有两类心理，一类是持对抗

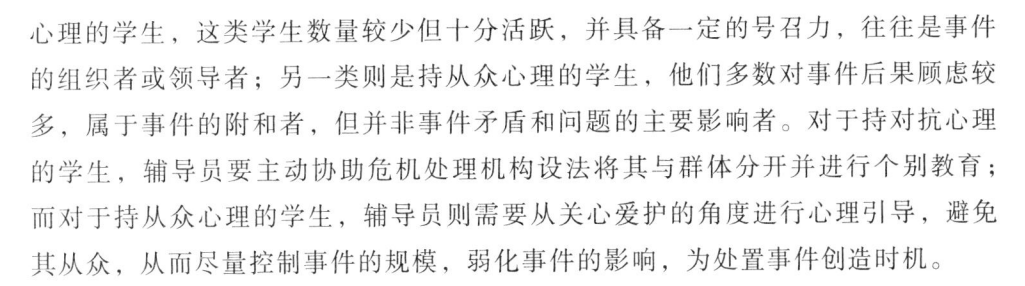

心理的学生，这类学生数量较少但十分活跃，并具备一定的号召力，往往是事件的组织者或领导者；另一类则是持从众心理的学生，他们多数对事件后果顾虑较多，属于事件的附和者，但并非事件矛盾和问题的主要影响者。对于持对抗心理的学生，辅导员要主动协助危机处理机构设法将其与群体分开并进行个别教育；而对于持从众心理的学生，辅导员则需要从关心爱护的角度进行心理引导，避免其从众，从而尽量控制事件的规模，弱化事件的影响，为处置事件创造时机。

（六）争取家长配合

高校发生的危机事件中，有一些通常会引起学生家长的关注和反响，如政治性危机事件，家长会较为关注孩子的安全和情况；高校管理引发的危机事件，家长有可能会在幕后对学生进行支持。发生危机事件后，辅导员需要尽力发挥自身作为高校和家长沟通桥梁的作用，适时与学生家长取得联系并说明情况，尽可能获得家长的支持和配合，并引导家长对学生进行劝导，以控制事态。

辅导员在和家长沟通过程中一定要注意方式方法，态度要端正、诚恳，以实事求是的态度向家长阐明事件的情况，将心比心，做好解释工作，并动之以情、晓之以理，以争取家长的配合。

第六章 高校辅导员队伍建设的理论与实践

第一节 格局建设·党团学组织的建设

高校存在着各种各样以学生为主体的组织，在各种组织中大学生既是组织的主体，又是组织的管理对象，而且随着社会的快速发展，高校开放式办学模式的推进，高校中学生所参与的组织活动的范围进一步得到了延伸，甚至由校内组织扩展到了校外组织和网络组织。

高校的各种大学生组织都是学生自愿参与并组建的群体性团体，其不仅是校园文化的重要载体，也是开展学生思想政治教育工作的重要渠道。从根本上来讲，各种大学生组织就是学生的第二课堂，因为其形式多样、活动丰富多彩，不仅丰富了学生的业余生活，还能够在一定程度上营造活跃校园的氛围，提高学生综合素质。大学生组织是真正意义上由大学生自发组建，并实现自我教育、自我管理和自我约束的组织，是学生课外生活的主要阵地。

一、高校大学生组织的类型

（一）性质分类

高校的大学生组织按照其性质大体上分为三类，一类是学生党组织，其主要职责是宣传和执行党的路线方针政策，根据上级党组织的决议推动学生团结进步，并针对学生进行思想政治教育工作，另外则是完善党员发展工作，最终培养高素质的党员队伍；一类是学生团组织，其主要工作是对团员进行思想建设和作风建设，培养团干部队伍，坚持党的领导，抓好共青团对学生服务体系的建设和巩固基层团组织；一类是学生会组织和学生社团组织，这类组织不仅组织形式多种多样，还具有不同的功能和特性，但都属于学生自愿自发组建的组织。

（二）模式分类

高校的大学生组织按照组织模式进行分类，可以分为功能型组织、项目型组织和兴趣及友谊型组织三类。

功能型组织比较明显的特征就是成员之间具有严格的隶属关系和比较正式的职位规范，其组织的基本目的是能够满足某种稳定、持续、重复且必不可少的常规性需求，因此为了保证组织能够高效运作并发展，其组织活动范围、行为准则、思想规范等都具有详细的规章制度。比较具有代表性且常见的功能型组织就是党支部、团支部、班级、寝室、学生会等，其中班级和寝室属于任何学生都需要归属的学生组织，因此也可以称为必备功能型组织。

项目型组织通常不是根据某种特定的目标或功能进行组建的，而是根据某些特定且具体的项目进行组建的。通常项目型组织需要在预定时间之内按照预定的标准和效率，完成某项具体的工作项目，比较常见的项目型组织主要有创业团队、科研团队、各类学生工作室等。通常这类项目型组织在完成某些特定项目和任务之后就会自动解散，并不具备稳定性和持久性。

兴趣及友谊型组织则是由一些具有共同的兴趣、共同的爱好、共同的利益、共同认知的学生自愿组建的，组织内部的活动规则通常被明确规定，成员角色也都是规定性角色，这种组织主要是为了满足学生的社会性心理需求，不但内部关系变化不定且无序，而且聚散存亡也具有很强的偶然性、临时性和随机性。此类组织比较常见的有学生协会、联谊会、同乡会等。

二、高校大学生组织的功能

高校大学生组织的形式和性质多样，因此其功能也非常多样，不仅能够促进学生的全面发展，还可以促进校园文化的建设，更能够促进社会主义精神文明建设和现代化建设。

（一）促进学生的全面发展

高校大学生组织中，党支部、团支部、班级等集体性、规范性组织能够对大学生进行思想政治教育，以培养学生树立正确的人生观、价值观、世界观；学生会、科研组织、学生工作室等组织能够帮助大学生全面提升自身的素质，从而成为大学生素质教育的第二课堂；而创业团队、学生协会、联谊会等，则能够架构起高校和社会沟通对接的桥梁，从而加强学生对社会的了解和认识，成为大学生社会教育的前沿阵地。

1.思想政治教育阵地

思想政治教育是高校教育的重要组成部分，不仅是中国特色社会主义高等教育的具体体现，还是坚持社会主义发展观和培养社会主义未来人才的重要保证。以往的思想政治教育多数是理论教育和说服教育，而学生思维灵活、心性活泼，所以辅导员的苦口婆心却很容易令学生感觉厌烦和排斥，最终使学生和老师之间互相不理解，很难令思想政治教育顺利进行。

大学生进入高校后，必然会参加各种大学生组织，而且通常情况下一个大学生必然会加入数个大学生组织，这就为改变高校思想政治教育的被动灌输局面创造了绝佳的机会。辅导员可以和大学生打成一片，并将思想政治教育的内容和工作融入大学生组织的建设和发展过程中。例如，可以将思政大道理以小活动的形式展现，将爱国主义情怀融入学生组织举办的各种演讲赛、辩论赛、征文赛、党团活动乃至班会中，从而让学生在具体的活动中潜移默化地接受思想政治教育。一方面能够引导学生对社会热点问题进行了解和思考，从而化解学生心中对思想政治的困惑；另一方面则能够在活动中将理论和实践进行结合，促进学生提高服务意识和社会责任感，在活动之中学会明辨是非，自觉树立正确的人生观、世界观和价值观。

2.综合素质教育阵地

随着社会的快速发展，中国高校教育也开始进行转型，从原来的专业教育和职业技能教育转变为专业基础、基础技能教育以及全面综合素质培养，以便为社会培养复合型人才。但受到长期传统教育理念的影响，如今大学生多数学习成绩优秀但心理脆弱、能力较差、生活技能缺失等，实际能力和情况与社会的实际需求存在很大差距，因此高校教育必然需要承担起培养大学生全面综合素质的任务。

大学生较为常见的素质问题就是虽然生理上已成人，但心理却不够成熟，有些大学生还没有足够的生活自理能力，缺乏独立自主意识，甚至无法约束和控制自身行为，所以在宽松且需要自觉的高校环境中很容易迷失自我。这种基本素质缺失给高校教育带来了极大的挑战，但高校教育根本不可能开设相关课程为学生补齐素质教育短板，所以只能依靠学生自我提高和自我锻炼。高校中的各种学生组织恰好能够成为大学生锤炼自我素质和提高综合素质的平台。

首先，学生组织能够培养大学生的协作意识和团结精神。当代大学生普遍拥有以自我为中心的倾向，而且表现出不会与人交往、自我封闭且对外界环境感到陌生、与人合作的意识差且不懂协作等特点。而大学生组织是以学生为主体的组织，需要大学生自我管理、自我服务、自我完善，组织的申请和组建、组织架构设置、规章制度制定、人员招募、职责分工等事务都需要由学生自己出面来解决，辅导员在此过程中可以进行适当的引导，但具体事务都需要由学生主动解决。也就是说，大学生组织的建立以及之后的每一项活动，都能够培养大学生的协作能力和团结精神，尤其能够培养大学生的人际交往能力和组织协调能力。参与大学生组织的学生能够在组织开展活动的过程中，潜移默化地锻炼自身的能力。

其次，学生组织能培养大学生的专业素养和创新能力。高等教育是专业教育或职业教育，大学生接受高等教育的最终的目的还是能够在未来找到一份理想的工作，但相对而言，大学所传授的各种知识依旧以理论为主，缺乏相应的实践活动对理论知识进行验证和巩固。大学生参与的学生组织多数会和自身专业或兴趣爱好相关，如一些科研组织、创意社团、社会调查组织等，进入这些组织中大学生会不断参与各种相应的实践活动，不仅能够培养学生的协作精神和团队意识，还能够通过实践活动加强学生对专业知识的学习和内化，也能够促使学生形成反思和总结的习惯，从而将知识转化为属于自身的知识和能力，有效提高学生的专业素养；同时在参与各种实践活动过程中，学生还能够通过跨专业、跨领域的实践，加强和不同专业、不同特性的学生的沟通，使彼此相互学习、相互补充，拓宽视野和实现知识层面的目标，甚至可以通过彼此的交流沟通，促使学生将一些创新想法进行验证和实践，从而提高学生的创新能力。

再次，学生组织能够培养大学生身心平衡和健康发展。毛泽东说："身体是革命的本钱。"健康的身体素质是展示能力、进行社会建设的基础，但如今基础教育阶段更注重知识的学习，体育类课程被人为压缩，从而造成学生的身体健康水平相对较低以及身体素质相对较差，这无疑会对学生的未来工作造成影响；另外，大多数学生的心理素质水平同样较低，有些表现为心理脆弱，对挫折和困难承受力差，有些表现为适应力不足，面对新环境、新形势无所适从、不知所措，甚至有些在面对问题和困难时会出现过激行为或极端反应等。以上都反映了当代大学生身心健康和平衡发展尚有很大不足，而学生组织在促进学生身心健康方面有很重要的补充作用，尤其是一些学生组织开展的各种文体活动，包括运动会、趣味运动、球类比赛、文艺晚会、演讲辩论等，学生参与积极性大且参与者众多，不仅能够锻炼学生的身体素质和心理素质，同时还能够排解心理压力、调整心态等，既能够令身体素质越来越强，也能够令心理更加放松从而健康发展。

最后，学生组织能够培养大学生的人文素质。中国具有数千年的悠久历史，形成了非常浓厚的人文底蕴，绝大多数学生虽然具备足够的专业知识，但在人文素养方面却明显不足。比如，有些学生对历史、国学知之甚少，有些学生对基本的礼仪不了解，有些学生对中国的风俗文化、民族文化了解不足。学生人文素质的提升，除了依靠高校开设各种人文社科选修课程之外，还有一个方式就是依靠学生组织来开展相应的活动，如通过文学社、音乐协会、书法协会等，开展各种人文基础的活动，学生可以根据自己的兴趣爱好参与，并在此过程中感受人文气氛，增加人文知识，提高自身的人文素养。

3.模拟社会教育阵地

绝大多数大学生在进入高校以前，极少接触社会和了解社会，但大学生进入高校学习最终的目的就是能够顺利步入社会并成为社会所需的人才，这就需要学生能够在高校期间尽量全面认识社会并适当接触社会，为自己未来步入社会打下坚实的基础。学生组织本身就是大学生模拟社会组织组建而成的，如各种组织都会制定各种组织内部的规章制度和相关纪律，学生参与各种组织可以逐步养成自觉遵守规章制度的习惯，也易于培养良好的社会行为规范，从而让自己更加成熟；另外，学生组织开展的各种活动中，有很大一部分需要参与者真正进入社会，走向社区、企业、农村等，不仅能够提高学生的交际能力，还能够为学生提供深入了解社会和接触社会的机会。在此过程中，学生可以根据自己的认识和了解，及时调整自身的成长方向，以适应社会的需求和发展。

（二）加强和完善校园文化建设

高校在加强和完善校园文化建设过程中，学生既是组织者又是参与者，尤其是各种学生组织所开展的各种有益活动会无形中对高校校园文化造成影响，令校园文化更加积极向上、多姿多彩，从而形成良好的育人环境；同时，良好的育人环境也会潜移默化地对学生产生影响，让学生在无形之中受到教育。

高校和学生之间的关系并非简单的管理和被管理的关系，而是相互促进、相互完善的关系，大学生组织的各种活动，不仅能够架设起学生和高校之间沟通交流的桥梁，还能够架设起高校和社会之间沟通的桥梁，促进学生能够更深入了解社会，同时社会的发展也会对高校的发展产生促进作用。高校可以通过学生组织来了解学生的需求和特性，同时也能通过各种活动加强高校和社会的交流，如了解家长、企业、社会对高等教育和未来人才的需求，从而避免发展的盲目性，更加明确培养人才的方向，以便为社会输出更多更优秀的人才，还可以帮助学生解决就业问题。

（三）促进社会主义精神文明和现代化建设

大学生组织形式多样，并且开展活动时涉及的领域极为广泛，不仅会与学生的专业紧密联系，还会和学生的兴趣爱好相结合，同时也会和社会发展中的先进理念相挂钩。这不仅会加强学生的参与意识，还会在无形中增强学生的社会责任意识，并提高学生的综合素质。尤其是大学生组织的负责人和骨干，不仅需要自己来建构完善的学生组织，还需要根据学生的需求、高校的需求以及社会的需求，策划各种对应的活动。由于大学生的思维更加灵活且具备极强的探索精神，因此大学生组织开展的活动在很大程度上会在无形中促进社会主义精神文明建设和现代化建设。

三、辅导员针对高校党团学组织建设对策

高校学生组织多数是由学生自愿自发组建并开展各种活动的，辅导员在学生组织建设过程中，需要充分发挥自身与学生关系密切的优势，通过适当的引导和辅导来确保各种学生组织能够发挥最大的效能。以下介绍一些辅导员在高校党团学组织在建设过程中的方法和对策。

（一）遵循一定的建设原则

辅导员在引导学生组织建设的过程中，需要遵循一定的建设原则，以确保学生组织能够健康发展并发挥其效用。

首先，要遵循科学性原则。辅导员需要引导学生坚持以中国特色社会主义重要思想为指导，秉承理论与实践相结合的观念，采用科学的管理方法和手段，实现学生组织建设的科学化。例如，辅导员可以开展学生组织建设研究，并在高校的支持下组建研究团队，以科学发展观来指导学生组织的建设。

其次，要坚持正确方向的原则。即辅导员在引导学生组织建设过程中要坚持正确的政治方向，确保学生组织的建设和活动与培养社会人才紧密结合，促使学生组织真正成为学生思想政治教育的第二课堂和第二阵地。

再次，要发挥学生民主性原则。辅导员需要充分调动学生在组织建设过程中的主动性，引导学生树立民主作风，培养学生的民主精神。例如，在制定学生组织的相关管理条例和规章制度时，要充分发挥学生的创造性和积极性，为学生提供广阔的发展空间；在学生组织建设过程中，辅导员只能适当引导，不能过多干预，保证给予学生足够的自由；选拔学生组织的领导者和负责人时，辅导员需要引导学生在考核、选拔、招新等方面发挥民主作风，最好能够使工作程序透明、结果公示，从而加强学生的团结和自主意识。

最后，要秉承实事求是的原则。学生组织的主体和客体都是学生，而作为思想更加灵活的青年，他们会更加注重效果和实际。因此，在学生组织建设过程中，辅导员要引导学生以求真务实的精神去组建组织，同时要结合社会对人才的实际需求情况、社会企业对学生的具体要求情况等，指导学生组织有的放矢地开展各种活动，确保这些活动能够真正锤炼学生素质、增强学生能力等。

（二）培养学生团队精神

任何一个学生组织都不是由单人支撑，辅导员要在学生组织建设过程中引导学生培养大局意识、服务意识和协作意识，促使学生相互支持、共同奋斗，从而培养学生的团队精神。培养团队精神的基础就是学生组织能够尊重每个学生的习惯、爱好和兴趣等，彼此合作，克服大学生的自我中心思想，学会和他人合作、

与他人和谐相处，最终通过合作和团队的力量克服各种困难。这个过程能够潜移默化地培养学生的团队意识，并增强学生在组织中的主人公意识，从而促使学生为组织的发展和完善出谋划策，以组织的成功为最终目标。

（三）加强学生组织基础建设

学生组织要发挥思想政治教育的第二课堂和第二阵地作用，就需要从基础建设方面入手，辅导员需要从学生组织的发展规划、制度建设、干部选配等方面进行引导，充分发挥学生组织的思想政治教育功能和综合素质培养功能。

1.加强对学生组织的管理力度

虽然学生组织多数由学生自主自发组建，但依旧需要高校从学校发展层面加强对学生组织的管理力度。最佳的做法就是由高校牵头建立学生组织建设与发展领导小组，积极吸纳高校各部门负责人参与，并以辅导员为桥梁指导学生组织的管理工作。例如，辅导员依据领导小组研究的发展规划和工作议程，引导学生组织的负责人和组织人明确组织的发展方向和模式，并通过积极沟通及时解决学生组织建设和发展过程中遭遇的问题和困难。

2.搞好学生组织调研

因为学生组织多数由学生自发组建，所以高校对学生组织的具体情况和学生的参与情况掌握度不够，所以辅导员需要发挥自身优势，对学生组织的基本情况进行深入了解并进行调研，确定学生组织面临的问题和影响程度，再有针对性地对其进行分析和解决，以保证学生组织能够朝着正确的方向健康发展。做好学生组织的调研能够减少组织发展的盲目性，提高组织的第二课堂的教育功能。

3.抓好学生组织制度建设

高校学生组织形式多样、种类繁多，这也造成学生组织的发展和完善程度参差不齐，尤其是制度建设方面，有的组织可能较为规范，但有些组织可能没有明确的规范且管理混乱。因此，加强学生组织基础建设一个非常重要的任务就是辅导员指导各个学生组织制定并完善组织内的规章制度，包括其中的活动章程、奖惩制度、选举制度、活动策划制度等，这样才能令学生组织的活动和工作有规可依。

4.做好发展指导和后勤保障

学生组织的健康发展离不开正确的发展指导和高校层面的支持，但除了党团组织和班级以及学生会之外，其他组织通常很少得到发展指导，因此很多学生组织虽然组建的初衷很好，但却没有能够生存发展下去的方法。辅导员可以利用自身与学生之间关系密切这一优势，和学生组织成员一起找到组织的优势和特点，并减少组织产生的负面影响，指导学生组织健康发展，同时将这些学生组织纳入

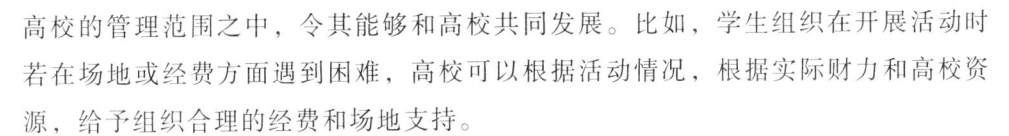

高校的管理范围之中，令其能够和高校共同发展。比如，学生组织在开展活动时若在场地或经费方面遇到困难，高校可以根据活动情况，根据实际财力和高校资源，给予组织合理的经费和场地支持。

5. 指导学生组织创新活动形式

学生组织的形式多样，其开展的活动同样多种多样，但真正能够吸引学生广泛参与的活动却少之又少，如有些学生组织在新生入学之际热闹非凡，但真正开展活动时却有很多学生纷纷退出组织。这其中最主要的问题就是学生组织开展的活动枯燥无味、千篇一律，不但活动的内容多年不变，没有根据社会的发展和学生的变化进行调整，而且多数活动的形式过于程式化，对学生没有丝毫的吸引力，而有些竞赛类活动做不到公开透明，也容易让学生失去参与的欲望。

针对这一情况，辅导员需要适当引导学生组织改变策划活动和开展活动的模式，从四个方面创新。首先，活动主题要新颖，不论是何种学生组织，在策划活动时都需要对活动主题进行研究，主题不仅要符合社会发展的需要，还需要符合高校教育改革发展的需要，同时也需要和组织发展方向、学生群体的兴趣习惯相匹配；其次，活动策划和规划要严谨细致，不能出现纰漏，这需要辅导员指导策划者对活动安排以及活动开展过程中可能出现的问题进行总结和分析，找到恰当的应对手段和方法，还可以针对活动策划的方向对学生进行针对性培训，以提高学生的策划能力；再次，活动的形式要足够活泼，学生群体热情好动且朝气蓬勃，因此任何活动都需要避免程式化和死板化，需要通过别致的活动形式来提高学生的参与兴趣，辅导员可以发挥学生群体的多样化特性，征求和收集学生群体的建议和意见，并在此基础上进行适当的完善和调整，来得到活泼的活动形式；最后，活动的过程和结果需要公开、公正、公平，如可以将活动的经费开支、活动过程中的各种记录、活动结果等进行公开，采用公开展示的形式来确保公开、公正、公平。

（四）引导学生理性选择组织

大多数学生在高校都会加入各种学生组织，其中加入两个及以上学生组织的学生能够达到一半以上。有些学生认为参加的组织越多、参加的活动越多，就越能提高自身的能力。虽然从提高综合素质角度来看，这种观念并没有错误，但将组织活动放到首位，而将学习任务和学业放到次要位置，就成了本末倒置。

辅导员作为学生的引导者，需要在学生选择组织的过程中进行适当的正确引导，让学生摆正学习任务的位置，同时要让学生知道参加的活动和组织并非越多越好，而是需要在不影响学业的基础上，对自身的兴趣、爱好、发展方向、个人规划、性格特性等各个方面进行综合考虑，然后进行选择，避免一味贪多求全而耽误时间和精力，最终得不偿失。辅导员可以从以下几个方面去引导学生对组织的选择。

1.从高校层面规范非正式组织

非正式组织之所以为非正式组织，是因为其通常会游离于高校和老师的管理范畴之外，但其对学生的影响却不可小觑。尤其是一些兴趣类组织，不仅对学生培养学习积极性、养成良好习惯、提高人际交往能力等方面有极大促进作用，还能够加强学生遵守相应规章制度的意识、提高学生对自身的认识等。高校需要通过对非正式组织的规范和引导，扩大这些组织的正面影响。首先，高校要关注和重视非正式组织，将其纳入高校管理工作范围内；其次，以辅导员为桥梁，加强对非正式组织负责人的培训和教育引导，增强其健康成长、加强素质锻炼的意识，以便发挥负责人的正面引领作用；最后，要将思想政治教育融入非正式组织的活动之中，通过各种活动潜移默化地实现对学生的正面教育。

2.引导学生理性参与校外组织

校外组织是社会发展和进步以及高校教育改革的必然产物，其目的是满足高校学生自我实现的需要。参与校外组织能够锻炼学生的综合素质，加强学生对社会的认识和了解，同时也能锻炼学生的交际能力。但相对而言，校外组织运作的规范性不强且人员良莠不齐，存在一定的隐患。辅导员需要指导学生提高政治警惕心以及辨别能力，引导学生对参与校外组织的利弊进行理性分析，并明确自身的发展需要，妥善进行选择。

3.引导学生科学参与网络组织活动

在互联网时代，高校中逐渐兴起了网络性质的各种组织，网络的虚拟性和不可控性极大地增加了教育和管理的难度，但网络组织对学生的影响力却越来越大。在这样的背景下，通过适当引导，让学生科学参与网络组织的各种活动，就成了学生组织管理的新任务。首先，需要从国家层面加强对网络组织的监管力度，尽量为学生创造积极向上、健康文明的网络环境；其次，社会要承担起舆论责任，为网络组织的健康发展营造良好的环境，如加强社会公众对不良网络组织的举报意识，极力打造安全稳定的网络环境；再次，高校需要组织人员对高校网络组织进行摸底调查，并对参与网络组织的学生进行跟踪调查，及时进行正面引导；最后，辅导员需要引导学生在网络组织面前保持清醒的头脑，提高学生辨别网络组织好坏的能力。

（五）引导并提升学生组织的文化属性

随着学生组织的建立和长期发展，逐渐会形成一套被全部组织成员普遍认可的行为规范和价值观念，最终成为组织的形象、精神乃至品牌，这就是组织文化。

学生组织文化是高校校园文化的重要组成部分，同时也是社会主义文化的一部分，不仅对学生的成长影响巨大，还会对社会产生一定的影响。因此，高校有责任引导学生组织提升文化属性，以确保其健康正确的发展和完善。

辅导员需要从以下三个角度进行引导。其一是要以科学的思想理论为指导，对学生组织的目标、宗旨、内容、形式等加以引导，确保学生组织的发展方向正确，最核心的宗旨是培养学生树立正确的人生观、世界观和价值观；其二是在学生组织中融入思想政治教育，学生组织其中的成员虽不局限于同班、同专业、同年级、同院系乃至同学校，但组织却能够将各个学生联系到一起，使其相互学习借鉴。辅导员需要通过对学生组织负责人的培养，将思想政治教育工作融入各个组织中，以便潜移默化地引导学生健康成长；其三是引导学生组织形成特色文化，不同的学生组织内容不同、宗旨不同、形式不同、方向不同、活动也不同，想让学生组织持久发展，就需要辅导员引导组织善于总结自身的特色，然后有针对性地策划和开展活动，最终形成具备自身特色的组织文化。例如，同乡会通常会以家乡为核心进行组建，辅导员要引导同乡会根据家乡的习惯、文化特色，结合高校的特点和学生的时代特性等，有针对性地策划和开展活动，使同乡会不仅能叙乡情、解烦恼，还能促进学生相互帮扶、相互学习、相互提升。

第二节　方法建设·学生学风建设

学生在高校最基本的任务就是学习，不仅学习各种专业知识、理论知识，还需要通过学习形成正确的思想观念，并提高自身的道德品质，最终成长为社会所需的优秀人才。学风建设则是高校实施教育质量工程的重要途径和主要内容，高校通过营造良好的校风和学风，可以在很大程度上影响和激励学生，提升其学习的主动性和积极性，从而促进学生增加专业知识，提升思想道德修养并形成高尚的道德情操。

一、学生学风建设的内涵

（一）学生学风的基本概念

对于学风的概念，不同的领域会有不同的解释，现代汉语词典的解释如下：学风是学校的、学术界的或一般学习方面的风气。风气是指社会上或某个集体中流行的爱好或习惯。

对于学生学风建设，有学者认为学风建设就是学生在教师教育引导下从事学习活动，按照要求获得知识和技能并提高思想认识与觉悟，培养良好心理素质和道德品质，在养成良好作风和学习习惯的过程中所形成的氛围，也就是学生学习风貌的表现和概括。

认识和理解学生学风需要从三个角度入手，一是学风必然和学习活动密切相关，其涉及的问题和内容都具有较强的指向性和针对性；二是学风在不同领域的表述有所不同，但实际上具有共性，即具备目的明确、形式多变、主体清晰的特点；三是学风具有很强的引导作用和潜移默化的影响作用。对于高校而言，学生学风是学生的价值观在学习各种知识方面的表现，包括学生对学习做出的价值判断，之后在日常学习行为过程中的具体行为和态度表现。因此，高校学风建设的过程就是引导学生树立正确价值观的过程，最终的目的是通过引导式教育，令学生在学习态度、学习目的、学习价值等方面做出正确的判断，从而自发完善自身的学习行为，最终形成群体综合表现和综合认知。

（二）学生学风建设的主体

关于学生学风建设的主体问题，有多种不同的观点，涉及高校教育过程中的各类人员，包括高校管理者、专业课教师、辅导员、学生四类。学风建设主体的观点主要有四种，一是高校管理者主体论，二是教师主体论，三是学生主体论，四是多重主体论。

高校管理者主体论的观点是高校学风在建设中，高校管理者是主体，起主导作用，包括教育部、教育厅、教育行政机关、教育管理工作的校长、高校院系领导等。高校管理者不仅具备政策理解优势和政策实施优势，还是政策的主要执行者，其对学风建设的认识和重视程度直接影响学风建设的最终实效。

教师主体论的观点是高校教育过程中，专业课教师和辅导员虽然在具体工作职责方面有所不同，但其不仅会在教学过程中向学生传授各种知识，还会通过言传身教的方式，教给学生各种做人和做事的道理和准则，教师的价值理念、思想态度、言谈举止、认知层面都会对学生产生巨大的影响，尤其在学习方面更是如此。因此，教师在高校学生学风建设中形成主体地位。

学生主体论的观点是学生是高校教育过程中的参与主体，学风建设的目的是解决如何培养人的问题，即如何培养大学生树立正确的人生观、价值观、世界观，并正确看待学习和人生的关系，认识自身的未来发展和社会发展的关系等。也就是说，因为有了学生的参与，才有了学风建设的最终价值，学生是学风建设的工作载体，只有学生发挥自身的主观能动性，接受高校教育的引导并和高校环境形成互动，最终才能营造良好的学习氛围和学习环境，也就形成了学风。

多重主体论的观点则是学风建设并非由单一主体完成，而是由教师、学生乃至高校管理者共同参与的。从这些观点可以总结出，不同的主体会对学风的建设产生不同的影响，如高校管理者主要起的是导向作用，在学风建设中其作用是把控建设方向；教师则主要起的是引导作用，不论是专业课教师还是辅导员，都是通过教育方式和手段对学生产生引导，促使其向正确的方向发展；学生主要起的是能动作用，作为接受教育的主体，学生的主观能动性是表现学风建设程度和效果的最佳载体。也就是说，在学风建设过程中，各个主体都有着至关重要且不可替代的作用。

（三）学生学风建设的特性

1.时代性

学风建设具有非常鲜明的时代特征，在不同的历史背景下，不同的时代中，学风建设会被赋予不同的内涵，当它们发生变化后，学风建设的内容和载体也都会出现变化。例如，随着互联网时代来临，传统的板报宣传已经被网页、微博、微信等新传媒宣传替代；高校教育学分制的实施使传统的班级模式也被快速淡化。另外，学风建设通常具备持久性特征，是一个不断积累、完善的过程，这一方面会受到时代特征的影响；另一方面则受到学风建设主体认知的影响。

2.稳定性

学风建设是持久的过程，学风建设一旦完成，即形成学风之后，在一定的时间内通常不会出现太大的变化，这就是学风建设的稳定性特征。优良的学风一旦形成，就能够对学生产生具有长效性的引导和影响，并使学生受益终身。同样，不良的学风一旦形成，就很难在较短的时间内进行改变。

3.群体性

学风的形成和发展并非由单一个体完成，而是通过群体相互影响并产生作用，最终产生质变所形成的，是群体行为方式和思维态度的外在体现。不过在学风建设过程中，群体中的任何个体都是行为主体和态度主体，都可以发挥自身的主观能动性。从个人角度而言，学风就是个人的学习风格。

4.目的性和层次性

学风建设通常具有具体和特定的目标，具有很强的指向性，但同时在学风建设过程中也具有一定的层次性。例如，高校管理者重视学风建设是为培养社会主义接班人和建设者创造良好的环境；教师关注学风建设是为了引领学生朝着正确的方向发展，并在人生路上能够健康成长；学生参与学风建设是为了能够融入校园环境，并促使自身所处的高校更加契合自己发展的需求。因为层次性不同，学风建设过程中的建设方法、内容等也会有所不同，但整体而言，学风建设的大方向是相同的。

另外，学风建设过程中的层次性还表现在参与建设主体的不同层次方面，如高校有各种不同的发展方向，有研究型、教学型、应用型等，其承担的教育任务不同，就会形成不同的层次；而同一类型和发展方向的高校，建校历史、生源情况、师资状况、资源等条件也会有所不同，同样会呈现不同层次；同一所高校中不同的教师和学生在学风建设中会有不同的职责，因此也会形成不同的层次；在学风建设过程中不同的侧重内容、不同的建设方式，也会造成不同的层次，最终学风建设的成果也就会表现出层次性。

二、学生学风建设的主要内容

学风建设是一个系统性工程，辅导员作为高校学生的引导者，需要尽到自己的职责，引导学生参与到学风建设中，并在此过程中帮助学生明确学习目的，并指导学生掌握学习方法，激发学生的学习兴趣，最终培养学生形成良好的最适宜自身的学习习惯。

（一）帮助学生明确学习目的

学生的学习目的就是通过学习达到想要达到的结果和目标。学生在学习过程中，爱好、兴趣、愉悦心情等内在因素会对学习过程和学习行为产生影响，同时社会期望、学习结果、外界评价等外在因素也会使学生的学习行为产生变化。不同学生的学习目的也会有所不同，这一方面受到学生经历、家庭、社会的影响，另一方面则受到学生自身特性的影响。综合而言，学习目的可以分为两类，一种是直接学习目的，一种是间接学习目的。

直接学习目的由学生对学习活动或学习内容产生的兴趣、好奇、探索和攻克问题产生的愉悦感和成就感综合形成，包括对内容的兴趣、个人发展的需求、个人价值的实现等；间接学习目的则多数由学习活动最终产生的意义，包括赢得他人的尊重和赞赏、完成他人的期望和获得认可、未来拥有出彩的职业、社会建设和发展的需求等。

辅导员帮助学生明确学习目的可以从以下几个方面入手。

首先，需要加强理想信念教育，以爱国主义、集体主义为主要内容，加强对学生的荣辱观和社会责任感的教育，引导学生树立正确的人生观和价值观，从思想层面明确学习目的；若学生的学习目的完全指向个人，则需要引导学生认识个人与国家、民族之间的关系，促使学生的学习目的从个人层面逐步转化到社会层面。

其次，通过激发学生的学习兴趣来促使学生明确学习目的。当学生对学习产生足够的兴趣时，就会从自我内心产生学习需要并促成学习目的的形成。虽然有时学习兴趣具有即时性，但对于学习目的的形成却非常有效，而形成学习目的之后则能够形成长期的促进作用。

再次，学习目的的形成通常和人生目标相关联，只是相对而言，学习目的更加细化。但人生目标的指向性和方向性，却能够促进学习目的不断明确进步。辅导员可以开展各种探讨会、演讲会等，引导学生对人生、未来展开畅想和思考，以便引导学生确定人生目标并制定对应的实施方案，在此过程中学生的学习目的就会应运而生。

最后，辅导员可以针对某些对自身专业失望或排斥的学生，推行转专业政策，以促进学生对专业方向产生兴趣和期待，最终形成学习目的。2017年施行的《普通高等学校学生管理规定》第二十一条规定："学生在学习期间对其他专业有兴趣和专长的，可以申请转专业。""学校根据社会对人才需求情况的发展变化，需要适当调整专业的，应当允许在读学生转到其他相关专业就读。"也就是说，学生有机会选择自己的兴趣方向和专长方向的专业，进而产生学习目的。

（二）指导学生掌握学习方法

高校教育和中学教育最大的不同之处就是学习方法，中学教育的主要目标是进行高考并进入高校，学生在整个学习过程中主要处于被动接受状态；高校教育则完全不同，更加注重学生能够自主学习，高校不仅要教授学生专业知识，还要培养学生的学习能力。

高校的学习具有两个特点，一是自主学习，即教授基础知识和难点，以及对应的学科发展最新成果等后，会留给学生大量的时间进行自我补充和学习，学生需要自己查找资料、做实验、写论文等，且学生可以在学有余力的情况下按规划和兴趣爱好等自由选修课程，或辅修第二学位等；二是合作学习，即高校教授的各种知识只是基础，拓展学习和验证等都需要学生进行各种实践，如课程实验、科技制作、社会调查、项目设计等，通常都需要以小组的形式来完成，锻炼的是学生的团结合作能力，而中学则多数是独立学习的模式。

辅导员在新生入校时，就需要引导学生了解高校教育和中学教育的不同，并尽量帮助学生通过自我调节来改变学习的态度。转变学生的思想后，辅导员还要指导学生掌握属于自己的学习方法，可以从以下几个角度进行指导：一是引导学生先熟悉课程的计划，即了解课程总课时、上课地点、考试时间和考核方法等，然后根据课程的培养目标来制订学习计划；二是引导学生了解授课老师，包括老师的办公地点、联系方式、教学方式、教学态度、研究方向、性格特点等，以便更熟悉老师的授课方式并提高学习效率；三是引导学生记笔记，并形成自身独特的记录方式，以便能够对各种知识进行回顾；四是引导学生进行拓展学习，包括针对课程的专业书籍和论文、各种学术讲座、各种课外读物、各种专业活动等，辅导员要指导学生学会选择并尽量拓宽知识面。通过这些引导，学生可以根据自身特性进行方法调整，从而形成独特的学习方法。

（三）激发学生产生学习兴趣

当某人对某事产生极大兴趣时，就会自觉且专心致志的坚持，甚至会不断挖掘自身潜力。学习同样如此，学生若对课程或专业学科产生兴趣，自然会持久地坚持学习，并能够通过自己的调整保持高效的学习状态。学习兴趣是对学习的积极心理倾向和情绪状态，具有一定的不稳定性，如持续时间有长有短，兴趣随着认知水平的提升或学习环境的改变或社会需求的变化都可能发生变化，只有处于核心地位的学习兴趣才是最稳定的；另外，其具有多种产生因素，有些是直接兴趣，有些是间接兴趣，有些是两者结合产生，且这些因素在学习过程中还会不断产生作用，或强化原有学习兴趣，或转变学习兴趣等。

从以上内容可以看到，对学习兴趣起决定作用的还是学生本人，但这并不意味着辅导员无法从其他层面激发学生产生学习兴趣。在激发学习兴趣的间接因素中，学习氛围、学校制度、校园文化、教师授课方式等都会对学生产生学习兴趣造成影响。辅导员可以通过这些因素，激发学生的学习兴趣。

新生入学时对专业并没有深刻的认识，辅导员可以有针对性地开展专业教育活动，加强学生对专业的认识和兴趣，可以邀请教授、学者等向学生讲解专业发展趋势和培养目标，培养学生的专业热情；可以组织学生参观各种专业实验室，展示专业科研成果，培养学生的专业自豪感；可以组织优秀学生风采展示会，展示优秀学生的各种获奖成果和荣誉，增强学生的专业自信；可以组织各种课外活动，包括举办学科知识竞赛、组建学术社团、举办学术讲座等，引导学生对课程产生兴趣，激发学生的学习热情，使其产生学习兴趣；可以开展职业规划教育，通过指导学生对人生进行规划，来制定学习目标，形成学习目的和学习兴趣；还可以引导学生将个人兴趣和专业相融合，提高学生的学习兴趣。比如，可以鼓励学生积极参与各种社会实践活动，通过实践活动使学生兴趣和社会需求契合，以便学生能够及时发现自身能力和社会要求的差距并调整学习目标，进一步提高学习兴趣。

（四）培养学生形成学习习惯

良好的学习习惯必然建立在良好的学习纪律之上，学习目的明确、拥有学习兴趣的学生，通常会自觉遵守各种学习纪律，并在此基础上形成自身的学习习惯，最终运用最适合自身的学习方法不断提升自我。但有些学生学习自觉性差，自控力不足，无法自发形成学习习惯，这就需要通过学习纪律进行规范，促进其锤炼自我并形成良好的学习习惯。

辅导员可以在日常培养学生的行为习惯，逐步提高学生遵守学习纪律的意识，从而令学生产生学习自觉性。一方面可以充分发挥学生组织和学生骨干的作用来规范学生的学习行为，保证学生遵守学习纪律；另一方面需要抓好学生的学习活动出勤管理，加强对整个学习过程的管理，并对违反纪律的学生进行恰当的处罚，以儆效尤。同时，辅导员需要充分发挥思想政治教育的特性，及时与学生沟通交流，帮助学生分析无法遵守学习纪律的原因，从根源上帮助学生解决问题。在此过程中，辅导员要努力做到真诚关心和不断鼓励学生，同时又要严格要求并加强管理，促使学生战胜困难，自觉遵守纪律并养成良好的学习习惯。

三、学生学风建设的策略

高校优良的学风并非自发形成的，而是通过各方主体不断建设和积累最终形成的。辅导员在学风建设过程中的作用极为重要，可以从以下几个方面加强学生学风的建设。

（一）营造良好的学习氛围

虽然学生的学习是一种发自内心的活动，但外界环境的刺激必然会对学生的心理产生影响，同时心理活动又会通过行为反作用于环境，从而引发新的心理活动，因此学习氛围的营造对学生学习效果起到至关重要的作用。

学习氛围对学生学习行为产生的影响主要是感染、熏陶和激励，在良好的学习氛围下，集体的思想、行为等会对学生个体产生影响并逐步使其被同化，从而影响其思想和行为；集体的各种行为等也会起到示范作用，可以促使他人积极模仿并遵从，达到熏陶效果；另外，良好学习氛围下集体的行为和思想所产生的荣誉也会对个体产生激励作用，从而促使个体自发地保持良好的学习氛围。

营造良好的学习氛围需要辅导员从以下几个方面入手。第一要发挥思想政治教育优势，通过思想政治教育引导学生树立远大目标，形成良好的学习习惯，并通过道德教育引导学生规范自身行为；第二要健全激励机制，针对学生的特性制定一套完善的激励措施，以调动学生的学习积极性，不仅要形成帮扶学习氛围，还要形成良性竞争氛围；第三需要辅助班主任建设良好的班风，以便提高班级的凝聚力，并通过班风建设促使学生对班级产生认同感和荣誉感；第四需要引导学生组织开展各种活动，在营造轻松活泼的校园氛围的同时，引导学生培养团队意识和竞争意识，并激发学生对探索未知的兴趣，促使整个高校形成良好的学习氛围；第五需要树立榜样，通过榜样的力量促使学生向榜样靠拢，并加强学习帮扶，尤其是对学习困难的学生，要进行全方位帮扶，不仅需要用真诚的关怀让这些学生敞开心扉，还需要有针对性地帮助学生解决问题，最终融入学生群体，营造良好的学习氛围。

（二）开展各种学习经验交流活动

如今人类的飞速发展就是建立在人类数千年的经验基础之上的，经验对科学的发展和智力的进步都具有巨大的作用。学习经验交流能够促进学生学习他人的经验，从而提高学习效率，并减少"走弯路"的概率。

辅导员可以引导学生开展各种学习经验交流活动，来促使高校形成良好的学风。根据不同的需求，学习经验交流活动的类型也有所不同，比较常见的有以下几种：一是以班级、专业为单位开展的老生新生学习经验交流会，通过让有突出表现的高年级学生讲述各种学习经验，加强新生对专业、学习、活动、生活、交际等的认识；二是特殊群体学习经验交流会，通过经济困难学生、学习困难学生、心理问题学生等特殊学生群体，通过典型学生案例来增强说服力，分享学生的学习经验；三是实践经验交流会，即让参加过社会实践的优秀学生介绍相关经验，引导学生对社会实践产生深入的了解，并形成自身的规划和计划；四是专业竞赛经验交流会，即根据专业和学科竞赛的特性，由相关优秀学生介绍经验，鼓励学生参与并展现自身才华；五是创新经验交流会，可以让拥有科研成果、创新成果的学生介绍创新经验，培养学生的创新意识和大胆实践的勇气；六是优秀毕业生经验交流会，让在高校期间表现突出的学生介绍学习经验。

需要注意的是，学习经验交流虽然能够产生绝佳的效果，但辅导员需要引导学生认识到经验的局限性，避免生搬硬套，而要通过对学习经验进行总结思考，结合自身特性、专业特点和兴趣方向，找到适合自己的学习方式。

（三）开展学科竞赛活动

高校中分为多种专业，每个专业都有其与众不同的特性，辅导员可根据不同专业的不同特性，开展知识竞赛活动。这样不仅能够提高学生对学科的兴趣，同时还能够激发学生的竞争意识，最终营造协作竞争的学习氛围，这也是加强学风建设的有效途径。

可以从高校和社会两个层面开展学科竞赛活动，如综合性高校可以开展各种基础知识和基本能力的竞赛活动，包括趣味数学竞赛、思想理论学习竞赛、计算机知识竞赛、写作竞赛、综合知识竞赛等，可以鼓励不同专业不同年级的学生进行参与；根据社会需求，在高校内开展对应的专业竞赛，这种竞赛模式具有选拔性质，竞争性更强，且和社会发展与社会需求息息相关，包括程序设计竞赛、数学建模竞赛、机器人创新竞赛等。

在策划和开展学科竞赛过程中，辅导员需要辅助高校做好部署工作和竞赛规划，包括场地准备、评选模式、经费投入、时间安排、竞赛安全等各个方面；另外，辅导员需要采取各种措施，吸引更多学生参与。学生对学科竞赛最常见的态度是有兴趣、有参与欲望，但对自身实力不自信的情况，辅导员可以进行适当进行鼓励，或开展辅导讲座等来增加学生对竞赛的了解，并让参与学生接受系统培训，即使不自信也能够通过培训加强能力，以促使学生广泛关注竞赛并积极参与。

（四）鼓励开展科技类活动

进入21世纪以来，知识创新和科技创新已经成为时代特性，社会的快速发展越来越需要创新型人才，这就要求高校转变培养人才的传统观念，注重引导学生培养创新意识和提高创新能力。

在学风建设过程中，同样需要融入创新意识，高校需要根据社会和时代的需求，营造学术氛围和科研氛围，鼓励学生开展科技类活动和参与科技类活动。这样不仅能够提高人才培养质量，丰富校园文化，还能够加强学生的创新意识，培养学生的科研观念，从而形成具有创新性的高校学风。

高校科技类活动主要有学生科研活动、校园科技文化活动、学术科技成果竞赛活动、科技社团活动、科技实践活动、学术期刊出版活动等形式。学生科研活动通常会根据学生专业进行拟定，并建立科研基金来促成活动的展开；校园科技文化活动是以创新为主题的各种校园内部科技活动，通常以科技文化节的方式呈现，内容详尽多样且能够展示各种科技成果，包括学术报告、科普报告、成果和专利展现、经验交流等，可以有效培养学生的创新意识和创新精神；学术科技成果竞赛活动主要收集和挑选学生业余进行科研取得的作品等，以作品竞赛的方式开展；科技社团活动则更加灵活，主要由各种有共同志向和兴趣爱好的学生组织以探索未知领域为目标开展的活动；科技实践活动则是将学生的科研成果等运用于社会实践中，一方面培养学生的创新精神，另一方面对成果进行验证，以使其更加完善和实用；学术期刊的出版活动则是为学生发表科技类学术论文提供场所和机会，引导学生拓宽知识面并注重学习过程中的反思，提高发现问题和解决问题等能力。

鼓励科技类活动需要从高校层面进行调整，如设立科研学分和创新学分，以学分的形式促进学生重视创新，同时需要成立校内科技活动领导机构，总体统筹高校各种科技活动，保证活动顺利开展。辅导员在此过程中的主要工作是对科技类活动进行宣传和普及，引导学生能够对创新的时代特性有深入的了解，并逐步形成创新意识；可以寻找对应的学术导师对学生进行专业指导，提高学生对科技活动的兴趣，加强创新意识。

第三节 精神建设·高质校园文化建设

高校的校园文化是在高校的校园范围之内，所有师生员工在高校各种职能范畴之内共同营造出的一种融于环境之中的文化氛围和该氛围的形成过程。从根本而言，高校校园文化就是以高校的校园环境、校风学风、教育目标、教育氛围为承载体，通过校园生活、教育设施、学生组织、校园规章制度、校园管理等呈现出的全体师生融为一体的教育价值观。

一、高校校园文化的基本形态

前面提到高校校园文化就是一种教育价值观的体现，其本身包含了精神和外界体现两部分，需要通过具体的形态承载才能够表现出来。高校的校园文化形态可以分为三种基本形态，分别是物质文化形态、制度文化形态和精神文化形态。

（一）物质文化形态

校园文化的物质文化形态也被称为显性文化形态，是校园师生创造或使用的能够体现校园文化价值观，同时又能够被人通过感官直接感受的客观存在物。最直观的物质文化形态就是高校的校园景观、绿化、文化设施、环境搭配等实体存在的形态，其既是高校开展教育活动的场所和物质基础，又是塑造和表现校园文化的物质基础。通俗来说，校园文化的物质文化形态就是高校的整个校园，包括其所处的地理位置、气候环境、校园内设施搭配、校园建筑和街道布局、校园内的环境情况等。

（二）制度文化形态

校园文化的制度文化形态属于中层形态，是高校和外界以及内部相连接的桥梁，良好的制度文化能够保证高校和社会外界进行良好的沟通交流，并实现相互促进；同时，也能够保证学校内部的各种活动正常进行，并且向预期的方向和目标发展。高校制度文化通俗来说就是健全完善的规章制度和组织纪律，并且高校师生都以这些制度为标准从事各项活动，这不仅有利于校园文化的健康发展，还有利于高校培养社会所需的优质人才。如果高校的秩序混乱、纪律涣散，必然会全面影响师生的思想状态和行为方式，甚至会给全体师生带来极大的消极影响。

（三）精神文化形态

校园文化的精神文化形态属于其深层形态，通常无法非常明显地展露出来，因此也属于一种软形态。精神文化是高校全体师生人员的思维活动和心理状态的总体呈现，包括办学的思想、文化的氛围、学校的精神、追求的价值观念等各个方面。相对而言，高校管理者和教师群体的精神面貌更加统一，因为其本身就是高校育人目标的综合体现，但大学生作为独立的思想主体，其思维活动和心理状态具有非常明显的多样性、差异性、变化性和选择性，在互联网时代背景之下，这种种特性更加明显。在这样的情况下，高校必须要重视校园精神文化的稳定，只有确保精神文化的高度统一，才能够最大限度地发挥出校园文化潜移默化影响学生的重要作用。

二、高校校园文化的建设原则

校园文化的三种基本形态之中，物质文化是前提和基础，是校园文化的外显承载体，制度文化则是校园文化发挥其效能的桥梁和纽带，是建设校园文化的基本保障，而精神文化则是校园文化的核心和灵魂，制约着物质文化和制度文化的发展层次。建设校园文化需要调动整个高校的各个要素、各个主体、各种关系，以实现资源的和谐搭配，最终相互促进并共同进步，在建设过程中需要遵循以下四个建设原则。

（一）和谐共进原则

高校的校园文化必然会涉及三种基本形态的建设，在建设过程中，需要确保三种形态协调、和谐、统一。只有这样，整个系统中的各种要素才能全面协调运作，并呈现出持续发展的态势，最终和谐共进，营造和谐的校园文化。和谐共进原则需要做到以下几点。

1.以人为本

校园文化建设的核心目标和高校的教育核心目标相同，都是服务于社会，培养社会所需的多样化的优秀人才。培养人才就需要坚持以人为本的原则，强调人的发展高于一切，人格的多元展现高于一切。建设和谐校园文化同样需要以人为本，要充分关心学生、理解学生、尊重师生，发挥校园的文化熏陶功能，引导人和激励人，以师生员工的共性要求和个性发展为基础，为人的全面发展提供条件。

2.打造和谐环境

校园文化的外显，主要依靠的是三项基本形态中的物质文化形态，通俗来说就是校园环境。建设校园文化必然需要打造一个布局合理、设施优良、整洁优美、风格高雅、文化底蕴深厚的、和谐的环境，不仅需要整个校园空间优美宜人、搭配合理，还需要契合自然环境，即校园中不仅需要具备现代化的先进设备和设施、宽敞整洁的楼宇、齐全的图书资料、布局合理的环境设施，同时也需要展现高校的历史沉淀、文化底蕴、与自然环境的契合和对生态的保护等。只有打造一个和谐的校园环境，才能够让进入校园的人感到神清气爽、耳目一新，同时又能感受和体味到高校深厚的底蕴，从而成为校园文化和精神传承的重要载体。

3.和谐相携、多元发展

在很长一段时间内，高校多数采用是高度集中的统一管理体制，思想和模式都高度统一。虽然这种管理体制看似使高校更加和谐，但过于强调共性，完全压制了个性，造成高校的校园文化毫无特色，甚至千篇一律。这种校园文化并不适宜培养人才，随着社会的快速发展和教育改革的推进，多元文化形态已经开始在高校内融合和发展，多元文化虽然会令校园文化呈现出多样性，但只要寻找到彼此的共同目标，就能够实现多元文化的共生，从而令校园文化中的各类文化和谐共存、多元化发展。这也会令校园文化更具包容性，从而在最大限度上满足各个层次师生人员的精神成长需求。

（二）先进时代原则

校园文化属于一种社会意识形态，不同的时代背景下，社会意识形态也会有所不同，因此建设校园文化也需要秉持先进时代的原则，即以中国特色的社会主义先进文化来引导校园文化的建设。

校园文化的建设必须坚持社会主义核心价值体系的要求，将社会主义核心价值观融入文化建设的全过程，这样才能够承载先进的精神文化，从而推动整个高校朝着正确的方向快速发展。高校校园文化建设要大力弘扬奉献社会、遵纪守法的风尚，倡导诚信为本，并着眼于促进人与自然的和谐发展，将保护环境的意识、节约资源的意识和建设美好未来的意识融入其中，并坚持科学发展和可持续发展的观念。

（三）创新发展原则

高校校园文化的建设需要在继承和发展传统文化的基础上，吸收和借鉴先进成果，促进文化建设的理论和实践不断发展和创新，需要做到以下三点。

首先，继承和发扬中华传统文化中和谐思想的精髓，如人与自然和谐共生的天人合一思想，人际关系和谐共赢的以和为贵的思想，个体的身心和谐的神形合一思想等，都是中华传统文化中的宝贵思想，高校需要汲取其中的合理成分，并结合时代特性赋予其新的内涵，令其成为校园文化的核心。

其次，建设校园文化需要吸收和借鉴世界各个国家的先进成果。虽然校园文化建设强调民族性，但并非搞狭隘的民族主义，而是要以民族特性为核心，以开放的视野和包容的胸怀广泛吸收各种先进文化成果，以推动民族文化的发展。

最后，建设校园文化需要更新观念。虽然校园文化建设需要传承民族文化，但也需要根据高校本身的特点和社会发展规律及教育发展规律，大胆进行探索和

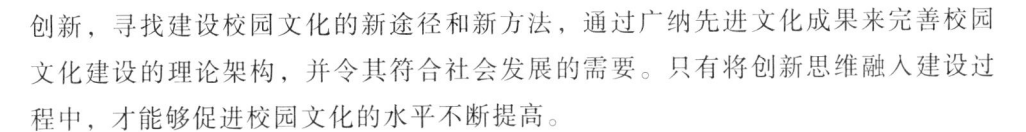

创新，寻找建设校园文化的新途径和新方法，通过广纳先进文化成果来完善校园文化建设的理论架构，并令其符合社会发展的需要。只有将创新思维融入建设过程中，才能够促进校园文化的水平不断提高。

（四）全员参与原则

建设校园文化从来不是某一主体能够完成的，它是一个系统性工程，因此在建设校园文化时还需要坚持全员参与的原则，即充分发挥高校师生员工的作用，通过全员的参与，形成合力，共建校园文化。

首先，需要高校的管理者能够深刻认识建设校园文化的重要价值，并真正重视校园文化建设。高校管理者是学校教育的决策者和组织者，通常管理者的价值取向、教育观念、培养特性都会影响高校的办学风格和办学理念。这种管理者的办学精神就是校园文化的核心内容，其在很大程度上影响着学校精神的培育、学校物质文化的建构和学校教育制度的形成。因此，高校管理者首先需要树立正确的教育观念，并不断提高治校能力，从高校教育文化层面进行挖掘和认识，才能够培养社会所需的人才，取得公众满意、学生期待的教育成果。

其次，高校教师是建设校园文化的主导力量，尤其是辅导员和学生的关系更加密切，其一言一行都会影响学生的状态，更需要坚持正确的政治方向并表现出足够的社会责任感。只有教师能够以身作则，成为学生成才路上的引路人和指导者，才能够最大限度发挥其在校园文化建设中的主导作用，从而进一步影响学生，使学生参与到校园文化的建设中。

再次，高校各层次的管理者和服务人员在校园文化建设中同样起着非常重要的作用，如高校内的图书馆、食堂、宿管、后勤、医务室等各种服务部门的人员，他们的管理风格、服务模式、行为态度等都会为校园文化建设产生影响，如果能够做到科学管理、服务周到、态度亲和，自然就能够为校园营造良好的氛围，从而推动校园文化的和谐发展。

最后，进入高校学习的学生更是校园文化建设中必不可少的主体。学生是校园文化的直接承载体，受到校园文化的熏陶和感染，同时也对校园文化产生影响。因此，辅导员需要引导学生主动参与校园文化建设，培养学生树立正确的人生观、价值观和世界观，从而发挥自身的主观能动性，在自觉学好专业技能和专业知识的同时，自觉提升综合素质，努力成为社会所需的高素质人才。这样学生才会对校园文化的建设产生正面的影响，促进校园文化向更契合教育培养的方向和社会需求的方向发展。

三、高校校园文化的建设方式

高校校园文化的建设需要从三种基本形态入手，采取各种有力的手段和措施来促使校园文化发挥功能，从而构建和谐的校园，孕育出和谐的校园文化和富含文化底蕴的校园氛围。

（一）建构扎实的物质文化基础

高校校园文化的物质文化基础需要从三个层面入手。

其一是美化校园内的环境，校园内部的环境、设施等是校园文化的主要载体和主要表现形式，其中包含着校园文化的一部分功能和内涵。优美的校园环境能够陶冶情操、愉悦身心，而且是高校师生日常活动的重要行为空间，所以营造优美的环境更容易为师生营造健康舒适的心理空间。例如，大部分高校都依山傍水、环境优美，就是因为这种优美的环境本身就具备无形的精神熏陶和教化作用。

美化校园内的环境需要通过对校园进行恰当的绿化、园林化、结构化、净化、环境规划、知识化，同时需要表现出人与自然的和谐发展观念，如可以借助地形地貌规划校园内的景点、亭台、道路、装饰物、绿化形状等，并与建筑的高矮和形态相适应。此过程就需要通过对校园文化的总结和表现，需要设计与高校特色相符的各种建筑和符号，包括标志性元素、吉祥物等。这些颇具特色的元素不仅能够将高校和其他高校区别开，还能够促进高校师生对其产生心理共鸣，从而产生极深的亲切感和自豪感。

其二是完善高校的各种功能性设施，尤其是各种和教学、科研、生活、学习、实验、娱乐、运动等相关的设施必须要齐备完善，这样才能在最大限度上满足高校师生各方面的需求。这些功能性设施不仅具有极强的使用功能，还反映了一种人文关怀、伦理规范和科学追求等，是完善物质文化建设的重要手段。

其三是营造温馨的校园周边外部环境，高校虽然通常会选择环境较为优美的地带建校，但必然处于社会大环境之中，因此高校也必然会受到周边外部环境的影响。建设和谐的校园文化必须有和谐的周边外部环境作为基础，因此高校需要联合地方各部门，做好校内环境和校外周边环境的共同建设，切实维护好学校周边的治安和秩序，保证校外周边环境没有不利于师生身心健康和教学质量的违规场所、脏乱环境、治安盲点等。

（二）确保建设科学的制度文化

校园制度文化是校园文化建设的内外沟通桥梁和内在执行机制，是建设和谐校园文化的基本保障，对师生养成良好的教学习惯有极大的催化作用，因此高校一定要建设科学的制度文化。建设科学的制度文化可以从以下两个角度入手。

一是制度文化建设要有法可依，即有关高校的各项工作，包括招生、教学、科研、考核、奖惩、就业、实践等都需要有完善的规章制度。制定规章制度过程中要以国家政策为核心标准，并结合高校自身情况，所制定的各项法规标准要符合高校师生的利益、满足社会的需求、契合时代的发展精神。具体而言，需要实现合理性、公正性、人民性、规律性的统一，合理性主要体现在所有规章制度需要和国家法律法规一致，并符合高校的实际情况；公正性主要体现在规章制度要相对稳定且具有连续性，不能随意更改、频繁变动，这就要求制定规章制度要从各方面考虑，避免出现漏洞；人民性主要体现在规章制度要遵循以人为本的原则，既需要敬畏学术，也需要尊重人格，既能够规范师生行为，又具有人情味；规律性主要体现在规章制度制定和完善过程中要遵循人、社会、时代的发展规律，要具备显示操作性。

二是制度文化建设要落于实处，即建设过程中要倡导依法办事并体现制度的精神，执行过程中要做到合理、合法、公正、及时，在规章制度面前所有师生都处于平等地位，尤其教师、党员、领导干部等务必做到以身作则，毫无特权。制度文化建设的目的就是要规范高校各层次人员的行为和思想，因此高校内的各项事务都需要公正、公平、公开，所有人员都要严格按照规章制度办事，这样才能体现制度文化的平等和正义，才能够令学生感受到高校的尊严。长此以往，高校自然能够形成公正的氛围，并处处洋溢着浩然正气，从而为良好校园文化的建设提供规范保障。

（三）营造和谐的精神文化校园

精神文化建设是高校校园文化建设的工作重心。精神文化建设也是辅导员辅助建设校园文化的工作中心。营造和谐的精神文化氛围，需要辅导员从以下四个方面着手。

1.凝练独特的高校精神

高校精神是一所高校在传统文化基础上通过历史的积淀、凝聚、发展和创新最终形成的精神文化，是一种能够被高校全体师生一致认同的精神文化。高校需要根据自身的历史传统、文化积淀、学科特色等逐步凝练出高校特色的精神，其最常见的展现手段就是"校训"。高校精神的凝练需要经得住历史的考验和时代的冲击，这就需要全体高校师生对自身传统和文化内涵进行深入挖掘和提炼，将高校最具特色的文化展现出来，它既需要具备独特性，还需要有高度认同感，是一种深入人心的精神品质，是高校师生的为人、为学及道德品格的综合概括。

2.建设高质的学风校风

学风校风就是高校师生的治学风气和高校整体的风气，是高校所有成员共同具备和培养出的思想和行为作风，高质的学风校风能够潜移默化地影响高校的教学质量和人才培养质量，因为其能够直接影响到师生的文化素质和思想道德素质以及价值观。

高质学风校风的建设需要高校各个部门、全体教职员工乃至学生积极参与，需要加强责任落实，充分发挥各个部门的作用，制定切实可行的实施方案，并将学风校风建设与日常教育活动和日常学习生活活动相结合。教师需要不断提升师德，以身作则，为学生树立榜样，引导学生参与到建设工作中去。

辅导员可以从教室、寝室、食堂这三个学生活动的主体场所入手，逐步引导学生建设高质的学风、校风。例如，加强教室文化建设，辅导员需要和学科教师及班主任配合，营造上下求索的求知环境；加强寝室文化建设，寝室是学生在高校中的"家"和学习提升场所，是学生彼此交流、联系的场所，同时也是最容易引发人际冲突和心理问题的场所，辅导员要发挥监督引导和鼓励的作用，充分发挥学生的自我教育、自我管理功能，力求建设安全、舒适、整洁、正向的寝室环境，并发挥学生的创造力，开展各种寝室文化建设活动，促进寝室文化的形成；加强食堂文化的形成，可以通过各种食堂电视节目、标语和画作等，引导学生树立环保意识和节约意识，并保持食堂环境的清洁，可以建立畅通的渠道来加强后勤和学生的沟通反馈，甚至可以开展食堂文化建设活动，引导学生广泛参加。

3.丰富文化活动的形式和载体

校园文化的建设必须以多层次、多样化的活动为依托，以促进校园文化功能的实现。校园内的各种文化活动，其核心内容就是积极向上的思想和人文精神。通过开展丰富多彩的校园文化活动，不仅可以潜移默化地令学生的精神受到熏陶，身心得到调节，还可以有效传播科技文化知识，改变学生的知识结构并拓宽学生的思维空间。在实践过程中，辅导员需要充分发挥各种学生组织的多元化特性，将校园文化的品牌意识融入活动策划之中，并将德、智、体、美、劳全面培养的教育理念融入校园文化中，开展各种思想性、趣味性、知识性、创新性和运动性并存的活动，营造出蓬勃向上的校园氛围。

同时，进入21世纪以来，社会已经进入互联网时代，网络已经成为社会发展中必不可少的信息载体，高校需要将其改造成新的文化载体。辅导员可以通过和学生的交流沟通，分析学生的接受特性，广泛运用各种网络技术手段，推动高校校园文化建设，如内容丰富、信息健康的绿色网站，游戏性强且具备思想教育意义的校园App等，都可以发展为校园文化的新阵地；同时，积极拓展思想政治教育渠道和文化熏陶手段，令网络成为高校开展校园文化宣传和提升校园文化属性的有效渠道和载体。

4.切实解决实际问题

在高校发展和建设过程中，难免会出现各种各样的困难和问题，建设和谐校园文化，需要以切实解决师生遭遇的实际问题和困难为前提。辅导员需要充分发挥自身的桥梁作用，积极协调师生之间和学生之间的关系，促进整个校园和谐发展。

辅导员需要协调校园内的人际关系，如师生关系、同学关系、教师关系、领导与师生的关系等，这不仅需要辅导员协调，还需要相关人员配合与相互理解；辅导员需要关注学生的心理健康情况，及时洞察学生的心理困惑和心理问题，并真诚关怀、积极疏导，尽可能引导学生通过自身的心理调节能力将问题解决；辅导员需要关心学生的学习情况和生活情况，尤其是家庭经济困难学生的困难，辅导员需要积极运作，促成各种助学措施的实施和奏效，同时要引导学生保持自信乐观的态度，培养学生的综合素质；辅导员还需要关注学生的就业创业问题，随着教育大众化进程的推进，每年的毕业生数量一直居高不下，造成了极大的就业压力，竞争非常激烈，辅导员需要通过多种渠道为学生提供各种就业和创业咨询服务，引导学生树立正确的择业观和职业理想，并锤炼竞争技巧，以便为进入社会打拼夯实基础。

第七章 高校辅导员服务工作的理论与实践

第一节 规划师·引导学生职业生涯规划

社会的快速发展使社会对人才的素质要求越来越高。大学是学生生涯后期，也是职业生涯开端期，因此若能够引导大学生在高校期间正确认识自我并进行对应的职业生涯规划，非常有助于学生缩短职业适应期，从而更快地适应社会及职业需求，且能够更准确地把控未来的发展方向，最终为社会的发展献出自己的力量。辅导员是学生成才路上的引导者和辅导者，因此在学生职业规划方面也担负着相应的责任。

一、学生职业生涯规划的现存问题

职业生涯规划起源于美国20世纪中叶的职业辅导运动，到20世纪90年代中期才传入中国，因此中国对职业生涯规划重要性的认识还不够深刻。职业生涯规划就是个人通过与组织的结合，对职业发展的主观条件和客观条件进行分析、总结、研究，并对自身的能力、特长、兴趣、爱好、经历、劣势等进行综合分析后，结合社会时代的特性，根据自身的职业倾向确定职业奋斗目标，然后为实现这一目标做出具体的规划和安排，这种规划和安排会为个人的职业发展指明方向和途径。

（一）对职业生涯规划了解不够

多数大学生在进入高校之前，全部精力和注意力都放在知识的学习和最终的入学考试上，加上学校和家长对职业生涯规划并不太重视，造成多数学生进入高校后首要关注的依然是专业知识的学习，而对未来职业的了解和思考并不多。同时，大学生即使进入高校，也还无法对自身进行正确的分析和定位，也就无法对自身的发展潜质进行了解，也无法对自身的发展方向进行准确的定位，甚至无法充分认识到自身在高校所培养的各种素养，学到的各种知识都是在为未来的就业和职业的发展增添砝码，所以无法将高校深造与职业发展密切结合起来。这就造成很多大学生没有规划意识，甚至会对自身的未来感到迷茫。

（二）对自身和环境的认知不足

合理进行职业生涯规划的前提，就是能够客观且全面地认识自我，只有对自身拥有极深的了解，才能够结合对外部大环境的认识，进行合理的职业生涯规划。大学生进入高校时恰逢青年期，正处于自我认识的探索阶段，不但对自身的优势和劣势无法认清，而且对外界大环境，包括宏观经济发展状况、社会就业形势和政策、职业需求和各类单位的需求、相关职业岗位内容等，同样因为见识问题和经历问题无法认清。

进行职业规划需要通过对自我的认识，总结和分析自身优势和劣势，然后依据对大环境的了解进行恰当的匹配，以便发挥自身的优势而规避自身的劣势，最终在职业生涯中不断加强优势的提高和劣势的补全。大学生对自身和环境的认知都有很大不足，这就很容易在进入社会后导致不良后果，包括盲目自信、自卑、频繁更换职业、追求高薪却处处碰壁等，这样会严重影响大学生的就业和职业发展。

（三）价值观不健全，择业目标模糊

大学生在步入高校之前，人生观、价值观和世界观都还未形成，进入高校之后才会逐渐树立各种观念。这种情况就造成他们在中学时价值观不健全，因而在选择高校、专业时，不会从未来角度进行思考和分析，也不会将职业发展纳入考虑的范围内，而主要考虑的是高考分数能否让自己顺利进入高校。因此，有些学生进入高校之后才发现学校和自身所选的专业并不适合自己，这就容易造成学生在整个学习过程中无法形成明确的目标，甚至对未来感到迷茫，最终产生心理困惑和严重的心理问题，致使自身毕业就失业。

（四）准备不足且实践能力差

很多大学生进入高校后，会将学习的重心放在专业知识方面，从而忽略了很多其他因素，造成毕业后进入社会职场时准备不足。例如，职业所需的人际交往能力、专业实践能力、生活能力、职业道德和品质、独立承担责任的能力等都是职业发展过程中必不可少的，但学生在高校对职业发展认识不足，就容易无所适从，从而毫无准备。另外，很多大学生对实践的重视程度较低，实践能力较差，中学时代学生的主要目标是学习知识，根本不需要考虑其他，但要将知识真正转

化为能力，就需要学生能够通过不断的实践、尝试，不断反思、总结、完善，最终将知识内化。有些学生进入高校后对实践能力不够重视，容易眼高于顶，进入职场之后却无法运用所学知识，从而阻碍自己的发展。

除以上问题之外，还有社会环境的一些问题，其中最明显的就是职业生涯规划在中国属于新兴行业，虽然经过了二十多年的发展，专业职业规划师一直在不断增加，但高校却因为缺乏人力、物力、财力，只能由辅导员或就业指导部门对学生进行职业规划引导，不但专业性较低，而且因为每个教师面对的学生过多，所以很难全部照顾到。也就是说，学生职业生涯规划指导方面的服务在中国高校还处在起步和初级阶段，需要不断探索和完善。

二、辅导员做好职业规划师需具备的素质

中国职业规划师（CCDM）是随着职业咨询和社会的发展需求而兴起的一项职业，需要运用其掌握的相关专业知识和资源，给予客户在职业适应、发展方面的专业咨询、指导、判断、建议和解决办法的专业人员，目标是帮助客户应对激烈的职场竞争压力，并缓解其就业压力。

一名优秀的职业规划师需要熟悉职业规划的流程，并具备极强的沟通技巧，能够通过交流沟通技巧针对客户提出建设性建议；需要熟悉社会职场人力资源信息，即明晰各种职业信息和发展趋势，能够根据这些资源，结合客户的情况，提供符合社会发展的职场建议；需要掌握职业测评和评估技术，能够在和客户沟通的过程中运用各种评估技术获得准确信息；还需要熟悉与各职业相关的法律法规，并遵守职业道德规范；需要具备较强的洞察力，可根据不同群体与个体的需求，提供相应的服务；需要熟悉职业发展领域的各种理论、技术和实施模型，能够灵活运用到职业生涯规划活动中，为客户出谋划策；需要熟悉各个职业，包括特殊职业的求职方法和技巧。辅导员想做好学生的职业规划师，就需要结合高校实际情况和学生状况，进而具备以下素质。

（一）政治思想道德素质

政治思想道德素质可以从政治、思想和道德三个角度进行分析。其中，政治素质是导向，包括辅导员的政治信念、政治态度、政治立场、政治理想等内在品质，辅导员只有具备坚定的政治方向和高层次的政治觉悟，具有较高的政治理论修养，才能够为学生指明前行的方向，从而确保学生的职业生涯规划能够以正确的政治方向为基础，最终成为社会主义接班人。

思想素质是行为标杆，其反映的是辅导员的思想内涵和思想品质，思想素质的形成是通过对事物的认识，依据自身的经验，形成自身的态度和最终的行为做

法的过程。辅导员作为职业规划师先要做好自身的工作，并努力成为学生未来发展的标杆，潜移默化地影响学生在未来职业发展道路上的行事风格。

道德素质是内在情操，是道德认识和道德行为水平的反映，辅导员辅助学生进行职业生涯规划的目的就是通过日常工作帮助学生实现全面发展，从而为其未来的职业生涯规划打下坚实的基础。社会的快速发展要求公民拥有较高的道德素质，这样才能在全面建设和谐社会，实现中华民族伟大复兴过程中成为中坚力量。辅导员只有具备高尚的道德素质，才能够在任何时候都坚守道德准则，严以律己并以身作则，在引导学生完善职业生涯规划时方能令学生信服。

（二）全面的业务素质

辅导员作为学生的职业规划师，会面对各种不同家庭、不同经历、不同思维模式、不同行为习惯、不同认知水准以及不同知识体系的学生，因此首先需要具备扎实且全面的知识，即辅导员需要获取和掌握足够数量和质量的知识，包括心理学、教育学、管理学、职业评估理论、职业评估模型、决策理论等知识，尤其是如今社会处于高速发展阶段，各种新兴职业和知识不断增加，辅导员更需要不断补充各类知识，以便恰当地引导学生认识自身和完善自身；同时，辅导员需要对各类专业特性和各类职业发展特性了如指掌，这样才能引导学生结合自身的专业学习情况和专业对口职业发展情况来进行合理的职业规划。也就是说，辅导员不仅需要具备职业规划师的业务素质，还需要结合大学生的实际和社会发展情况，对各种职业领域有深入、全面的了解，并形成对各种职业领域的宏观认识，这样才能引导学生深入理解职业规划的意义，最终引导和帮助学生对自身的职业发展和人生发展进行前瞻性的规划。

其次辅导员需要具备较高的法律素质，包括法律意识、法律知识、法律信仰、对法学的理解和认识等。学生作为社会未来的人才，其法律素质的高低必然会成为衡量国家和社会文明程度高低的标准，学生的法律素质的培养需要通过对各种法纪知识的了解，将其逐步内化为学生的行为标准，从而促进学生形成心理界限，真正明晰"该做"与"不该做"的标准，最终调控学生与社会、与他人、与国家之间的关系，成为建设未来社会合格合法的公民。辅导员不仅要积极学习各种政策法规，不断补充法律知识，从而正确地帮助学生树立法律意识和了解法律规范，保证学生职业发展的健康与合法，还需要结合思想政治教育过程，来结合法律知识和道德准则，引导学生树立正确的法律意识和成才观念，最终促使学生能够对未来的职业和人生的发展有更加清晰的规划。

（三）均衡的能力素质

均衡的能力素质的基础就是需要具备健康的身体素质和良好的心理素质。辅导员工作在服务学生的第一线，不但工作繁杂、范围极广，而且工作量巨大且工作难度大，涉及学生在高校学习、生活、日常活动的方方面面，同时还需要兼顾学生突发事件的处理等，而引导学生进行职业生涯规划只是众多工作中的一项。因此，辅导员必须具备良好的身体素质，才能够保持充沛的精力和良好的身体状态。心理素质则是以身体素质为基础发展和形成的意志力、韧性、情感、信心等内心状态，辅导员要做好学生的职业规划师，就必须具备坚定的意志、良好的人际关系、健康的情感品质和强烈的事业心。在辅导学生进行职业生涯规划的过程中，辅导员需要面对各种各样的学生，也会遇到各种各样的事件，只有具备良好的心理素质，才能及时调整自身的心理状态，维护好自身的心理健康，从而潜移默化地影响学生，使学生能够拥有健康的心理，最终为自己未来的职业发展做好规划和恰当的准备。

辅导员做好学生的职业规划师需要具备各种技能，包括良好的沟通能力、准确的信息采集和分析能力、熟练而有效的评估技巧等。良好的沟通能力是开展学生职业生涯规划工作的核心，只有拥有良好的沟通能力才能取得学生的信任，为学生留下亲切的印象，真正得到学生的认可，才能够充分利用自己的专业知识和专业技能帮助学生解决职业规划过程中的难题。准确的信息采集和分析能力是开展学生职业生涯规划工作的基本条件，辅导员需要准确掌握关于就业的政策信息、人才市场资源信息、各种职业的发展动态信息、学生的个性特点信息、学生的择业观念及思想状态信息等；另外，还需要具备敏锐的洞察力和良好的信息分辨能力及分析能力，这样才能通过掌握的各种信息引导学生进行合理的职业规划，并能够及时掌握学生的情况，对学生进行指导。熟练而有效的评估技巧是开展学生职业生涯规划工作的依据，在进行学生职业规划指导过程中，辅导员需要对学生进行专业性的评估测试，包括学生的心理测评、职业评估等，需要运用相应的技术，对学生的性格特性、专业发展、学习情况、相关技能等进行整体性的分析评价，引导学生寻找对职业发展有利的各种积极因素，从而使学生能够更大限度地发挥优势，并深入认识自身，获得更多的发展机会，最终形成完善且正确的职业生涯规划。

辅导员需要具备突出的创新意识和创新能力。未来社会对人才的需求会越来越细化、越来越精准，辅导员辅助学生进行职业生涯规划属于一种创造性工作，毕竟每一位学生的个性不同，社会的政治环境、经济状况、职业发展态势、专业发展形势等也一直处于不断变化的状态中。这就需要辅导员能够运用创新能力来对社会形势不断进行摸索和掌握，然后根据时代特性和学生的个性特征，有针对性地引导学生寻找最适合自身的职业路线。学生的职业生涯规划没有统一的模板，辅导员需要让自身的思维具有足够的变通性和超前性，结合对各种新态势、新领域的了解，运用创新技能来为引导学生形成科学的职业生涯规划。

三、成为学生职业规划师的策略

学生职业规划师是社会发展和教育发展过程中对辅导员的新要求，辅导员在培养和基本素质的基础上，还需要坚持基本原则、掌握基本的对应方法，并结合辅导员本职工作特性，才能做好学生的职业规划师。

（一）坚持基本原则

1. 以学生为本原则

辅导员要做好学生职业规划师，首先需要在坚持正确政治方向的基础上，坚持以学生为本的原则。在日常工作过程中，辅导员要真正关心学生、了解学生，树立教育即服务的思想和彼此平等的观念，充分发挥学生的主动性和积极性，以学生的职业未来的发展和社会的发展为核心出发点，引导学生做好自己的职业生涯规划。

2. 社会需求原则

学生职业生涯规划是基于社会对人才的需求制定的，因此必须遵循社会需求的原则。社会对人才的需求是随社会的发展和时代的特性不断发展变化的，所以辅导员在辅导学生进行职业生涯规划时，需要密切关注社会对人才需求的变化，及时收集和分析社会对人才的要求，并根据时代发展特性不断调整观念，根据社会发展趋势来引导学生做出符合社会发展和时代发展的职业生涯规划，并引导学生根据社会的变化及时对职业生涯规划进行调整。

3. 个性化原则

不同的学生具有不同的个性特征，因此辅导员在辅导学生进行职业生涯规划时，需要结合学生的兴趣和能力、个性特征和心理状态等，区别对待，有针对性地进行引导。辅导员需要根据学生的个性特征和职业理想，充分发挥学生的特点，运用对应的辅导手段开展个别咨询，如就业定位、自我测评、心理疏导、职业咨询等，让学生能够积极主动地进行未来职业定位，并规划出最契合自身的职业发展路线。

4. 专业性原则

指导学生进行职业生涯规划是一项专业性很强的工作，因为其涉及学生的未来发展方向和前进路线，所以辅导员必须遵循专业性原则，以便为学生提供最专业的指导。要做到这一点，需要从高校层面着手，首先需要建立起专业的职业生涯辅导体系，包括职业生涯教研、职业咨询辅导、职业测评中心、择业技巧培训等，为大学生提供全方位的职业生涯规划辅导的服务；其次需要建设专业度较高的高素质职业生涯规划辅导员队伍，及时对辅导员进行对应的社会政策、职业形势的培训，促使辅导员专业化、专家化，以便为学生提供更加专业性的服务。

5.全程化原则

职业生涯规划是一个系统性工程，贯穿学生的一生，因此辅导员在辅导学生进行职业生涯规划的过程中，需要循序渐进地引导学生学习职业生涯规划的各种知识，如针对不同的年级、不同的专业，划分阶段性任务，逐步完善学生的职业生涯规划体系。这需要辅导员从学生入校开始就进行职业生涯规划引导，根据学生不同阶段的不同特性，逐步完善学生的职业生涯规划。

（二）掌握基本方法

辅导员对学生进行职业生涯规划辅导需要从两个角度进行，一方面是强化自身，另一方面则是引导学生。

1.强化自身

辅导员做好学生的职业规划师，首先需要转变自身的观念，充分认识到职业生涯规划对学生的发展、高校的发展和社会的发展的重要性。辅导员需要积极借鉴国际先进的学生职业生涯规划理念，以中国社会发展形势和学生特性为基础，一方面通过恰当的宣传和教育，将职业生涯规划的理念灌输给学生，促使学生积极参与对自身的认识和挖掘，并尝试进行职业生涯规划；另一方面辅导员需要加强交流沟通能力，通过和学生的深入交流沟通，加强学生对职业生涯规划的了解，从而有效并持续地引导学生进行职业生涯规划。

其次，辅导员需要有意识地完善自身的职业规划素质，要保证自身能够深刻理解并掌握职业规划师的道德规范和行为准则，加强职业道德培养和提高思想政治水平，成为学生的榜样和标杆；需要加强对职业生涯规划专业知识的学习，并熟练运用教育学、心理学、管理学的专业知识，利用和学生的密切关系，将职业生涯规划的各种理论融于各种日常活动中，促使学生参与到职业生涯规划中；还需要不断强化自身的洞察力、分析能力，如通过观察学生的心理变化和个性特征，运用SWOT分析法（态势分析）引导学生全面分析和探索自我，正确认识自身的优势及劣势，挖掘自身的职业发展需求，再运用教育沟通手段，帮助学生形成良好的职业生涯规划习惯，使其受益终生。

最后，辅导员需要积极参与高校的职业生涯规划课程建设。2008年，教育部明确要求高校开设就业指导课程，以便引导学生能够合理规划大学生活并走向理想人生。这之后很多高校都逐步开设了大学生职业生涯规划、就业指导等课程，并将其纳入了必修课范畴和正常的教学计划中。辅导员需要根据高校制订的教学计划，积极引入先进的教学方法，以便激发学生对职业生涯规划的参与性，促使学生及时了解社会形势和就业政策；同时，需要主动分析学生职业生涯规划过程中遇到的困难和问题，帮助学生有效解决问题，科学进行职业生涯规划。

2.引导学生

辅导员做好学生职业规划师，还需要掌握引导学生的方法，首先要充分发挥高校社会实践课程的作用。学生在高校接触社会职业的主要机会就是各种社会实践活动，辅导员需要通过学生社团活动、假期调研、社会志愿活动等，引导学生了解社会现状和职业情况，并根据活动需求，有针对性地对学生进行职业训练和模拟训练，以提高学生的综合能力和职业素质，并适时引导学生通过实践活动学会反思和总结，加强对职业生涯规划的重视；另外，辅导员应该积极介入到学生自发组织的各种社会实践活动中，为活动出谋划策，以提高这些自发组织的实践活动的专业性、实效性和针对性，并及时跟进学生在活动中的各种表现、困难和问题，通过帮助学生排解困难的方式引导学生更清醒地认识自身，从而促进学生根据自身的特点、职业需求以及社会要求对职业生涯规划进行调整和变动，缩短学生的社会适应期，促使学生更好地适应职业发展和社会发展。

其次，辅导员需要努力践行职业生涯规划的全程化原则。具体做法是针对不同专业、不同年级的学生，分析和总结不同阶段学生的特性，以便突出职业生涯规划的阶段性目标和重点，然后分阶段实施引导，逐步完善全程化职业指导体系。

例如，新生入学后的一年级属于职业生涯规划试探期，学生最需要做的是适应高校生活，并树立职业生涯规划意识和职业理想。辅导员可以借助各种测评工具和技巧，帮助学生更加深入地了解自身，并掌握职业生涯规划的基本知识；通过对职业和专业的了解，向学生介绍专业和职业的关系，辅助学生了解专业特性和职业特性，以使学生逐步形成职业生涯规划；提高学生参与职业规划的主动性和自主性，培养学生自我教育、自我管理、自我设计和自我规划的能力，可有意识地引导学生先进行高校学习阶段的自我提升规划。

学生入学一年后属于职业生涯规划定向期，重点在于引导学生正确地进行职业定位，为后续的职业生涯做足准备。辅导员可以根据社会发展的需求和职业发展的需要，通过职业生涯规划课程来引导学生进行职业规划模式的确定和职业定位，以明确职业目标，从而在后续学习过程中有意识地提高相应的能力和水平。辅导员需要引导学生对所学知识体系进行科学分析和重组，并根据重组的知识体系补充专业知识和完善知识结构；需要根据不同专业和职业的特性，有针对性地向学生介绍相关职业的用人理念和重点企业的文化，并根据不同专业对学生开展就业培训和就业技能培训；需要通过开展多样化的社会实践活动，辅助学生加强对社会发展情况的了解，并积累职业经验，引导学生有意识地提高职业素质。

三年级属于职业生涯规划的落实期，重点在于引导学生根据对社会发展、职业发展和专业特性的了解，结合自身情况来明确职业岗位和确定职业发展具体方向。辅导员可以组织学生对企业招聘信息进行收集和分析，然后辅导学生撰写简历并参与面试，以实践活动的形式加强职业分析，完善学生的就业准备；之后辅导员要抓住机会引导学生对职业发展趋势进行了解，并掌握对应的职业用人需求，有针对性地锤炼职业技巧，弥补自身的不足，从而为就业打下坚实基础。

毕业季属于职业生涯规划的细分期，重点在于引导学生深化对职业方向的认识，并形成成熟的职业认知，明确细化的职业选择。此阶段，辅导员的工作任务更加繁重和细化，需要对学生进行针对性的分类指导，要根据学生的知识结构、能力状况、专业水平、职业期望等，为学生提供恰到好处的政策普及和就业信息服务，包括就业技巧、就业程序、职业安全教育等服务，促使学生形成正确的就业观念，不至于高不成低不就，并指导学生参与求职，以便学生成功就业或提升学生的求职成功率。

第二节 指导师·帮助学生找到就业出路

2014年，教育部在印发的《高等学校辅导员职业能力标准（暂行）》中提出："高校辅导员要成为大学生就业指导师，要具备三个方面的专业素养：自觉遵守就业指导工作领域的伦理纲领；具有专业化、专门化、系统性的知识结构；具有经长期专门训练而形成的娴熟的教学能力和专业技能。"

专业的就业指导师是用人单位和求职者沟通的桥梁，需要通过对市场人力资源需求进行挖掘，根据当前就业形势，给予求职者契合自身的就业指导以帮助求职者走上理想的职业岗位。

辅导员要成为学生的就业指导师，就需要在日常工作中引导学生树立正确的职业观，并培养学生就业意识，提升学生就业竞争力和求职技能，提高学生的就业质量，帮助学生找到就业出路。作为学生的就业指导师，辅导员不仅需要具备专业就业指导师的基本能力，还需要结合学生个体的兴趣、能力、特性等，根据社会对人才的需求来找到学生匹配的职业取向，并有针对性地培养和提升学生的求职能力，以引导学生做出恰当的职业选择。

一、辅导员作为学生就业指导师的优势条件

辅导员作为高校教师队伍和管理队伍的重要组成部分，工作范畴涉及高校学生日常学习和生活的方方面面，这无疑为辅导员成为学生的就业指导师创造了绝佳的条件，其优势具体体现在以下两方面。

(一) 角色定位优势

辅导员最大的优势就是其角色定位，其与学生的接触最多，对学生情况的了解也最深，这使辅导员不仅能够清楚地了解学生的专业能力，还能够熟悉学生的特长和兴趣爱好，更能够明晰学生的性格特性及心理特征，这无疑会令辅导员成为学生人生路上理想的就业指导师。

首先，辅导员的工作内容涉及学生的日常学习、生活、活动等方方面面，属于学生的直接管理者和指导者，因此不仅和学生的接触最多，能够深入到学生的日常生活中，从而更容易获得学生的信任，还能够通过与学生的交流沟通，成为学生的良师益友，使学生更容易听取辅导员的相关指导和建议，极大地提高就业指导的相关效果。

其次，辅导员可以通过与学生的深入接触，充分了解不同学生的价值观、专业技能、兴趣特征、心理状态、学习能力等，再结合对社会政治、社会经济的发展趋势和相关政策的了解，能掌握学生就业过程中会面临的问题和困境，从而有针对性地对不同学生进行恰当的引导，以便挖掘学生的个人潜力并培养学生的自我管理和自我教育的能力，促使学生根据自身特性去匹配社会需求，通过微调自己的人生和职业目标，找到最契合自身的人生方向和人生目标。

最后，辅导员的工作特性和工作性质决定了其与学生的接触机会极多，会逐步成为学生最熟悉的管理者。受日常学习和生活过程中所受辅导的影响，学生在了解就业动态过程中遇到问题和困境，必然会第一时间向辅导员寻求帮助，这就为辅导员成为就业指导师创造了极为有利的条件。同时，辅导员在日常工作中还可以为学生提供个性化就业指导，及时根据学生的优势和不足引导学生转变就业观念、调整就业心理、制订科学的就业计划等，最终提高自身的就业竞争力；在此过程中，辅导员还可以引导学生根据自身不同学习阶段的情况，及时对职业规划进行调整，最终充分挖掘和发挥自身优势，从而提高就业指导的效果。

(二) 工作形式优势

辅导员的工作特性造就了其能够深入学生日常生活过程中的方方面面，尤其是各种学生组织开展的各种活动，辅导员都能够进行参与和了解。辅导员可以有效运用团日活动、班级或班会活动、学生组织活动等，引导学生不断了解自身和完善自身，充分发挥学生的主观能动性，以便学生能够培养认识自我、分析自我、评估自我、有针对性地提升自我的习惯；同时，利用各种活动机会，辅导员还能够通过鼓励和引导，增加学生接触社会的机会，并通过社会实践活动来培养自己的能力、发现自身的不足、提升自身的素质等，提高学生对社会的了解从而树立正确的就业观念；通过和学生的密切接触，辅导员还能够不断向学生普及与就业相关的法律法规，加强学生的就业危机意识和就业安全意识，使学生能够有效运用法律武器来保护自己的合法权益。

在如今日益严峻的就业环境下，大学生面临着前所未有的就业压力，而且这种就业压力从刚刚进入高校就已经存在，并随着学业的推进愈发严重，这使学生很容易出现自卑、焦虑等心理问题，甚至会因为心理迷茫造成毕业就失业的状况。辅导员需要充分发挥自身了解学生状态的优势，在学生日常学习和生活过程中及时对学生进行心理疏导，帮助学生全面并客观地评价自身，树立积极向上、努力拼搏、终身学习的人生态度，调整就业期望值，不断完善自身。

二、辅导员作为就业指导师需具备的能力要素

作为就业指导师，辅导员首先需要具备的就是引导学生进行职业生涯规划的能力，也就是说辅导员必须成为一名合格的规划师，才能统领学生就业指导全过程，这一部分在前面已经进行了详细的阐述。除此之外，辅导员还需要具备以下几种能力要素。

（一）就业指导的教学能力

现今高校已经普遍在不同年级设置了对应的就业指导课程，这些课程的教学通常由辅导员和专业授课教师完成，即使辅导员不直接进行就业指导课程的授课，也同样需要具备对应的教学能力。

就业指导课程相对而言是偏正式的基础知识普及课程，辅导员还需要在学生的日常学习和生活过程中，潜移默化地将就业指导相关的内容教给学生，包括国家就业政策的宣讲和普及、就业观念的形成与发展、就业心理的调适和完善、简历的创建和制作、求职面试的技巧等；另外，辅导员还需要通过就业指导，适当引导学生树立正确的就业观念、就业思想等。这种对学生内心深层次的影响，不仅会加强就业指导课程的教学效果，还会促进学生就业观念、择业观念以及价值观的培养和形成。

（二）就业咨询的辅导能力

不同的学生具有不同的性格特性和不同的生活经历，因此对就业有着不同的困惑，包括就业期望、就业选择、就业过程等，辅导员作为就业指导师，需要运用教育学和心理学的相关知识，对学生的困惑进行科学的分析和专业的诊断，并有针对性地对学生进行指导。

辅导员需要根据对学生的了解，结合社会发展和就业形势，对不同的学生进行客观的评价并帮助学生准确找到属于自己的就业定位，最终形成明确的就业意向和职业发展方向，促使学生能够找到最契合自身的就业方向和发展模式。

（三）就业调查研究能力和数据分析能力

毛泽东曾说："没有调查，就没有发言权。"辅导员面对多样化的学生，若想对其进行有针对性的就业指导，就必须通过科学的就业调查研究，对不同学生的就业期望、就业意愿、就业需求等进行统计和分析，这不仅是手段和方法，也是学问和技巧，通常需要通过问卷调查、开展座谈会、进行个人访谈、交心交流沟通等形式进行。在此基础上，辅导员还需要对社会发展情况、市场需求、行业对人才的要求、专业的发展前景、就业政策等进行分析研究，通过前瞻性的判断来探索就业市场的发展趋势，以便为学生提供专业的就业指导。

在整个就业调查研究过程中，需要辅导员具备相应的数据分析能力。互联网时代，新兴媒介极为发达，造成各处都充斥着海量的信息数据，而且这些信息的传递速度极快。辅导员需要在海量信息数据中筛选和甄别相关的就业信息，包括人才市场的信息、就业指导部门的政策信息等，然后对这些信息数据进行处理、筛选、判断和分析。不仅要识别这些信息的真实性和可行性，还需要将对学生就业指导有效的对应信息提供给学生，并通过分析各种就业情况，有针对性地对学生进行指导。

辅导员只有具备扎实的就业调查研究能力和数据分析能力，才能从各种凌乱的信息中找到就业的一般规律，并摸清就业规律在特定的市场环境和社会发展阶段的特点，从而有效解决学生的就业困扰。

（四）就业推介的搭桥能力

辅导员对学生进行就业指导最终的目的就是让学生能够寻找到理想的就业机会，因此作为学生的就业指导师，辅导员需要具备就业推介的搭桥能力，成为学生和企业之间的纽带，并及时发挥自身的优势，推动双方早日达成协议，最终实现双向选择以及共赢。

对学生而言，辅导员需要为其提供就业企业的基本情况、市场的就业形势、企业的用人要求和对应的福利待遇等具备足够参考价值的信息，这就要求辅导员能够发挥自身的桥梁作用对用人单位进行相应的了解；对企业而言，辅导员需要准确描述毕业学生的各种条件，并向其推荐满足用人条件的优秀学生，这要求辅导员对学生的现状和特性有足够的了解。在双方进行选择的过程中，辅导员需要为双方营造就业和选才氛围，成为彼此沟通的纽带，促成双方达成协议。

三、提升辅导员就业指导力的途径

对学生进行就业指导是高校辅导员工作的一项重要内容，专业的就业指导不仅能够促使学生更快地适应社会需求和了解未来发展趋势，还能够培养学生的自主学习和自主提升意识，并为学生的未来成才和社会的稳定发展奠定扎实的基础。提升辅导员的就业指导力，是完成以上工作目标和工作任务的基本措施，可以从以下三个方面寻求突破。

（一）强化保障，打造专业就业指导服务团队

提高辅导员的就业指导力是一个长期且系统的过程，首先需要做到的就是通过强化制度保障来打造专业的就业指导服务团队。高校需要重视辅导员在就业指导服务中的重要作用，根据国家相关政策文件的要求，结合自身特点和实际情况制定相应的制度，以便就业指导服务团队能够稳定发展并逐步获得完善。

第一步，需要高校严格落实教育部关于加强辅导员队伍建设的各项规定，根据高校的实际就业指导情况，完善课程体系建设，如开设就业指导相关的专业或课程，并建立完善的就业指导人才培养体系，为专业团队的建设打下坚实基础；第二步，需要高校加强辅导员的就业指导力培训，将就业指导相关的政策文件、理论知识和指导实践环节纳入辅导员的各种培训中，分阶段、分层次建立多样化的培训机制，在此过程中需要不断解读对应的就业政策文件，及时对就业动态进行更新，提高辅导员的就业指导的专业性；第三步，则需要搭建在职辅导员准入就业指导体系的机制，通过对在职辅导员进行选聘、培养、评价、考核等，搭建起辅导员向就业指导师过渡的专业化发展平台，使其就业指导能力持续提升。

（二）建立系统、完善就业指导服务体系

针对学生的就业指导本就具备一定的系统性，因此要提升辅导员的就业指导力，就必须建立系统的就业指导模式，以完善服务体系，引导学生将社会需求、就业政策、就业趋势和自身的兴趣、能力、价值观、专业知识相匹配，并与就业单位的用人标准相吻合，最终借助对应的求职技巧，向就业单位展示最佳的一面，以获得匹配的职业岗位，实现学生与就业单位的共赢。具体可以从以下几个角度进行服务体系的完善。

1.就业政策学习和就业方向选择

辅导员作为就业指导师，首先需要了解当前的社会发展情况和人才需求，并对最新的就业政策有深入的了解和理解，这样才能带领学生学习领会最新的就业政策，以保证学生能够通过对就业政策的学习，结合自身特性找到自己的就业出路。辅导员可以根据就业政策的调整，结合学生的专业发展趋势和多样化特性，有针对性地辅助学生找到就业方向，还可以引导学生参考学长或学姐的就业情况来探索和学生自身最匹配的就业方向。

2.有意识地培养学生就业信息的处理能力

每位辅导员通常会面对上百乃至数百的学生群体，不同的学生会根据自身的

兴趣及特性，选择不同的就业单位，而在选择就业单位的过程中，每位学生都会尽可能多地寻找就业机会。辅导员作为就业指导师，不可能同时处理如此海量的就业信息，因此辅导员需要有意识地培养学生的就业信息处理能力，其中包括引导学生积极主动收集各种就业信息、辅助学生对就业信息进行筛选和分析、培养学生理性选择的能力等。

引导学生收集就业信息，可以指引学生通过用人单位网站、宣传发布会、实习和见习等方式，收集和筛选出用人单位的各种信息，包括单位规模、发展趋势、人才需求、招聘信息、福利待遇等，以增进学生对用人单位的了解；同时，要引导学生在用人单位进入高校举办招聘会时主动出击，根据用人单位的各种招聘需求以及行业和单位的发展模式，来分析该行业和该单位的发展态势，全面了解用人单位的情况，提高学生理性选择就业方向和就业单位的能力。

3.引导学生做好就业准备

引导学生做好就业准备，其一是简历的制作和投递。辅导员要引导学生根据用人单位的要求，结合自身的实际情况，制作出最为亮眼的求职简历，主要目的是提高自身的职业竞争力，以便用人单位能够快速注意到学生的简历并考查学生的素质；辅导员可以开展简历制作大赛，吸引学生广泛参与，以提高学生制作简历的水平。

其二是面试的准备。学生作为求职者，必然需要与用人单位进行双向选择来确认彼此是否匹配，这个双向选择的形式通常就是笔试或面试。辅导员可以根据学生的就业期望和方向，指导学生进行相应的笔试准备和面试准备，如开展模拟面试辅助学生了解流程，并引导学生针对不同的求职岗位制定不同的面试准备方案，以提高学生应对面试的能力；另外，辅导员需要引导学生学会对用人单位进行观察和分析，以便确定该用人单位是否适合自身的发展，实现学生和用人单位的双向选择，避免学生选择不当，丢失机会。

其三是进入就业岗位的准备，尤其针对即将毕业的学生而言。绝大多数学生毕业后就会快速进入就业岗位，因此辅导员必须提前对学生进行相应的引导。一方面需要做好学生进入职场的心理准备工作，即阐明职场和校园的不同，引导学生做好心理准备并调整好心态；另一方面则需要引导学生时刻以职业人的标准去要求自身，在保持良好职业形象的同时，也要保持良好的职业心态，形成良好的职业习惯，遵守基本的职业道德。

4.加强对毕业学生就业情况的跟踪调查

学生毕业进入职场之后，辅导员的工作其实并未完全完成，辅导员还需要进一步进行学生就业情况的跟踪调查。一方面是为了观察和分析学生的就业准备是否合理，以便调整就业指导模式，确保就业指导更加科学；另一方面则是为了及时对学生的情况进行了解，以便在学生遇到就业问题时能够及时进行指导和解决，加强彼此的联系。在这个过程中，辅导员收集和整理的学生就业指导信息属于非常宝贵的就业指导资源，能够非常有效地提高辅导员的就业指导力。

（三）创新方式、提升就业指导服务专业程度

当前社会的就业形势日趋严峻，同时也充满了各种变化，因此高校的就业指导工作必须要结合时代特性，顺应形势的发展并不断创新方式，这样才能有效提升就业指导的专业程度和有效度。最基础的创新方式就是紧随互联网技术的飞速发展，积极利用新媒体的优势，运用新媒体确保就业指导服务的及时性和有效性。

首先，辅导员可以在新生入校时就着手建立通畅的网络沟通平台，运用手机微信、QQ等载体建立与学生沟通的渠道，及时关注学生的动态和情况，如可以根据学生的各种动态来分析学生的情况，以此来发现并解决学生就业过程中遇到的困难和问题。

其次，辅导员可以通过网络沟通平台引导学生有效运用互联网，如通过网络课堂、微信公众号、直播平台等进行就业技能和就业素质提升的引导，运用学生喜闻乐见的形式提高参与度，其一可以实现信息资源共享，保证和学生的实时交流，其二可以推介各种对学生有利的网络平台或资源，促使学生能够自主提升和学习，其三则可以运用网络平台向学生及时传递就业信息，提供就业咨询、单位咨询等，引导学生主动就业。

再次，辅导员可以运用网络沟通平台和学生进行交流，因为互联网的虚拟性，学生在网络平台上更容易表达内心深处的真实感受和暴露内心的真正问题，有助于增强沟通的实效性，但同时辅导员要注意尊重学生的隐私，把握好与学生沟通的度，这样才能建立信任，从而令学生敞开心扉。

最后，辅导员还可以利用各种网络信息建立一个学生就业信息库，并不断对其进行更新完善，通过对学生的专业信息、个人兴趣、各方面表现、综合考评、所备技能、就业期望等情况的了解，有针对性地对学生进行个性化的就业指导。同时，辅导员还可以建立一个用人单位信息库，适时进行完善和补充，并根据学生个性化就业需求进行对应的推介和服务，确保学生能够顺利就业并进入期望的岗位。

第三节　咨询师·促进学生创业发展

党的十八大报告指出，要引导劳动者转变就业观念，鼓励多渠道多形式就业，促进创业带动就业。加大创新创业人才培养支持力度，鼓励青年成长并支持青年

创业。2014年，教育部发布《关于做好2015年全国普通高等学校毕业生就业创业工作的通知》，要求各高校将创新创业教育贯穿人才培养的全过程，提出要建立弹性学制，允许在校学生休学创业；2015年，国务院办公厅印发的《关于发展众创空间推进大众创新创业的指导意见》中明确提出，要鼓励科技人员和大学生创业。

随着高校大众化教育的快速推进，我国高校毕业生人数不断增加。从2011年到2020年，高校毕业生人数按2%~5%的同比增长率逐年增长，十年间累积毕业生人数达7600余万人。2018年高校毕业生首次突破800万人，2020年高校毕业生人数更是达到了874万人。日益增长的高校毕业生人数使得就业形势愈发严峻，因此创新创业开始成为大学生拓展就业机会，提高就业水平，同时创造就业岗位和实现人生价值的重要选择之一。根据调查数据显示，大学毕业生具备强烈创业意愿的占25.93%，有过创业意愿的占53.02%，这就表示大学生创业同样也是其自身的强烈诉求。辅导员作为与大学生接触最多的人，推进大学生创业教育，提升其创业技能，化身为学生创业咨询师，已经成为社会发展和高校教育的必然要求。

一、大学生创业咨询师的主要工作内容

大学生创业咨询师就是为大学生提供创业咨询服务和创业教育的高校教师，辅导员就是其中最重要的组成部分。

(一) 学生创业咨询师的主要工作

学生创业咨询师的主要工作内容包括以下几项：一是为拥有强烈创业意愿的学生传授创业的相关知识，并提高其创业技能；二是指导学生学会撰写和完善创业项目计划书，包括创业项目的前期调查、市场定位、盈利模式、资金筹措、未来发展、市场竞争力等内容；三是为学生提供相关创业知识和与创业相关的政策法规辅导，以确保学生能够依法创业，同时为学生提供关于创业后经营管理方面的问题咨询服务，引导学生更好地进行创业；四是指导学生针对创业项目开展市场调研、项目可行性分析、项目风险评估、投资效益预测、资金筹措计划等，推动学生掌握创业所需各项技能；五是协助创业学生应对创业实践过程中遇到的各种困难和问题，辅助学生顺利完成创业流程，并改善创办企业的经营管理状况，提升学生创业成功率。

以上工作内容要求辅导员需要具备丰富的创业知识，拥有完善的创业知识体系，并拥有丰富的创业实践经验和相应的服务能力，以便为创业学生提供专业的创业咨询服务。

(二) 学生创业咨询师的特殊性

辅导员作为学生创业咨询师，和职业的创业咨询师有很大的不同，主要体现在以下几个方面。

首先，辅导员面对的创业咨询者都是大学生，且主要服务对象是在校大学生，虽然其具有高涨的创业激情，并具备较高的知识素养，但社会经验非常有限，包括经营管理能力、风险评估能力、沟通协调能力、抗挫折能力、资金筹措能力等都有所不足。绝大多数在校大学生进行创业是出于兴趣或为了锻炼能力，其创业行为属于暂时性行为，真正将其列入未来职业规划的学生少之又少。

而职业的创业咨询师面对的是社会创业者，服务对象的范围更广阔，且面对的创业者在知识素养、行为理念、思维方式等方面的差别都非常大。同时，职业的创业咨询师和创业咨询者之间属于雇佣关系，创业者处于主动地位，对创业咨询师的要求也更高。

其次，学生创业咨询师的目的是推进学生的创业教育，以为学生提供免费创业咨询服务为己任，推动学生获得更好的发展。而职业创业咨询师最主要的目的是获取报酬，通过对创业者的指导和服务来获取相应的收入。

最后，职业的创业咨询师属于一种专业化职业，其主要工作就是为创业者提供各种创业咨询服务，并不涉及和创业咨询无关的其他服务；而对于辅导员来说，为学生提供创业咨询服务只是其工作范畴中的一部分，辅导员还需要开展思想政治教育、日常生活引导、心理问题疏导、精神文明建设等其他工作。

辅导员为学生提供创业咨询服务的过程中，不仅需要具备创业咨询师的职业技能，还需要遵守创业咨询师的职业道德，同时也需要严守师德师风，其最主要的目的是通过对学生的关爱和服务，实现创业实践育人，激发学生创业精神，最终促进学生的全面发展。

二、辅导员作为创业咨询师需具备的素质

（一）良好的职业操守

辅导员作为学生的创业咨询师，首先需要具备良好的职业操守，不仅需要具备思想政治教育工作者的职业操守，还需要具备作为创业咨询师应具备的职业操守，包括坚定的政治观念和教育理念，忠诚于教育事业并爱岗敬业，并且需要具备奉献精神，尽心竭力辅导学生进行创业实践，以促使学生健康成长并成才；要坚持以学生为本和立德树人的基本原则，培养学生的创新精神和创业精神，引导学生培养创新意识，并通过创业实践践行创新思维，同时要善于学习，及时了解和掌握学生创业方面的政策法规，完善创业咨询方面的基础知识体系，以便为学生提供更加专业的创业咨询服务。

（二）扎实的专业知识

创业咨询是专业性很强的工作，涉及多方面的知识理论，因为学生的经历和学识有限，缺少很多创业过程中必备的专业知识，所以作为创业咨询师的辅导员就需要拥有非常扎实的创业方面的专业知识，主要包括以下几个方面的内容。

1. 政策和法律法规知识

中国是法治化市场经济体系，任何企业的创建和经营管理都离不开法律法规的保障，而国家和政府对于学生创业都非常重视，出台了一系列政策来扶持相关工作。作为学生的创业咨询师，辅导员必须对创业和企业经营管理相关的法律法规、政策等十分熟悉，这样才能给予学生专业且正确的指导，促进创业项目的健康发展。

2. 市场营销知识

任何企业最终都需要面向市场对自身进行验证，因此市场需求和市场反应是创业成功的先决条件。作为学生的创业咨询师，辅导员必须懂得相关的市场营销知识，包括市场调研、市场定位、产品营销、价格策略、售后服务等一系列与市场相关的业务知识，并不断更新知识体系，才能够及时为学生提供对应的专业服务。

3. 项目管理知识

通常情况下，学生创业都始于项目的选择和设计，辅导员需要具备相关的项目分析和规划能力，并能够在项目运行过程中提供管理知识。例如，辅导员需要根据创业学生的特长、国家的政策、市场的需求等指导学生选择和完善创业项目，并指导学生完成项目构思和计划，在学生进行项目实践过程中适时给予引导，辅助学生对项目管理进行改进和完善。

4. 人力资源知识

通常创业项目的顺利进行，必然需要人力资源的支撑。辅导员需要拥有相关的人力资源知识，包括人力配置、科学管理、有效开发、成本核算、人员录用等内容，这样才能有效给予创业学生适当的指导，培养学生的团队意识和取长补短的能力，实现创业过程中的人力合理搭配。

5. 融资筹资知识

创业项目想要真正实施并创造效益，就必须拥有一定的启动资金，而学生创业最大的限制就是资金方面的限制，这就需要辅导员具备相应的融资筹资知识，以适时指导学生进行筹资和融资。在此过程中，辅导员需要引导学生对创业项目做出科学的预测和制定筹资决策，最终采用恰当的方法获取启动资金，保证项目的正常运作。

6. 财务管理知识

融资筹资只是为了确保创业项目能够正常运作，在项目运作过程中，还需要考虑发展需求和发展战略，然后以项目资金为管理对象，促进项目的发展，追求价值最大化。辅导员需要具备相应的财务管理知识，以便指导和帮助学生完善各种涉及资金的决策，一是筹资、增加资金积累，二是节省开支，降低经营成本，三是加强财务监督和管理，确保资金能够发挥最大效用。

（三）熟练的咨询服务技能

作为创业咨询师，必须拥有为创业者提供创业咨询服务的技能，包括熟悉创业咨询程序，拥有创业咨询对应的方法和工具等。

创业咨询的程序通常包括信息收集、提供方案、方案执行、后续服务等。信息收集就是在创业学生遇到困难和问题，主动向辅导员咨询时，辅导员需要及时做好信息记录，以便对学生的创业情况进行深入了解；提供方案需要辅导员根据收集到的信息，有针对性地对问题进行分析，并和学生共同对问题进行诊断，提供可操作的解决方案，可调研类似企业或行业，寻找相同问题的解决方案并进行借鉴；方案执行就是提出解决方案后，要及时跟进方案情况，适时根据实际情况调整方案内容，促使学生创业方案能够顺利执行并成功；后续服务则需要辅导员及时对方案执行后的项目进行跟进，及时发现后续执行过程中的变化，有针对性地进行后续指导。

创业咨询的方法主要有访谈、会诊、商讨和培训等。访谈就是通过彼此的交流沟通，获取创业过程中的真实信息过程；会诊是根据访谈所获取的真实信息，分析学生遇到的问题和困境，判断引发这些问题的根本原因，并准备解决问题的相关信息；商讨则是根据会诊时发现的问题，提出初步的解决方案并进行商讨，集思广益并进行论证，确保方案的可操作性和科学性；培训则是根据引发问题的根本原因，有针对性地对创业学生和其中的成员进行对应的专题培训，提高解决问题的成功率，并提升学生和成员的综合能力。

常用的创业咨询的工具主要是SWOT分析法、波特五种竞争力分析模型以及二八定律等。SWOT分析法就是通过寻找创业学生的优势、劣势、机会和威胁等因素，根据市场条件进行客观公正的评价，以制定最符合市场实际情况的经营战略；波特五种竞争力分析模型又被称为波特行业竞争结构分析模型，即通过分析创业学生的竞争对手、潜在竞争对手、替代品、供应商和购买者这五种关于竞争的因素，来调整经营思路，以提高创业项目或企业的经营水平和成功率；二八定律则是依靠二八定律分析各种影响创业活动的因素，尤其是创业产品和细分市场的选择，将主要资源和专注度倾注于能够带来更多利润或更高成功概率的占据20%的核心技术、产品或市场上，以便创业成功。

三、促进学生创业发展的具体策略

在促进学生创业发展的道路上，从辅导员角度考虑，要充分发挥辅导员的指导作用和辅助作用，使辅导员成为学生创业咨询师；辅导员要成为合格的创业咨询师，首先要能够敏锐地洞察学生和社会的创业形势。只有了解学生创业的基本状况和社会上创业学生的发展情况，才能够为学生提供更加专业的创业咨询服务。

当前，学生创业的现状并不乐观，主要体现在四个方面：一是国家、地方、高校等虽然出台了各项鼓励学生创业的政策，但总体而言，体制和机制并不健全，如学生创业过程中融资渠道不通畅，容易造成创业缺乏资金的现象；高校相应的创业教育相对落后，无法有效提高学生的创业意识和创业技能等；二是学生的创业热情虽高，但真正行动起来进行创业的学生很少，即学生的创业意识在不断提高，创业热情也非常高涨，但参与创业实践的学生的比例却很低，数据显示，2016~2020年高校应届毕业生自主创业的比例平均为3%，而所有创业学生中创业成功率仅为5%左右；三是学生创业的项目涉及各个行业或领域，但真正具有高科技含量的项目很少，多数学生的创业项目集中在门槛较低的零售、家教和餐饮等社会服务方面，无法体现学生专业技术和知识方面的巨大优势；四是虽然学生的创业目标都会定得非常远大，但在实际行动中却容易因为创业能力有限而无法成功实施。

其次，辅导员同样需要不断提高自身的创业咨询技能，以便为学生提供更加专业化的创业咨询服务。辅导员不仅需要熟练地掌握前面提到的创业咨询的程序、方法等，还需要巧妙运用咨询心理学技巧。在服务学生的过程中，辅导员要有针对性地培养创业学生的价值观，矫正学生的创业动机，并通过心理健康教育培养创业学生健康的创业心理，使学生能够在创业过程中不畏艰辛、百折不挠、愈挫愈勇，保持良好的创业心态。另外，辅导员还需要运用心理疏导技巧缓解创业学生在创业过程中产生的心理障碍和心理问题，以便纠正学生的心态和情绪，引导学生正视自身的不足，激发学生自我实现和自我成长的主观能动性。

再次，规范创业咨询的交流礼仪。咨询服务是一种以语言为主要沟通媒介的服务形式，规范的交流礼仪对创业咨询的最终效果至关重要。辅导员在为学生提供创业咨询服务的过程中不能摆出教师的架子，而要平等地与学生进行交流，并理解学生的创业困惑，尊重学生的创业创意；咨询交流中语言需要遵循规范性、针对性、逻辑性、客观性等原则，务必做到严谨和真诚，匹配的体态语言也要得体。

最后，辅导员要建立健全创业咨询体系，提供从创业咨询接待、信息收集和分析、创业咨询方案设计、方案执行及成果转化、创业咨询后续服务整体贯穿的一条龙服务，最大化地提高学生的创业成功率。

在健全创业咨询体系过程中，还需要注重加强学生创业意识的培养和创业技能的培训，这是学生创业成功率提升的关键因素。辅导员要充分发挥自身的职业优势，引导学生深入挖掘和认识自我，可以开展各种自我评价活动，来促使学生加强对自身的反思和了解。

另外，需要针对社会的需求和市场的变化，根据学生的性格特征，广泛开展创业教育，尤其是开设创业方面课程后，辅导员要将灌输式、填鸭式教学模式转变为启发式教学模式，可以尝试采用情境教学、互动教学、模拟教学等手段，提高学生的学习兴趣和创业兴趣。

还可以开展各种创业方向的校园活动，来提高学生的创业意识，通过理论结合实践的方式，让学生设身处地地感受创业的氛围，一方面可以开拓学生的视野并挖掘学生的创业潜力；另一方面可以增加学生接触社会的机会，提高学生的心理承受力，从而养成良好的创业心态。

同时，要积极运用互联网技术和相应的平台加强创业教育的效果，如建构创业信息服务平台，广泛收集各种创业政策、创业项目、创业咨询等信息，为学生提供创业信息服务；建立创业学生沟通平台，鼓励学生参与其中并交流经验，最终将其发展为创业信息咨询平台。

参考文献

[1] 王权，何远方，丁映轩，等.高校辅导员工作困境及能力提升对策研究[J].福建轻纺，2023（7）：72-74

[2] 庄园.自主，效能，归属：基于领导行为视角的高校辅导员工作投入促进路径[J].江苏高教，2022（6）：5

[3] 丁慧，龙梦晴.阐述立德树人视域下高校辅导员工作的创新与思考[J].大学：研究与管理，2021（14）：42

[4] 李慧娟.论"哲学思维"在高校辅导员工作中的应用[J].2021（2019-9）：129-130

[5] 刘明莉.浅谈高校辅导员工作面临的问题与对策[J].现代教育论坛，2021，4（1）：131-132

[6] 王海宁.高校辅导员工作研究中的问题导向与问题意识探赜[J].思想理论教育导刊，2022（1）：6

[7] 何凯，陶建刚，徐静英.高校辅导员工作倦怠及相关因素[J].中国健康心理学杂志，2022（2）：30

[8] 曹秀海，周传运.高校辅导员工作实务探讨与研究[J].天津中德应用技术大学学报，2023（1）：82-85

[9] 赵雪.新时期化工院校思政辅导员工作技巧探析——评《高校辅导员思想政治教育实践探索》[J].塑料工业，2022，50（12）：184

[10] 高平平.高校辅导员工作理论与实务：基于西南交通大学学生工作实践[M].成都.西南交通大学出版社，2021

[11] 雒春生，郭婧.多元主体参与：高校辅导员工作室建设的新向度[J].中国轻工教育，2023，26（2）：54-61

[12] 冉亚，白银，吴雪.高等工程教育评价指标视角下高校辅导员工作创新

途径摭探——以学生竞赛获奖表现为突破口［J］.成才之路，2022（19）：4

［13］孟瑶，何雯.高校辅导员网络思政工作室实现路径研究——以陕西职业技术学院"鼎利相助"网络思政辅导员工作室为例［J］.成才，2022（4）：17-18

［14］张彩艳，张鸣艳.帮助大学生有效防范网络电信诈骗的思考——高校辅导员工作案例［J］.产业与科技论坛，2023，22（6）：32-33

［15］沈佳.高校辅导员制度的演进与展望［J］.文教资料，2021（1）：115-117

［16］李娣.数字化背景下高校学生兼职辅导员制度的育人功效调查与改革探索［J］.中国现代教育装备，2023（15）：183-186

［17］郭曦.高校辅导员思政教育工作面临的问题及对策［J］.就业与保障，2021（16）：2

［18］王新龙.新高考制度下高校辅导员开展新生思想政治工作的探索［J］.产业与科技论坛，2021，20（9）：2

［19］薛茜茜.试论高校辅导员开展学生工作的挑战与对策［J］.中文科技期刊数据库（全文版）教育科学，2022（11）：3

［20］张程梅.新媒体时代高校辅导员职业能力提升研究［D］.南昌航空大学，2021

［21］安妍.职业院校辅导员的职业认同研究［J］.成都航空职业技术学院学报，2022，38（4）：28-30

［22］苏萌."立德树人"教育背景下高校辅导员的角色期望与实现路径［J］.中文科技期刊数据库（全文版）教育科学，2022（11）：3

［23］典成阳.搞好辅导员工作"五字诀"［J］.成才，2021（2）：2

［24］姚澜，胡海洋.关于高校新手辅导员学生管理工作的困惑与思考［J］.教师，2022（12）：108-110

［25］王梦婕.新时期高校辅导员学生工作的创新与实践研究［J］.福建轻纺，2022（7）：3

［26］蒋婷婷，吴功成，李烁.高校辅导员网络思政工作存在的问题及对策建议［J］.教师，2022（2）：3-5

［27］王莉，刘宏达.研究型高校辅导员培养的机理，特征与路径选择［J］.高校辅导员，2021（2）：5

［28］冯媛媛.高校辅导员基于心理学理论开展教育管理工作的探析［J］.山西青年，2021（9）：171-172

［29］李军，陈婉哲，王一鸣.高校辅导员"团体+团队"理论和实践研究工作模式探索［J］.北京教育：德育，2022（5）：3

[30] 刘志超，赵士初."南风效应"与"破窗理论"在辅导员管理育人中的应用研究［J］.吉林省教育学院学报，2021，37（6）：4

[31] 张长江.高校辅导员教育管理工作中立德树人理念的实践［J］.海外文摘·学术，2021（7）：2

[32] 郭建伟，邵红艳，申佳丽，等.新时期高校辅导员工作模式探索与经验分析［J］.科学咨询，2023（7）：154-156

[33] 廖丽琴.新媒体时代高校辅导员学生管理工作的创新［J］.中文科技期刊数据库（全文版）社会科学，2022（8）：3

[34] 孙艳梅.高校辅导员工作理论与实务［M］.长春：吉林人民出版社，2020

[35] 欧红娟，吴华军，常麒，等.多维度加强新时期高校优良学风建设［J］.办公室业务，2021（10）：70，133

[36] 张泽正，盛丹.立德树人视域下高校学风建设的探索与创新［J］.产业与科技论坛，2021（9）：269-270

[37] 陈超群.新时代高校党的学风建设的理论思考［J］.高校马克思主义理论研究，2021（1）：94-99

[38] 刘露.高校辅导员视角下的大学生学风建设［J］.文教资料，2021（8）：130-131

[39] 王蕊.新时代高校学风建设的困境与对策［J］.高校辅导员学刊，2021（1）：82-86

[40] 蒋明钊.思想政治教育视阈下高校学风建设路径研究［J］.南方论刊，2021（1）：110-112